海洋ガバナンス

海洋基本法制定 海のグローバルガバナンスへ

前海洋政策研究所長
寺島紘士
Hiroshi Terashima

Ocean Governance

From the Enactment of Japan's Basic Act on Ocean Policy to Global Ocean Governance

西日本出版社

目次

刊行に寄せて

人類は、つい最近まで、自らのためにいかに海洋を利用するかを考えて海洋に接してきました。しかし、「海洋の諸問題は相互に密接な関係を有しており、全体として検討される必要がある」（国連海洋法条約前文、一九八二年）ことが明らかとなり、私たちは、国際的協調の下に、海洋環境の保全、海洋の持続可能な開発・利用に取り組んでいくことが求められるようになりました。そして、海洋の総合管理、海洋のガバナンスの必要性が広く認識されました。

そのような潮流の中、日本の海洋政策も、この二〇年間で大きく進展しました。海洋ガバナンスという概念の普及から発展に至る七年、そして海洋基本法制定後の一三年の過程の中で、海洋政策研究所は、民間セクターとして日本財団とともに、政策研究と実務により海洋ガバナンスの普及のため貢献してきたのではないかと自負いたしております。

この度、前所長の寺島紘士さんにより、この二〇年前後の歩みをまとめ、海洋ガバナンスとは何か、科学技術に基づく施策とは何か、そしてわが国海洋の関係者がその相互作用や意思決定により、社会規範や制度を形成・強化し、あるいは再構成していき、ついには海洋基本法制定へのドラマチックな過程と、その後の国際的発展をご紹介いただくこととなりました。党派を超えた国会議員の皆様、多くの学識研究者、各業界の有識者、各省庁、地方自治体の方々の活躍やご協力を実感していただけるものと存じます。そして、海洋分野だけではなく、政策立案・立法立案における過程を解説した書籍としても読み応えあるものとなっています。

是非とも多くの皆様にご一読いただき、今後それぞれの分野においてご自身がステークホルダーの一員となっていただき、わが国の科学技術に基づく海洋ガバナンスの一層の発展にご助力いただければと存じます。そして引き続き、全球的な海洋ガバナンスと国際貢献を目指す海洋政策研究所の活動をご支援いただきたく存じます。

二〇二〇年三月

（公財）笹川平和財団海洋政策研究所
所長　角南　篤

第1章

海洋ガバナンスの夜明け

1　海洋は私たちの生存基盤

海洋と人間のかかわりは考えれば考えるほど奥が深い。

私たち人間がこの地球上で生きていくことができるのは、地球表面の七割を占める巨大な水の空間である海洋があって、私たちの生存条件に適した気温を維持するとともに、生存に必要な資源や空間を提供してくれているからである。海洋は、私たち人間の生存や生活を支えてくれる不可欠な存在である（表1）。

わが国は、アジア大陸北東部の外側の海上に大陸に沿って連なる列島であり、国連海洋法条約によって東シナ海、日本海、オホーツク海の、三つの半閉鎖性の地域海と北西太平洋に広がる広大な海域を管轄下に置いている。これらの海域には水産物、エネルギー、鉱物等の豊かな資源がある。

わが国の陸地は、六八五二の島嶼で形成されている。陸地の面積は三七・八万平方キロで、世界六一番目と言われている。このうち、本州、北海道、九州、四国、沖縄本島が本土とされ、この五島で全面積の九五・八％を占めている。

その周辺の広大な海域に、残りの六八四七の離島が分布している。その主なものをあげれば、北には千島列島、南には小笠原諸島、南西諸島、大東諸島などがあり、さらに、南鳥島、沖ノ鳥島などが遠く離れて点在している。これらの島嶼（とうしょ）が、わが国の陸地の一部を構成するとともに、領海・排他的水域・大陸棚の起点として海洋国家日本の範囲を画定する大切な役割を担い、また、その周辺海域の

表1　海洋に関する基礎知識

地球は、水の惑星。海洋から生命が誕生した。地球の水は14億立法メートル。その97.5%が海洋に、1.75%が南極、北極などの氷、0.73%は地下水、残りが大気中や河川、湖沼にある。海洋は広大である。地球の表面は、その71%が海洋で、陸地が海に浮かぶ多島海である。

各緯度帯の海陸面積比（%）

緯度帯	陸地	海洋	緯度帯	陸地	海洋
90°-80°N	10	90	0°-10°S	24	76
80°-70°N	27	73	10°-20°S	22	78
70°-60°N	71	29	20°-30°S	23	77
60°-50°N	57	43	30°-40°S	11	89
50°-40°N	52	48	40°-50°S	3	97
40°-30°N	43	57	50°-60°S	1	99
30°-20°N	38	62	60°-70°S	9	91
20°-10°N	26	74	70°-80°S	73	27
10°-0°N	23	77	80°-90°S	100	0
90°-0°N	39.4	60.6	0°-90°S	19	81
90°N-90°S	29.2	70.8			

＊海洋の最大深度は10,920 m（参照：エベレスト山の高さ8848 m、富士山3776 m）で、海洋の平均深度は3729 m（太平洋4188 m、日本海1667 m）である。
＊温暖化による海水面の上昇は特に大洋上の小島嶼等に深刻な影響を与える。

海洋環境の保全、海洋資源の開発・利用、並びにわが国の安全保障などに重要な役割を果たしている。ちなみに、わが国の排他的経済水域の六割強は、本州、北海道、九州、四国の主要四島以外の島々によって保持されている。離島の大部分は無人島であり、有人離島は四一六島である。このうち三〇四島が離島を振興するために定められた離島振興法、沖縄振興特別措置法、奄美群島振興開発特別措置法又は小笠原諸島振興開発特別措置法の対象離島となっており、五〇万人弱の人々が住んでいる。

古来わが国は、日本列島を取り巻く海洋と深くかかわり、水産資源、海上交通、気候、安全など様々な面でその恩恵を受けて発展してきた。現在わが国は、総人口の約五割が沿岸部に居住し、動物性たんぱく質摂取の約四割を水産物に依存し、輸出入貨物の九九%を海上輸送に依存している。

2　二〇世紀後半の海洋に関する国際的取り組みの進展

このように海洋は私たちにとって重要な空間である。しかし、水で満たされ、その内部は水深が深くなるほど水圧が高くなり、陸上と異なり光や電波を通さない海洋空間は、日常を陸地で過ごしている私たち人間にとっては、長い間容易に手の届かない異質な空間であった。このため、地球の表面の七割を占め、今ではその沿岸に一五〇か国が連なる広大な国際空間である海洋は、二〇世紀前半までは、陸地沿岸の狭い領海を除いてはどこの国にも属さず、誰でも自由に利用することができる「公海の自由」原則が適用される空間であった。そして、海洋を事実上支配していたのは軍事力を背景としたシーパワーを持つ列強であった。まだ、海洋環境や生物資源が有限であることは大きな問題とならず、人々は、海洋の豊かさやその浄化能力がほとんど無限であると考えて、自分たちの活動がそれらに及ぼす影響について深く考えることはなかった。

このような海洋をめぐる状況が、二〇世の後半になると大きく変化した。科学技術の発達は海域における人間の活動能力を急速に高め、海域における生物、非生物資源の本格的な開発利用が現実のものになってきた。各国は、海洋の生物資源および海底の鉱物資源の開発・利用およびその保全を志向して自国の沿岸の海域に対する権利主張を強めた。

同時に、世界経済が発展し、沿岸都市部の開発が進展し、人口の増加と都市への集中が進む一方で、それに伴う環境汚染、利用の競合などの問題が発生し、それらへの対応を迫られるようになった。

世界各国は、二〇世紀後半に多くの時間を費やして海洋・沿岸域の諸問題に取り組み、国際的に議論をして、ついに国際空間である海洋に関する新しい法秩序を構築するとともに、その総合的管理と持続可能な開発に国際的に協働して取り組む政策的枠組みを採択した。

それが国連海洋法条約の採択（一九八二年）・発効（一九九四年）と「持続可能な開発」原則およびそのための行動計画『アジェンダ２１』の採択（一九九二年）である。二一世紀の海洋ガバナンスの取り組みは、これらを基盤として進められている。

3　海洋に関する国際的取り組みの背景

二〇世紀後半に進められた海洋に関する国際的取り組みの背景についてもう少し詳しく見ておきた

い。

世界中の国々を巻き込んで戦われた第二次世界大戦は、私たち人間の目を海洋に向けた。世界各国は、陸域だけでなく海洋に進出して戦った。そしてその戦争が終わった時、世界各国は、海洋空間とその資源に改めて目を向けて自国の権利を主張し、海域の囲い込みに向かっていった。

そのきっかけとなったのが、第二次世界大戦終了直後に発せられた米国の「トルーマン宣言」である。一九四五年九月に、米国は、米国沿岸の陸地の延長である大陸棚と米国沿岸に隣接する公海上の保存水域に関する大統領宣言、いわゆる「トルーマン宣言」を発表した。トルーマン宣言は、一方で、一九三〇年代から米国沿岸の大陸棚における石油資源の開発が進展してきたことから、これらの資源を確保するため、自国の沿岸に隣接する大陸棚の資源は米国に属し、その管轄権と管理に服するとした。他方で、戦前日本漁船が米国太平洋岸まで出て漁をしていたこともあり、外国の漁船の米国沿岸への再来に対して、漁業資源保護のため公海上に保存水域を設定した。これらは領海そのものの拡大ではないが、自国の排他的な管轄権を自国領海の外側の公海部分に拡大し、沿岸の広大な海域を自国の管轄下に囲い込む政策であった。

このトルーマン宣言は、戦後の新たな国際社会形成の動きの中で、自国の基盤を確かなものにしようと考えていた各国の目を海に向けさせ、大陸棚および沿岸水域の海洋資源に対する権利を主張する国々が次々と出てきて世界的な議論となっていった。

その背景には、二〇世紀後半の各国の目を海洋に向けさせる底流として地球人口の増加、科学技術の進歩と海洋資源開発の進展、国際社会の構造変化、環境問題の社会問題化があったことも見逃せない。

それらについて概観すると次の通り。

(1) 地球人口の増加

地球人口は、二〇世紀、特にその後半に爆発的と形容されるような急激な増加を示した。地球上の人口規模は、人間の生存に必要な水、食料などの物資の供給能力に依存している。このため地球人口は、有史以来、生産力の増加の枠内で緩やかに増加してきた。地球人口が一〇億人を超えたのは産業社会が発達してきた一九世紀に入ってからである。二〇世紀の入り口では一六・五億人、二〇世紀の半ばの一九五〇年には二五億人と増加してきた地球人口を養うためには、これらの人口の生存に必要な物資の供給がなければならない。ニーズに応えて穀物の品種改良や化学肥料の開発による食物増産が行われてきたが、それらに加えて、開発可能性が増大してきた広大な海洋空間が改めてその供給源として注目されるようになり、海洋の囲い込みの動きが強まった。

ちなみに地球人口は、一九六一年三〇億人、一九七四年四〇億人、一九八七年五〇億人、一九九八年六〇億人、二〇一一年七〇億人とその後も増加を続け、二〇一八年には七五億人を超えたとみられている。

(2) 科学技術の進歩と海洋資源開発の進展

二〇世紀に入ると、海洋科学が進歩し、産業社会とともに発達してきた工業技術とあいまって、今まで手の届かなかった海洋域に人間の活動が急速に広がった。そのけん引力となったのが海底の石油資源開発である。石油は、乱獲により確保が難しくなった鯨油の代替物として一九世紀半ばから注目されるようになり、二〇世紀に入って自動車の普及で需要が伸びた。この石油を求めて沖合の海域での石油掘削が始まり、一九三七年には、早くも米国のメキシコ湾沖合の水深四・三メートルの海底に海上油井（ゆせい）第一号が建設された。一九七〇年代に入ると、オイルショックによる石油価格の急騰を背景に、深い海域での石油掘削を可能にする技術開発が急速に進み、もはや大陸棚における開発には技術は大きな問題ではなくなった。

深海底についても、そこに分布しているニッケル、銅、コバルトなどの有用金属を含むマンガン団塊、コバルトリッチクラストの採鉱についての技術開発が一九七〇年代から始められ、技術的な問題についてはクリアされるまでになった。

このようにして開発された技術は、海洋に関する科学的知見の進歩とあいまって、海域における人間の活動能力を全般的に高め、二〇世紀後半にはこれらを駆使して人間の海洋における活動が、資源開発、漁業、海運、通信、軍事などすべての面で活発に展開されるようになった。

（3）国際社会の構造変化

二〇世紀後半の国際社会の顕著な変化は、国際社会を構成する国の数の増加にも表れている。第二次世界大戦後には旧植民地が相次いで独立した結果、国際連合の加盟国が、一九四五年五一か国、一九六一年一〇四か国、さらに一九七八年一五一か国と急ピッチで増加し、現在では一九三か国が国連に加盟している。

ちなみに日本列島の南に展開する太平洋は、地球表面のおよそ三分の一、海洋の総面積の四六％を占める最大の大洋である。これらの海域では、一八世紀頃から欧米等の列強による植民地支配下にあった多数の島嶼が一九六〇年代から一九九〇年代にかけて次々と独立し、今では一二か国が国連に加盟している。

第二次世界大戦後の新海洋秩序をめぐる多くの国際的議論が、先進国対新たに国際社会に登場した多数の開発途上国の対立という構図の下に行われてきたことは周知のとおりである。その中で開発途上国は、南北格差是正、公平などの主張の下に、それぞれ地域や利害をともにする国々のグループを形成して、資源と環境の管理に関して自らの権利を主張し、これらを盛り込んだ海洋秩序の形成を目指した。国連海洋法条約における深海底制度の創設をめぐるプロセスなどはその一例である。

また、海洋をめぐる利害の別の対立軸としては、沿岸国対内陸国・地理的不利益国の対立がある。陸地に囲まれて海に面していない内陸国、および狭い領海、排他的経済水域・大陸棚しか持つことのできない地理的不利益国などが、広く直接海洋に面している沿岸国だけが海洋の利益を享受することに異議を唱えて、国連海洋法条約作成過程で海洋の利益への参加権を主張した。その主張の一部は、国連海洋法条約に取り入れられている。

（４）環境問題の発生と社会問題化

第二次世界大戦の廃墟からの復興が各国で進み、社会・経済活動の発展と国際化が進展する中で、各地で、大気や海域の汚染、農薬の被害、自然環境の悪化などが起こって社会問題化した。特に、世界各地で内海・内湾・河口などに発達した都市およびその周辺への人口や産業の集積が急速に進み、それに伴って沿岸域が開発され、浅海域が埋め立てられ、また、産業・生活からの大量の汚水・廃棄物が河川・海域へ排出された。沿岸の地域社会は、これらの急激な変化とそこで起こった環境劣化、生物資源の減少、沿岸域の利用競合などの問題への対応を迫られた。

これらの沿岸域の諸問題に対して、沿岸の陸域と海域を一体として捉え、その開発利用と環境保護について地域計画を策定して総合的・統合的に取り組む「沿岸域の総合的管理」プログラムが生まれ、各国に広がっていった。

また、一九六二年に出版されたレイチェル・カーソン女史の著書『沈黙の春』が国際的な注目を集め、これらがきっかけとなって環境問題に対する意識が世界的に高まっていった。

これらを受けて一九七二年に「国連人間環境会議」がストックホルムで開催され、「人間環境宣言」および「環境国際行動計画」が採択され、これを実行するため国連環境計画（ＵＮＥＰ）が設立された。

これらのような政治・経済・社会・環境などの世界情勢を背景に、二〇世紀後半には、多くの国々がそれぞれの立場から旧来の海洋秩序に挑戦する主張を展開し、ときに各自の主張に基づく海洋政策を一方的に実行しようとした。その結果、世界のほとんどすべての国の参加の下に、新しい海洋秩序の構築が模索されるというダイナミックな状況が展開した。

4　国連海洋法条約の採択

これらを背景にして海洋空間の管理を目指す取り組みが国際的に盛り上がり、一九五八年に第一次国連海洋法会議が開催され、領海条約、公海条約、大陸棚条約、公海生物資源保存条約のジュネーブ四条約が採択された。しかし、懸案だった領海の幅員については合意が達成できずに終わったので、その問題を協議するために一九六〇年に第二次の国連海洋法会議が開催されたが、そこでも十分な成果を上げるまでには至らなかった。

一九六七年の国連総会においてマルタのA・パルド国連大使が「海洋は人類の共同財産」とする有名な演説を行い、これらがきっかけとなって海洋の管理に向けた国際世論が大きく盛り上がり、新たな海洋法秩序の構築に向けた取り組みが三たびスタートした。そして、準備委員会による検討を経て一九七三年から第三次国連海洋法会議が開催され、検討が始まった。これには世界中の国々が参加して約一〇年間にわたって審議をした末に、ついに一九八二年に画期的な「海洋法に関する国連連合条約（国連海洋法条約）」が採択された。

国連海洋法条約は、「海洋の諸問題は、相互に密接な関連を有し、全体として検討される必要がある」という認識を前文に掲げ、海洋法の原則を「海洋の自由」から「海洋の管理」へ転換することを明示した。国連海洋法条約は、それまでの「広い公海」、「狭い領海」という二元的区分を修正して、沿岸国の領海を一二海里に拡大し、接続水域を設け、沿岸国がその資源に対する権利を有し、環境に対する責任を負う二〇〇海里の排他的経済水域を領海の外側に新設した。大陸棚の範囲について新しい法的定義を採用し、国家管轄権区域の外側の海底を「深海底」としてその資源を含めて人類の共同財産とした。そして海洋環境の保護・保全をすべての国の義務とし、海洋に関する科学的研究、海洋技術の開発・移転を促進し、紛争の解決に関する規定を整備するなどおよそ海洋法のすべての側面を規定して、海洋に関する新しい秩序を構築したのである。

5　国連海洋法条約第一一部実施協定の採択と国連海洋法条約の発効

国連海洋法条約は、一九八二年に採択されたが、海洋法の原則を「海洋の自由」から「海洋の管理」へ転換したこの条約への各国の加盟は遅々としていて、発効までには一二年の歳月がかかった。その一方で、米国、ソ連、ＥＵ諸国、日本等を含む多くの国々が、条約の採択を待たずに一九七〇年代後半から、領海幅一二海里、あるいは、排他的経済水域の権能の一部である漁業専管水域を先取りして実施するという事態が発生していた。

国連海洋法条約の発効に時間がかかったのは、ひとつには、新条約の採択後も引き続いて準備委員会が設置されて、深海底開発に着手するためおよび海洋法裁判所設立のための規則・手続きの作成作業が行われたことによる。しかしそれ以上に、同条約が採択した深海底制度に対する先進国の反発がかなり強くて、そのままでは先進国の条約批准が進まない状況だったことによるところが大きかった。そうこうしているうちに一九八〇年代の後半になると冷戦構造の崩壊、海洋鉱物資源開発に対する期待の縮小などの変化がおこり、開発途上国側に深海底制度に関する態度変更を余儀なくさせる方向に状況が動いた。

それらを受けて一九九〇年代に入ると、国連事務総長を中心として、南北間の立場の違いを超えてこの条約を円滑に実施するための調整・交渉が試みられて、その結果一九九四年七月に、深海底の開発制度を先進国が受け入れられるような内容に修正する国連海洋法条約第一一部実施協定を採択する国連総会決議が採択された。国連海洋法条約は、このような経緯を経て、採択から一二年の歳月を要して一九九四年一一月にようやく発効した。

６　国連環境開発会議、「持続可能な開発」原則と行動計画『アジェンダ２１』採択

一九七二年に「国連人間環境会議」が世界に提起した環境問題は、その後オゾン層の破壊、地球温暖化、酸性雨、森林の破壊、生物多様性の衰退などの進行を受けて地球環境問題として大きく取り上げられるようになり、経済発展と環境保全の調和が世界的課題として議論されるようになった。

一九八四年に国連総会決議により「国連環境と開発に関する世界委員会」（委員長：グロ・ハーレム・ブルントラント ノルウェー首相（当時））が設置され、一九八七年に報告書『地球の未来を守るために（Our Common Future）』（ブルントラント報告）が発表された。この報告書は、環境と開発は共存しうるものであり、環境保全に配慮した節度ある開発、すなわち「持続可能な開発」が重要で、世界規模での早急な対策が必要であるとした。

これを受けて一九九二年にブラジルのリオ・デ・ジャネイロで一七二か国およびEC、国際機関、NGOが参加して「環境と開発に関する国際連合会議」（国連環境開発会議、UNCED。通称「地球サミット」）が開催された。この会議で、「開発の権利は、現在および将来の世代の開発および環境上の必要性を公平に充たすことができるよう行使されなければならない。環境保護は、開発過程の不可欠な部分とならなければならない」とする画期的な「持続可能な開発」原則が採択され、持続可能な開発を実施するための行動計画『アジェンダ21』などが採択された。また、UNCED期間中に気候変動枠組条約、生物多様性条約の署名が行われ、それぞれ一五〇か国以上が署名した。

世界の国々が「地球サミット」に集まり、様々な考え方の違いを乗り越えて環境と開発を調和させる「持続可能な開発」原則を採択し、行動計画『アジェンダ21』を採択した。これが画期的なことだったのは、これを受け継いでその一〇年後に開催された「持続可能な開発に関する世界首脳会議（WSSD）」で『ヨハネスブルグ実施計画』が、二〇年後の「国連持続可能な開発会議（リオ＋20）」で『我々が求める未来』が採択され、さらにそれに基づいて二〇一五年には、「国連持続可能な開発サミット二〇一五」で一七の「持続可能な開発目標（SDGs）」を掲げる『持続可能な開発のための二〇三〇アジェンダ』が採択されたことから見ても明らかである。

7　持続可能な開発のための行動計画『アジェンダ21』第一七章と国連海洋法条約

加えて、この行動計画『アジェンダ21』の採択は、折からその発効に向けた取り組みが国際的に進められていた国連海洋法条約による「海洋の管理」という新しい海洋法秩序の構築と、政策・行動計画の面から連携して、新しい「海洋ガバナンス」の基盤を構築したという点でも画期的であった。『アジェンダ２１』第一七章「海洋と沿岸域の保護およびこれらの生物資源の保護、合理的利用および開発」は、今までその大部分が人間の管理の外にあると考えられてきた地球表面の七割を占める海洋を取り上げ、海洋の総合的管理と持続可能な開発に関する行動計画を定めた重要な国際的取り組み文書である。

第一七章は、その冒頭において、「海洋環境は、地球の生命支持システム（life-support system）に不可欠な構成部分であり、持続可能な開発の機会を提供する積極的資産である。国際法は……国連海洋法条約の規定に反映されている通り、国の権利と義務を定めており、海洋および沿岸環境とその資源の保護および持続可能な開発を追求する上での国際的基礎となっている。そのためには、各国、小地域、地域および全地球レベルで、海洋および沿岸域の管理と開発に対する新しいアプローチ、内容において統合され、範囲においては将来を先取りした予防的アプローチが必要である」（一七・一）と明記している。

その上でそのプログラム分野として、以下の七つの分野を取り上げ、それぞれについて「行動の基礎」、「目標」、「行動」および「実施手段」を定めている。

沿岸域および排他的経済水域を含む海域の統合的管理および持続可能な開発

海洋環境保護

公海の海洋生物資源の持続可能な利用および保全

国家管轄海域の海洋生物資源の持続可能な利用および保全
海洋環境の管理および気候変動に関する不確実性への対応
地域協力を含む国際協力および調整の強化
小島嶼国の持続可能な開発

このように『アジェンダ21』第一七章は、国連海洋法条約を法的な国際的基礎と明記し、両者が新しい海洋ガバナンス構築の両輪であることを明確に示している。

8 『アジェンダ21』第一七章とわが国の対応

この七つのプログラム分野の内でも、特に「プログラム分野A．沿岸域および排他的経済水域を含む海域の統合的管理および持続可能な開発」はその後のわが国の海洋基本法制定の基盤を提供した。その内容を概観し、それに対するわが国の対応の問題点を取り上げておきたい。

まずこのプログラムの「行動の基礎」では、沿岸域は人間の定住や開発にとって重要な、多様で生産性に富む生息場所を含んでいること、また沿岸資源と沿岸環境が世界の多くの部分で急速に悪化していることを指摘している（一七・三、一七・四）。その「目標」として、「沿岸国は、自国の管轄下にある沿岸域および海洋環境の総合管理と持続可能な開発を自らの義務とする」ことを掲げ、そのために「利用の適合性とバランスを促進するため、すべての関与部分を含む統合された政策および意思決定プロセスを定めること等を行う必要がある」としている。（一七・五）。

そして、「行動」の「管理に関する行動」では「各沿岸国は、地方レベルと全国レベルの双方で、沿岸域・海域とその資源の総合管理と持続可能な開発のための適切な調整機構（ハイレベルの政策立案機関など）を設立し、あるいは適切な場合、強化することを考えるべきである」（一七・六）としている。

海洋の問題に取り組むためには、すべての関与部門を含む統合された政策および意思決定プロセスを設ける必要があり、沿岸国は、国、州／都道府県、市区町村が分担・協働して、沿岸域から自国の管轄する外洋までの広大な海域およびその資源の総合的管理と持続可能な開発に取り組むための調整メカニズムの構築が求められている。わが国も、沿岸域および管轄海域全体を対象とする海洋政策又は計画を策定し、それに国、都道府県、市区町村がどのように分担して取り組むかという「重層的メカニズム」および海域の公的管理者や地方共同体・住民、資源利用者グループ、アカデミア、ＮＧＯなどのステークホルダーがどのように協議しつつ取り組むかという「水平的メカニズム」を構築することが求められているのである。

しかし、従来からの機能別縦割りの行政組織が発達しているわが国で、このような総合的な取り組みのメカニズムを構築することは容易ではなく、その取り組みははかばかしく進んでいない。二〇〇七年の海洋基本法の制定によりこれらへの対応の道がようやく示されたが（1）、その海洋基本法の下においても、排他的経済水域、沿岸域などに関する総合的管理の具体的メカニズムは国の制度として確立されるには至っていない。これらについては第3章で取り上げて詳述することとしたい。

9　わが国の国連海洋法条約批准および施行の問題点

わが国は、国内法の整備や周辺諸国との排他的経済水域の境界画定問題などを抱えていて国連海洋法条約の批准が遅れていたが、国連海洋法条約発効の二年後の一九九六（平成八）年 六月に批准書を提出し、七月二〇日にこの条約の締約国となった。この際わが国は、国連海洋法条約の批准に関連して国内法の整備を行ったが(3)、海洋空間を再編成して海洋の総合的管理と持続可能な開発に大きく踏み出した国際社会の動向および各国の対応と比較すると、このわが国の対応には問題が多い。

その一つは、この条約によって新設された排他的経済水域、同じく新たに定義のし直された大陸棚の制度への対応である。これらをどのように管理するかは、条約批准に伴う国内法整備の根幹であるが、そのために制定された「排他的経済水域および大陸棚に関する法律」は、わが国が両制度に基づき権利義務をどのように行使するかを具体的に定めて内外に示す、という国内法整備のニーズを満たしているとは言いがたい。

同法は、わずか四条からなる法律で、第一条では、わが国は、国連海洋法条約の定めるところにより排他的経済水域を設ける、および、それは、原則として、わが国の基線から二〇〇海里の線又は中間線までの海域並びにその海底およびその下とする、と定めている。第二条では、わが国の大陸棚は、原則として、わが国の基線から二〇〇海里の線又は中間線までの海域の海底およびその下、並びにわが国の基線から二〇〇海里までの海域の外側に接する海域であって政令で定めるものの海底およびその下とする、と定めている。

問題なのは第三条である。第三条では、排他的経済水域または大陸棚における天然資源の探査・開発等、人工島、施設および構築物の設置等、海洋環境の保護および保全、海洋の科学的調査等について、また、これらの海域におけるわが国の公務員の職務執行およびこれを妨げる行為については、わが国の法令を適用するとしている。では、具体的に適用すべきわが国の法令とは何かであるが、ここでは排他的経済水域および大陸棚を総合的に管理する法律の制定についての言及はなく、漁業関係についての「排他的経済水域における漁業等に関する主権的権利の行使等に関する法律」等の制定あるいは一部改正、「海洋汚染等および海上災害の防止に関する法律」や海上保安庁法の一部改正による外国船舶の違反行為に対する罰則等の変更、執行権限行使の発動要件等の明確化等が同時に行われているにとどまる。第三条に列記されたそれ以外の事項についてどの国内法を適用するのかについては、この時点では特に定めはなく、また、その後においても対応ははかばかしく進んでいない。

第四条では、この法律に規定する事項に関して条約に別段の定めがあるときは、それによるとしているだけである。

さて、ここで考えなければならないのは、沿岸国が排他的にこれらの海域を管理するといっても、これらの海域は沿岸国の領域そのものではないことである。これまで「海洋の自由」の原則によって各国が自由に使用してきた海域に条約上の制度を新たに設けて、これを沿岸国が条約の定める権利義務に従って管理するのである。わが国としては、当然、自国民だけでなく、他国または他国民をも念頭においてわが国の法制度を明確に定めて管理することが必要である。これは、わが国の権利であるとともに責任でもあり、そうすることによって、この海域に対するわが国の正当な権利が国際的にも認知される。

長年にわたる世界的な議論と交渉を積み重ねて国連海洋法条約に採択されたのは、排他的経済水域にせよ、大陸棚にせよ、わが国にとっても今までなかった新しい制度である。わが国は、これらの管理のために採るべき新制度のあり方を追求し、それを法制度として検討して立法化をはかるべきであった。それをしないで、今までの縦割りの枠内で部分的に、かつ、その大半を既存の法制度の解釈運用により、これに対応しようとしたため、わかりにくいだけでなく、内容的にも両制度を施行するには極めて不十分なものであった。そして、これらを政府部内のどの部局が担当するのかも不明のままであった。

これには、国連海洋法条約の発効までに一二年の歳月が流れ、その間に起こった政治的・経済的状況の変化により、同条約の審議過程でわが国の内部で盛り上がっていた海洋管理の取り組みへのモメンタムが失われてしまっていたことが影響しているという指摘もある。

いずれにせよ、前述したような縦割りの対応で済ませていたため、わが国には排他的経済水域、大陸棚の管理を具体的な法制度として定めた法律が条約の批准時にはなかった。その後も、政府におけるこれらの制度の責任部局が不明のまま放置されていて、大陸棚制度を例にとると、二〇〇海里を超える大陸棚の外縁画定のためのデータの大陸棚限界委員会への提出期限（二〇〇九年五月）が迫ってくる中で、誰が責任を持って大陸棚調査を行なうべきかをめぐって数年にわたって混乱をきたしたのである。結局、二〇〇二年末に内閣官房に大陸棚調査対策室が設置されてその下で大陸棚の外縁に関する調査が進められ、期限内に大陸棚限界委員会にデータを提出することができた。しかし、これはあくまで大陸棚外縁の調査だけが目的である。大陸棚や排他的経済水域についてこれらの海域を管理する法律は未だに制定されていない。

また、領海については、わが国は諸外国とともに国連海洋法条約の規定を先取りして一九七七年に領海法を制定したが、これにより領海一二海里制に移行した際に、宗谷海峡、津軽海峡、対馬海峡東水道、対馬海峡西水道および大隈海峡の五海峡については、当分の間、領海の幅を三海里とするとした問題がある。この措置は、一九九六年の国連海洋法条約の批准に際しても、国際海峡制度が定着するまでという理由で据え置かれた。しかしそれから二〇余年が経過し、同条約に一六七か国およびEUが加盟している現在（二〇一八年六月）になっても、いまだに上記五海峡におけるこの領海幅三海里の措置はそのまま据え置かれている。これについては、わが国の正当な主権行使とは何かという視点に立ってきちんと対応することが求められている。

以上、私が「海洋のガバナンス」に対する取り組みのスタートラインに立った一九九〇年代の後半に立ち戻って海洋についての問題意識の一端を述べてきた。第2章以下では海洋のガバナンスについての私たちのこの四半世紀の取り組みを詳しく述べていくこととしたい。

（1）海洋基本法は、基本理念に「海洋の開発及び利用と海洋環境の保全との調和」「海洋の総合的管理」等を掲げ、基本的施策として「排他的経済水域等の開発、利用、保全等の推進」、「沿岸域の総合的管理」等一二の基本的施策を定めている。

（2）わが国は、国連海洋法条約の批准に際して必要な関連国内法の整備として、①「領海法」の一部改正（法律名も「領海及び接続水域に関する法律」に改正）、②「排他的経済水域及び大陸棚に関する法律」の制定、③「海上保安庁法」の一部改正、④「排他的経済水域における漁業等に関する主権的権利の行使等に関する法律」及び「海洋生物資源の保存及び管理に関する法律」の制定並びに「水産資源保護法」の一部改正、⑤「海洋汚染及び海上災害の防止に関する法律」の一部改正、⑥「核原料物質、核燃料物質及び原子炉の規制に関する法律並びに放射性同位元素等による放射線障害の防止に関する法律」の一部改正を一九九六年の通常国会で行っている。

第2章

海洋ガバナンスに取り組む

1　運輸省退官、日本財団へ

一九九四年七月、私は一九六五年四月以来勤務してきた運輸省（現国土交通省）を退官した。その時五二歳一〇か月、その当事の慣例による定年前の勧奨退職であった。そして同年八月に財団法人日本船舶振興会（一九九六年より日本財団）（1）の理事（常勤）就任、一〇月には常務理事となり、海洋船舶部を担当した。振り返ってみると、これが、私が海洋ガバナンスの問題に本格的に取り組む出発点となったのだが、その時はそうなるとは全く予想もしていなかった。

私が担当理事に就任したときの海洋船舶部の業務は、海運・造船・海洋等の事業者・団体・協会などを対象とする助成事業が中心であった。国内の事業者等を対象としたもので、これらはそれなりに重要な業務ではあったが、私にとっては運輸省時代から馴染みのある分野だったので、未知の新しい仕事に取り組むという意識はなかった。

2　国際的視野で海洋問題に取り組み開始

しかし、一九九五年になって変化が生じた。それまで日本船舶振興会では、海外の事業は国際部が担当していて、海洋船舶部、公益福祉部はもっぱら国内の事業を行っていた。ある日、笹川陽平理事長（当時）に呼ばれて「これからは海洋の問題は国際的視野で考える必要がある、海洋船舶部の事業を海洋全般に、そして国内だけでなく海外にも拡大し、事業助成だけでなく事業開発を含めて、グローバルな視野で取り組むように」という指示をいただいた。

笹川理事長がそのように言われた背景には、『アジェンダ21』の採択（一九九二年）、国連海洋法条約の発効（一九九四年）など一九九〇年代に入って、海洋をめぐる新たな取り組みが国際的に大きく動き出してきていたことがある。その流れの中で、エリザベス・マン・ボルゲーゼ教授を中心とする著名な国際会議「海に平和を（ＰＩＭ：Pacem in Maribus）」の第二一回会議が一九九三年に富山県高岡市で開催され、一九九五年一二月には海洋問題世界委員会（ＩＷＣＯ）第一回会議が東京で開催されようとしていた。

3　国際海洋シンポジウム「海は人類を救えるか」の開催

(1)　国際海洋シンポジウムの構想を練る

この指示を受けて私たちは早速海洋船舶部の業務を海事から海洋全般に拡大する取り組みを開始した。しかし、海事から海洋全般に広がった事業分野を踏まえて、具体的な事業を立ち上げるのは必ずしも容易ではない。そこで最初は海洋に関して取り組むべき重要な問題は何かを探ることからスタートした。

そうこうしているうちに、笹川理事長から海洋に関する重要な問題を取り上げて社会に発信する国際海洋シンポジウムの開催を提示された。その当時、私の有していた海洋に関する知見はそれほど深くなく、それだけでは今人類が直面している海洋の問題を取り上げて国際シンポジウムの企画を立てるのに必ずしも十分ではなかった。そこで、まずグローバルな存在である海洋を対象とする国際シンポジウム開催のあり方を探ろうとして、早速、当時活躍していた奈須紀幸東京大学名誉教授、梅棹忠夫国立民族学博物館顧問、大林太良東京大学名誉教授などを訪ね、教えを乞うた。さらに国内のこれはと思う有識者・専門家を訪ねてこちらの意図を説明し、先方の所見を聞いて国際海洋シンポジウム（IOS：International Ocean Symposium）の構想を考えた。

そして、その中からともに企画を検討していただける有識者、専門家を絞り込んで国際海洋シンポジウム企画委員会（委員長：奈須紀幸東京大学名誉教授）を設置し、シンポジウムの構想を練った（2）。その結果、国際海洋シンポジウムは、①海の問題は世界共通であり、国際的な広がりの中で取り上げるのが適当であるから「国際」シンポジウムとする。②世界で第一級の講師に海に関する最新の知見、哲学、体験などを語ってもらう、③海の大切さを国民一般に訴える啓発的なシンポジウムとする、④一定期間継続して開催する、こととした（3）。

地球の生命システムは、地球の表面の七割を占める海に大きく依存している。それにもかかわらず近年人類の活動が海洋を汚染し、開発、乱獲などによりその生態系を破壊している。そこで国際シンポジウムの統一テーマについては、海が人類の生存を可能にする条件をいつまで提供し続けてくれるかが問題であることを強調する観点から、「海は人類を救えるか（The Ocean, Can She Save Us?）」とする、こととした。

この統一テーマについては、「人類が海を救うというのは不遜である。私たち人類こそが、その生存基盤である海洋の環境や生態系を損なう行為をしている。私たちは自らがしていることを謙虚に反省し、海洋環境の保全と持続可能な開発利用に努めなければならない。そうすることによりはじめて海は人類に救いの手を伸ばしてくれるのではないか」という議論をしたことを鮮明に覚えている。

こうして国際海洋シンポジウムは、一九九六年から毎年国民の祝日となった七月二〇日前後にシリーズで開催することとなった（４）。

（２）国際海洋シンポジウム'９６「海は人類を救えるか」開催

総力をあげて開催の準備をしてきた国際海洋シンポジウムの第一回となる国際シンポジウム'９６「海は人類を救えるか」は、一九九六年七月に有明の東京ビッグサイトの国際会議場で二日間にわたって開催された（表２）。

振り返ってみれば、一九九六年は国際海洋シンポジウムの第一回を開催するのにふさわしい条件がそろっていた。それは折よく、七月二〇日の「海の記念日」を国民の祝日「海の日」にする国民運動の盛り上がり（一〇〇〇万人以上が署名、全都道府県を含む多数の地方自治体が祝日とすることを決議）を受けて祝日法が改正され、一九九六年に第一回の国民の祝日「海の日」を迎えたことである。さらにこの日は国連海洋法条約がわが国について発効した日でもあった。

そこで、第一回の国際海洋シンポジウム'９６は、第一回国民の祝日「海の日」の記念行事として日本財団と国民の祝日「海の日」を祝う実行委員会が主催し、関係省庁、国際機関、メディア等の後援のもとに、一九九六年七月一六〜一七日に東京ビッグサイト内国際会議場で開催された。この国際

表2　国際海洋シンポジウム'96「海は人類を救えるか」プログラム

国際海洋シンポジウム'96「海は人類を救えるか」

(International Ocean Symposium '96 "The Ocean, Can She Save Us?")

主催：日本財団（財団法人日本船舶振興会）、国民の祝日「海の日」を祝う実行委員会
後援：総理府、科学技術庁、環境庁、外務省、文部省、農林水産省、運輸省、建設省、東京都、国際連合広報センター、IMO（国際海事機関）、IOC（ユネスコ政府間海洋学委員会）、WMU（世界海事大学）、朝日新聞社、テレビ朝日

海は人類を救えるか

開会式
主催者挨拶：曽野綾子（日本財団会長）
お言葉：常陸宮殿下
来賓挨拶：亀井義之（運輸大臣）
　　グンナー・クーレンベルグ（ユネスコ政府間海洋学委員会事務局長）
記念講演：「海中調査と人類の未来」ジャック・ピカール（海洋環境研究家）
基調講演：「海は人類を救えるかー海のすがたを探る」奈須紀幸（東京大学名誉教授）
パネルディスカッション：「地球環境と海洋ー無限の可能性を求めて」
コーディネーター：石弘之（東京大学総合文化研究科大学院教授）
パネリスト：オーレ・ヨハーン・エスツベット（前ノルウェー海洋研究所副所長）
　　紺野美沙子（女優）
　　平啓介（東京大学海洋研究所教授）
　　フランソワ・ドゥマンジュ（モナコ海洋博物館館長）

海と日本人

記念講演：「東西を結んだ人々」陳舜臣（作家）
基調講演：「海と日本文化」大林太良（東京女子大学現代文化学部教授）
パネルディスカッション：「海を越える文明」
コーディネーター：青木保（東京大学先端科学技術研究センター教授）
パネリスト：秋道智彌（国立民族学博物館教授）
　　田中優子（法政大学第一教養部教授）
　　濱下武志（東京大学東洋文化研究所教授）
　　アドリアンB.ラピアン（インドネシア大学教授）
閉会式
　閉会の辞：笹川陽平（日本財団理事長）

海洋シンポジウム'96は内外の大きな関心を集め、延べ一七五〇名（二四か国、一機関）が参加した。

それは表2のプログラムで行われ、内外の著名な有識者・専門家が登場して海洋の重要性を指摘し人類のとるべき対応を議論した。このシンポジウムは、国の内外から注目を浴び海洋の問題を新しい視点で取り組むことを提案する画期的なシンポジウムとなった。

この第一回の国際海洋シンポジウムの冒頭を飾る記念講演は、著名な海洋環境研究家ジャック・ピカール氏にお願いした。彼は有人潜水艇トリエステ号で一万九一六メートルのマリアナ海溝の最深部に科学者として初めて到達し、また、水深六〇〇メートルでの三〇日間にわたる潜航を行い海水・生物・海洋環境の観察を行った。私は、スイスのレマン湖のほとりに住む彼を直接訪ねて、この記念講演の快諾を得たが、これも記憶に残る思い出のひとつである。

(3) 国際海洋シンポジウム「海は人類を救えるか」を毎年開催

この成功に力を得て、日本財団は、一九九七年以降も一九九九年まで毎年、海洋の重要テーマを掲げ、国際海洋シンポジウム「海は人類を救えるか」を東京ビッグサイト内国際会議場で開催した（表3）。内外の一流の方々が講演、パネルディスカッションをした国際海洋シンポジウムは、海洋の環境保全や持続可能な開発利用の重要性を明らかにし、社会の大きな注目を浴びた。収容人員一〇〇〇人の東京ビッグサイト国際会議場は毎回二日間とも一般参加者でいっぱいとなり、また朝日新聞でシンポジウムの内容が特集されて、海洋に対する若い世代を含む一般市民の関心を高めた。それだけでなく、これを契機に海洋に関心を持つ有識者、研究者との間に直接的なネットワークを構築することができ

E・E・ミトロプロス（国際海事機関海上安全部長）

日本人と海のまつり

記念講演：「太平洋における人類の拡散―過去・現在・未来」ピーター・ベルッド（オーストラリア国立大学教授）

基調講演：「日本人と海のまつり」宮田 登（神奈川大学教授）

パネルディスカッション：「日本人と海のまつり」

コーディネーター：野中ともよ（ジャーナリスト）

パネリスト：石原義剛（海の博物館館長）
鍵谷明子（東京造形大学教授）
神野善治（武蔵野美術大学助教授）
C・W・ニコル（作家）

国際海洋シンポジウム '99「海は人類を救えるか」（1999.7.28 ～ 29）

未知なるものとの遭遇ー深海が秘める地球のしくみと未来へのメッセージ

来賓挨拶：川崎二郎（運輸大臣）

記念講演：「海洋底研究により 1960 年代に確立されたプレートテクトニクス理論と 21 世紀に向けての展望」ザビエル・ルピション（コレージュ・ド・フランス教授）

基調講演：「ウナギ：大回遊の謎」塚本勝巳（東京大学海洋研究所教授）

パネルディスカッション：「未知なるものとの遭遇―深海が秘める地球のしくみと未来へのメッセージ」

コーディネーター：野中ともよ（ジャーナリスト）

パネリスト：赤澤克文（「しんかい」6500」運航チーム前潜航長）
濱田隆士（放送大学教授）
松本 良（東京大学大学院教授）

海洋国家としての日本ー過去から未来へ

記念講演：「海と文明」梅棹忠夫（国立民族学博物館顧問）

基調講演：「海上の道と日本－西太平洋津々浦々連合を構想する」川勝平太（国際日本文化研究センター教授）

パネルディスカッション：「海洋国家としての日本ー過去から未来へ」

コーディネーター：野中ともよ（ジャーナリスト）

パネリスト：網野義彦（歴史研究者）
日下公人（東京財団会長）
アンソニー・リード（カリフォルニア大学ロサンゼルス校教授）

表３　国際海洋シンポジウム「海は人類を救えるか」プログラム

国際海洋シンポジウム '97「海は人類を救えるか」（1997.7.29 ～ 30）

海洋新時代の幕開け

来賓挨拶：古賀誠（運輸大臣）
　ジェフリー・L・ホランド（ユネスコ政府間海洋学委員会事務局長）
記念講演：「人口爆発と海洋」マリオ・ソアレス（前ポルトガル大統領、海洋問題世界委員会委員長）
基調講演：「海との共生の幕開け」西沢潤一（前東北大学総長）
パネルディスカッション：「人口爆発と海洋」
　コーディネーター：野中ともよ（ジャーナリスト）
　パネリスト：浅井慎平（写真家）
　　高橋正征（東京大学大学院総合文化研究所教授）
　　ジェフリー・L・ホランド（ユネスコ政府間海洋学委員会事務局長）
　　シャウナ・E・リード（カリブ共同体漁業資源評価管理計画テクニカルアドバイザー）

海の幸と日本人

記念講演：「道の島―トカラの海から見た日本文化」ヨーゼフ・クライナー（ボン大学教授、日本文化研究所所長）
基調講演：「食生活の中の海」長崎福三（財団法人日本鯨類研究所顧問）
パネルディスカッション：「海の幸と日本人」
　コーディネーター：野中ともよ（ジャーナリスト）
　パネリスト：大森信（東京水産大学教授）
　　小松左京（作家）
　　佐野宏哉（社団法人大日本水産学会会長）
　　チュア・ティア - エン（国際海事機関地域プログラム・マネージャー）

国際海洋シンポジウム '98「海は人類を救えるか」（1998.7.28 ～ 29）

海洋新時代の幕開け

来賓挨拶：藤井孝男（運輸大臣）
　ウィリアム・A・オニール（国際海事機関事務局長）
記念講演：「通商の海、生命の海」D・ジェームス・ベーカー（米国海洋大気庁長官）
基調講演：「海の秩序と人類～過去・現在・未来」栗林忠男（慶応義塾大学教授）
パネルディスカッション：「海洋新時代の幕開け」
　コーディネーター：野中ともよ（ジャーナリスト）
　パネリスト：浅井恒雄（日本科学技術ジャーナリスト会議事務局長）
　　幡野保裕（郵船クルーズ（株）「飛鳥」船長）

た。ここで得た知見や人間関係は、その後の海洋政策研究の取り組みの貴重な基盤となる。さらに、第一回国際海洋シンポジウムの開会式には、常陸宮同妃両殿下の御臨席を賜り、お言葉を頂戴した。また、第三回シンポジウムの二日目には皇太子殿下（現天皇陛下）にお出ましいただき、講演を聴いていただいた。これらのことも本シンポジウムが意義深いものであることを内外に示すこととなった。

（4）国際海洋シンポジウム閉幕、海洋シンク・タンク活動へ

そのような中で日本財団では、国際的取り組みの進展を踏まえて、一九九八年末から国際海洋シンポジウムによる海洋の重要性の発信からさらにステップアップして、海洋ガバナンスに関するシンク・タンク活動へ事業を進めることを検討するようになった。それを受けて、国際海洋シンポジウムの開催は一九九九年をもって終了することとなる。最後となった国際海洋シンポジウム'９９「海は人類を救えるか」では、この国際シンポジウムのシリーズ開催を提唱してきた日本財団笹川陽平理事長が、閉会にあたって次のように述べて、次のステップとして海洋に関するシンク・タンク活動を本格的に開始することを表明した。

「一九九六年、国民の祝日「海の日」のスタートに合わせて始まりました国際シンポジウム「海は人類を救えるか」のシリーズは、本日の講演、パネルディスカッションをもってつつがなく終了いたしました。

私たちは四方を海に囲まれて生きていますが、さまざまな恩恵を無限に与えてくれる海、不要なもの、汚いものをなんでも受け入れて浄化してくれる海、長く親しんできたこのような海のイメージが、

この二〇世紀後半に至り大きく崩れてきました。赤潮、大規模な油流出による海洋汚染、水産資源の枯渇等が発生し、人類が何をしても受け入れてくれるのではないということがはっきりしたのです。このまま推移すれば、二一世紀に増加の一途をたどる人口の圧力とあいまって決定的な環境の悪化を引き起こすことになります。

海の環境を保全しつつ、その中で持続的に海の有効利用を図ることがどのくらいうまくできるか、この成否が二一世紀の私たち人類の未来を決めることになるのではないでしょうか。

日本財団は、このような認識のもとに国際海洋シンポジウム「海は人類を救えるか」をスタートさせ、この四年間、海の問題をさまざまな角度から取り上げ、今何が問題か、海の問題にどのように取り組んでいくべきかを考えてまいりました。この間、多くの皆様からいろいろな意見や提案をいただきました。この四年間で私たちの海に対する認識はさらに深まりました。また、ノウハウも蓄積し、内外の人的ネットワークも充実することができました。

そこでこの四年間の蓄積を生かして、日本財団は海に対する取り組みを今後とも一層充実強化していきたいと考えております。具体的に申し上げますと、まず、さまざまな利用が競合し、かつ陸上からの汚染が深刻化している海の総合的管理―一般的にはオーシャン・ガバナンスという言葉で表現されておりますが―この問題に取り組み、積極的に政策提言していくためのシンク・タンクを設立したいと願っております。世界各国では国連海洋法条約や、リオの『アジェンダ２１』などにより提起された海洋管理の問題に対応するために、総合的な海洋政策の策定や法律の制定を行い、海洋問題を扱う官庁を統廃合するなど、積極的な取り組みを行っています。これに対して、わが国では個々の分野での取り組みはともかくといたしまして、海洋問題への総合的な取り組みが立ち遅れております。海洋国日本として早急に真剣な取り組みが必要であります。日本財団としましては、シンク・タンク活動を強化することにより、内外に積極的に貢献していきたいと願っております。引き続きご支援、ご参加を心から期待しております」（日本財団発行『国際海洋シンポジウム「海は人類を救えるか」』一九九九年度版より）。

4　日本財団、海洋ガバナンスに関するシンク・タンク活動開始

（1）「海洋の母」ボルゲーゼ教授の言葉

国際海洋シンポジウムの開催により海洋に関する知見が増し、人的ネットワークが広がりつつある中で、日本財団における海洋に関する取り組みはひとつのことがきっかけとなって新たな段階に入ることとなった。一九九八年の暮れも押し詰まったある日、笹川陽平理事長が、来日中の国際海洋研究所（ＩＯＩ：International Ocean Institute）名誉会長のエリザベス・マン・ボルゲーゼ教授（ダルハウジー大学）が「海洋に関する豊富な知識経験を持つ日本に海洋問題で指導的な国になってほしい」と述べている日本経済新聞の記事（一九九八年一二月一六日）を手にしてやってきた。ボルゲーゼ教授は、海洋ガバナンスの推進に先頭に立って取り組み、「海洋の母」と言われている人である。笹川さんは、その記事を私に示しつつ、「これからは海洋の問題には国際的な場で一流の人たちと議論しつつ取り組んでいこう」と言った。この言葉が私たちの海洋ガバナンスに関するシンク・タンク活動のスタートボタンを押し

た。

（２）海洋ガバナンスに関する欧米等の取り組みの調査

日本財団は、早速、海洋船舶部に「海洋の管理と利用（Ocean Governance）」に関する新規事業検討懇談会」（海洋管理懇談会）を設置（一九九九年四月）して検討を開始した。そして海洋ガバナンスの取り組みは、国連海洋法条約（一九九四年発効）と『アジェンダ２１』（一九九二年採択）を基盤として始まった世界的な取り組みであることを確認した。そして、世界各国がこれらを踏まえてどのように海洋政策に取り組んでいるかを調査することから始めた。今後、海洋シンク・タンク活動に協働して取り組む日本財団グループの「シップ・アンド・オーシャン財団」にも呼び掛け、早速一九九九年に欧州と北米に海洋政策調査団を派遣し、それぞれの海洋ガバナンスの取り組みと海洋シンク・タンク活動について調査を開始した。

①欧州の海洋ガバナンスに関する調査

一九九九年六月一日から一〇日までの日程でフランス、トルコ、マルタ、英国の四か国を訪問して各国の海洋管理に関する調査を行った。

六月二日にパリでフランス国立海洋研究所（ＩＦＲＥＭＥＲ）等を訪問して海洋問題にどのように取り組んでいるか調査した。さらに地中海沿岸のフランス国立海洋研究所ツーロン沿岸研究所に赴き、イブ・エノック博士の説明を聞き、ツーロン湾で一九九二年の「水法」改正により河川と沿岸水域の管理を一体的に行う沿岸域総合管理の状況を視察した。

　六月四～五日にはトルコのイスタンブール工科大学（ＩＴＵ）を訪問した。ここではＩＴＵ、神戸大学と日本財団で計画している、世界の商船大学が海事教育に協調して取り組むための世界海事大学連合（ＩＡＭＵ）の設立について打ち合わせをした。またトルコの海洋政策の取り組みも調査した。

　さらに、六月六～八日には地中海に浮かぶ島国マルタを訪れ、国際海洋研究所（ＩＯＩ）およびマルタ大学を訪問して、海洋管理の取り組みについて調査した。

　マルタに本部を置く国際海洋研究所は、一九六〇年代から海洋の新しい秩序および持続可能な開発の行動計画の議論に積極的に参画してその構築に貢献してきたエリザベス・マン・ボルゲーゼ教授が創設した研究所であり、一九七二年から世界の海洋に関する専門家・研究者が参加して海洋ガバナンスの問題を討議する「ＰＩＭ（海に平和を）」会議を開催してきていた。今回の訪問では、幸いなことにボルゲーゼ教授に面会して直接教導を受けるとともに、事務局長のグンナー・クーレンベルグ博士、ＩＯＩ各国センター代表にも会うことができた（5）。

　これらがきっかけとなって海洋ガバナンスに取り組む国際的な人的ネットワークとつながりができ、海洋シンク・タンク活動の基盤のひとつとなった。

　六月九日には、英国のサザンプトン海洋研究センター（ＳＯＣ：Southampton Oceanography Center、英国教育科学省所管）を訪問し、所長代行の ハワード・ロー博士（Dr. Howard S. Roe）等と面会し、海洋政策研究に関して情報・意見交換を行った。

②北米の海洋ガバナンスに関する調査

続いて、一九九九年六月二二日から七月二日までの日程でカナダと米国を訪問して調査を行った。最初に、六月二三日および二四日にカナダ大西洋岸の中心都市ハリファックスに行き、ベッドフォード海洋研究所（ＢＩＯ）、ダルハウジー大学その他のここに集中しているカナダの海洋関係の研究組織を訪問して調査した（６）。

カナダは世界に先駆け、一九九七年に「カナダ海洋法 ,９７（ＣＯＡ：Canada Oceans Act '97）」を制定して海洋問題に取り組んでいた。それは海洋だけでなく、陸域を含む沿岸域の問題にもカナダ海洋法を基盤として積極的な取り組みをすすめていた。各訪問先でそれぞれの取り組みについて熱のこもった説明を受けて心に響いた。

ダルハウジー大学にある国際海洋研究所（ＩＯＩ）カナダセンターでは、マルタで会ったばかりのボルゲーゼ教授と再会して、その取り組みについて理解を深めた。彼女は、ダルハウジー大学教授としてこちらに居を構えて活動している。折から、カナダセンターの研修室では、ＩＯＩの国際ネットワークを通じて集まった各国の研修生が、水産、海事、オイル・ガスなどの問題についての講義を受講中だった。カナダセンターが、カナダだけでなく世界各国の人材育成と人的ネットワーク作りに取り組んでいることを知り、ボルゲーゼ教授が主導する活動がグローバルに広がっていることを実感した。

六月二五日には米国に入り、マサチューセッツ州にある世界的に著名なウッズホール海洋研究所（ＷＨＯＩ）を訪れ、ＷＨＯＩ本部で研究所の運営とシー・グラント（７）による研究等について説明を受け、ＷＨＯＩ海洋政策センターではタンカーのダブルハル化（８）、沖合養殖等の研究について説明を受けた。

六月二八日にタフツ大学（Tufts University：The Fletcher School of Law and Diplomacy）を訪れ、一九世紀後半から現在に至る日米の海洋文明史等について説明を受けた。その後マサチューセッツ工科大学（ＭＩＴ）を訪問して、同大学がシー・グラントを受けて実施している海洋環境等の研究やこれからの計画（マリン・バイオ、コースタル・マネジメント、ラグーン開発）について調査した。

その後ワシントンＤＣに移動し、六月二九日には海洋研究教育連合（ＣＯＲＥ）を訪問して（9）、国家海洋協力計画（ＮＯＰＰ）事務局としての活動等について調査した。

六月三〇日に国家海洋大気庁（ＮＯＡＡ：National Oceanic and Atmospheric Administration、商務省）を訪問した。国際プログラムオフィスのイーラー博士（Dr. Charles N. Ehler）等が調査に親切に対応して、米国の沿岸および海洋政策の発展について有意義なガイダンスをしてくれた。

その中で特に印象が強かったのが、沿岸域の総合的管理の取り組みであった。サンフランシスコ湾の埋め立てに反対して市民が立ち上がって、州法で湾岸保護開発委員会が設立され、最初の本格的な沿岸域管理プログラムとされる「サンフランシスコ湾計画」が一九六九年に策定されたのである。そして、連邦レベルでは、これとほぼ時を同じくして、海洋政策に関する報告書『わが国と海洋（Our Nation and the Sea）』が一九六九年に発表された。これにより海洋に関する総合的・計画的取り組みが始まり、一九七〇年の連邦政府の再編成では、沿岸域管理も所管する国家海洋大気庁が創設された。

さらに一九七二年には沿岸域の社会と生態系の持続可能性をめざす「沿岸域管理法」が制定された。同法は、州が沿岸域の土地および水域の利用を管理する計画を発展させる主要な役割を担っているとして、沿岸州が国家沿岸管理計画に沿って実施する沿岸域管理計画については、連邦政府はその実施を支援すると定めるとともに、沿岸域の自然資源および水域・陸域の利用に影響を与える連邦政府の行為はその沿岸域管理計画に適合していなければならないとする「連邦一貫性（Federal consistency）」を採択した。一九九八年には、国際海洋年や国連海洋法条約の発効などによる海洋ガバナンスの機運の高まりを受け、正副大統領が出席する全米海洋会議（National Ocean Conference）が開催された。そこでクリントン大統領から長期の連邦海洋政策作成の指示を受けて、一九九九年に『海に向き合う、アメリカの海洋の未来（Turning to the Sea, America's Ocean Future）』報告がまとめられ、これに基づいて新たな海洋ガバナンスの取り組みが始まっていた。

このように米国は、国家海洋大気庁を中心として、沿岸域から広大な海洋までを視野において海洋政策の具体化に張り切って取り組んでいて、その先進的な取り組みに圧倒された。

七月一日にはアナポリスにあるメリーランド州天然資源局を訪問し、同州の二／三の地域に沿岸域管理計画をつくり、一六の郡と協力して規制、技術援助、自主活動、教育を実施しているその取り組みを調査した。その後チェサピーク湾奥のアビングトンにある環境教育施設（Anita C. Leight Estuary Center）を訪れて活動状況を視察した。

③近隣諸国の海洋ガバナンスに関する調査

このほか、国連海洋法条約発効を受けていち早く海洋ガバナンスの取り組みを開始していた近隣諸国の取り組みについても情報を収集し、それらの国の海洋関係者と交流してそれらの取り組みを調査した。韓国では一九九六年に各部の海洋担当部局を統合した「海洋水産部」が発足し、各部に分割されていた海洋および沿岸域の管理を所管するようになり、一九九九年には沿岸域管理法が制定されていた。中国では国家海洋局が統合海洋管理、海洋関連法制度整備、国家海洋開発計画策定、海洋利用区画設定、海域利用管理、海洋資源保全など海洋に関する業務に幅広く取り組んでいた。

④浮かび上がってきた海洋ガバナンスの重要ポイント

これらの調査から、各国の海洋ガバナンスの取り組みに共通する重要なポイントが浮かび上がってきた。各国は、a．海洋に関する総合的な政策・戦略を策定し、b．海洋に関する基本的な法令を制定し、c．これらの法令・政策を所管する海洋主管大臣・海洋管理（調整）事務局を設置し、あるいは海洋行政に関する連絡調整の仕組みを構築し、d．さらには沿岸域の総合的管理の法制度・政策等を定めて、海洋ガバナンスに取り組んでいた。私たちはこれらの調査から得た各国の関連法令・政策等を邦訳してわが国の海洋ガバナンスの取り組みの参考に供した。

⑤新聞紙上で海洋政策の必要性を訴える

調査の結果、このように国際社会が海洋生物資源の減少、海洋環境の汚染、沿岸域の乱開発などの問題に対して海洋の総合的管理と持続可能な開発の取り組みを開始しているのにひきかえ、海洋国日本は海洋の総合的な管理の政策・体制がなく、世界の潮流から遅れていることが明らかになってきた。私は、これを憂慮し、この状況を社会に伝えるため、朝日新聞の「論壇」欄に「海洋政策のない海洋日本」を投稿した（一九九九年一二月三日掲載）。そこで、国連海洋法条約、『アジェンダ２１』第一七章の下での各国の海洋管理の取り組みを紹介したうえで、日本も速やかに海洋管理の推進体制を整備すべきであること等を、提唱した。

（３）海洋政策に関するシンク・タンク活動本格スタート（二〇〇〇〜）

①「海洋管理研究会」を設置して海洋政策研究を開始（二〇〇〇年四月）

二〇〇〇年は「新世紀の海洋ガバナンスの取り組み元年」と呼ぶにふさわしい年となった。日本財団は、二〇〇〇年度に入ると「海洋管理研究会」（委員長：栗林忠男慶応義塾大学教授）を設置して、前年開始した海洋ガバナンスの調査研究を基に、シンク・タンク活動を本格的に開始した。そして、国際社会・諸外国の海洋政策の調査研究、内外の海洋関係機関との意見交換を続ける傍ら、国内の海洋に関心を持つ官学産民の有識者・関係者を対象に「海洋管理研究セミナー」の開催に取り組んだ。同時に海洋情報の発信にも力を入れた。

②海洋管理研究セミナーの開催へ

一九九九年の秋、私は、ボルゲーゼ教授から、彼女がその活動に深くかかわっていたローマクラブの会合に誘われて参加した(10)。私は、その会合の席上で挨拶し、日本財団が海洋ガバナンスのシンク・タンク活動を開始したことを紹介した。

ローマクラブの会議を終え、ボルゲーゼ教授とウィーンの街を歩いているときにふと思いついた。「海洋の母」として世界的に著名なボルゲーゼ教授を東京に招き、海洋ガバナンスの取り組みの新しい流れについて話してもらおう。そうすれば、海洋ガバナンスへの対応に立ち遅れている海洋国日本の眼を海洋に向けさせることができるのではないか。早速彼女に私たちの海洋管理研究セミナーでの「海洋ガバナンス」に関する講演をお願いしてみた。彼女から講演のテーマは何かと聞き返されたので、とっさに「海洋ガバナンスの哲学（The Philosophy of Ocean Governance）」と答えたところ、これが彼女の心にかなったらしく、彼女はその場で講演を快諾してくれた。これにより海洋管理研究セミナー開催の計画が具体的に動き出した。

③第一回海洋管理研究セミナー「新世紀に向けて海を考える—海洋管理への取り組み」開催

海洋管理研究セミナーは、ボルゲーゼ教授に海洋ガバナンスの哲学とそれを具現化した海洋法秩序と行動計画について話してもらうとともに、それらを踏まえて一九六〇年代後半から着実に海洋・沿岸域の総合的管理の取り組みを進めてきた米国の取り組みを、国家海洋大気庁のイーラー博士に話してもらうこととして準備を進めた。

二〇〇〇年七月一三日に日本で初めての本格的な海洋ガバナンスに関する研究セミナーとなる第一回海洋管理研究セミナー「新世紀に向けて海を考える—海洋管理への取り組み」を開催した。

このセミナーでは、ボルゲーゼ教授とイーラー博士が講演し、続いて国内研究者の発表、参加者との質疑応答・討論を行った（表4）。

冒頭に日本財団の笹川陽平理事長が挨拶し、この研究セミナーの開催趣旨を概略次のように述べた。

「ほぼ半世紀にわたり長い年月と、国々の利害と、多くの人々の英知が注ぎ込まれた「国連海洋法

表４　「海洋管理研究セミナー」プログラム

第１回海洋管理研究セミナー「新世紀に向けて海を考える―海洋管理への取組み」

開会挨拶：「新世紀へ向けて海を考える」笹川陽平（日本財団理事長）

講演１：「海洋ガバナンスの哲学―海は人類の共同財産」エリザベス・マン・ボルゲーゼ（国際海洋研究所名誉会長）

講演２：「米国における沿岸および海洋政策の発展」チャールズ N. イーラー（米国海洋大気庁国際プログラムオフィス・ダイレクター）

国内研究者の報告：

「沿岸海域の環境管理のための政策と活動」上嶋英機（通産省工業技術院中国工業技術研究所海洋環境制御部長）

「わが国沿岸域を巡る諸問題とその解決に向けた２，３の基本方策」宇多高明（建設省土木研究所河川部長）

質疑応答・討論

司会進行：日本財団常務理事　寺島紘士

条約」が一九九四年についに発効し、一九九二年にリオで開催された地球サミットが「持続可能な開発」を宣言し、行動計画『アジェンダ２１』を採択した。これらにより、人類の重要な生活基盤である海洋の開発、利用、保全を総合的に管理し、海の恩恵を将来の世代に引き継いでいく「海洋管理」が基本になり、各国は、海洋管理の法律の制定、海洋政策の策定、これらを推進するための行政・研究組織の新設・統廃合、広範な利用者の意見を反映する手続きの制定などを行い、沿岸域をはじめすべての管轄海域の総合的管理に熱心に取り組み始めた。

しかし、世界で六番目の排他的経済水域をもつ海洋国日本は、残念ながら海洋のパラダイムの「海洋管理」への転換という認識がなぜか薄く、海洋問題への総合的な取り組みという点で各国に比較して立ち遅れていると言わざるを得ない。国連は、海洋問題および海洋法について毎年国連総会でレビューすることの重要性を認め、国連海洋法条約および『アジェンダ21』第一七章の枠組みの下で、総会における海洋問題の進展についてレビューを効果的かつ建設的に行うための非公式協議プロセスの設置を一九九九年に決定し、その第一回が二〇〇〇年五月三〇日から開催された。このままでは総合的な取り組み体制が整っていないわが国は、このように国際的にどんどん進展していく海洋ガバナンスの取り組みから取り残されていってしまう。本研究セミナーは海洋問題に関心を持つ有志の方々にお集まり願い、わが国で未だ取り組みの遅れている海洋ガバナンスについて理解を深め、今後の望ましい海洋管理の方策について自由闊達な意見交換を行うために企画しました」。

これに続いて基調講演が行われ、まずボルゲーゼ教授が講演を行った。

ボルゲーゼ教授は、一九六七年のパルド大使の国連総会での「海洋は人類の共同財産」を提唱する演説に共感し、この概念を具体的に掘り下げて検討し、「海洋空間の諸問題は相互に緊密に関連しており、全体として検討されなければならない」として、海洋の総合的な管理と持続可能な開発利用に向けて海洋ガバナンスの構築に取り組んできた。教授は、海洋ガバナンスの「ガバナンス（統治または管理）」と「ガバメント（政府）」の言葉の意味の違いから話を始めて、海洋ガバナンスの基本的な概念とビジョンとして、「人類の共同財産」「持続可能な開発」「沿岸域・海洋の総合的管理」「不確実性と予防原則」「リスク」を取り上げて説明し、「海洋ガバナンスの哲学」の基本概念全体の根底に「協力」があることを強調した。

その上で、海洋ガバナンスのモデルの芽は、地方（local）の地元社会の共同管理という形で地方の沿岸社会で生まれ、それは、海洋を利用する者（漁業関係者、港湾当局、観光業界、消費者、NGO、科学者など）

が地元の意思決定に参加する「水平統合」、および、地方、州／県、国家レベルの機関が共同で意思決定をする場を設ける「垂直統合」を意味し、マクロレベルで解決困難な多くの問題は、地方レベルではかなり効率よく解決することができる、と述べた。

そして、ａ．水平統合の推進が急務であることは地方レベルでも国家レベルでも変わらないこと、適切なつながりの構築は、国の機関だけでなく国際機関ともしなければならないこと、ｂ．地域（regional）レベルでは、政府、開発銀行、国連専門機関、市民社会を代表するＮＧＯ等が参加する地域組織が、新しい海洋ガバナンス制度に不可欠な要素であること、ｃ．グローバルなレベルでは、国連持続可能な開発委員会（ＣＳＤ）等へのＮＧＯ「主要グループ」の積極的参加、および総会参加国、海洋に関する国連機関、ＮＧＯ「主要グループ」が参加する「海洋と海洋法に関する国連非公式協議プロセス（ＵＮＩＣＰＯＬＯＳ）」(11)が新しい海洋ガバナンスの構造における重要な基礎になっていることを強調した。最後に、個人から始まり、それが地元社会、国家、地域、国連総会へと広がっていくこの「海洋ガバナンス」という新しい形を、インドのマハトマ・ガンジーの言葉を借りて、「海洋の環（Oceanic Circle）」にたとえ、ガンジーの詩を朗読して講演を締めくくった。

続いてイーラー博士が海洋政策の具体化に熱心に取り組んでいる米国の海洋・沿岸域管理の取り組みについて講演した。

「（海洋の）ガバナンス（管理）」は、行動、制度、社会まで含む幅広い概念ですべての利害関係者が意思決定にかかわる。それに対して、「（沿岸域の）マネジメント（管理）」は、望ましい目的または目標を達成するための運営上のもので、ガバナンスの方がマネジメントよりもっと大きな概念であると話を始めた。

そして、「私たちは、包括的な、統合された海洋政策を構築して海洋・沿岸域をきちんと管理しようと、この三〇年間努力を続けてきたがまだ十分ではない。米国も日本と同じような問題を抱えている。どう取り組んでいったらいいか一緒に考えよう」と述べて聴く人の心を捉えてから、二〇世紀後半、特に一九六〇年代後半からの米国の海洋・沿岸域の総合的管理に関する先駆的な取り組みを次のように説明した。

米国は、一九四五年のトルーマン宣言（第1章参照）に始まって、一九五三年には沿岸三海里までについては州の権利を認めるとともにその外側の海域は連邦政府の管轄として、資源の開発、環境の保全等について積極的に取り組んできた。一九六五年にカリフォルニア州の州法で設立された湾岸保護開発委員会が一九六九年に初の沿岸管理プログラム「サンフランシスコ湾計画」を策定した。一九六六年には連邦法により海洋研究助成の「シー・グラント・プログラム」が創設された。また、同年に大統領直轄の国家海洋委員会が設置されて『わが国と海洋（Our Nation and Ocean）』報告が一九六九年に発表された。この報告に基づき、一九七〇年に連邦政府の再編成が行われて国家海洋大気庁と環境庁（ＥＰＡ：Environmental Protection Agency）が設立され、一九七二年には沿岸域管理法、海洋保護・調査・保護区法等が制定されるなど、海洋ガバナンスの取り組みを行ってきた。

そして、一九九八年の「全米海洋会議（National Ocean Conference）」における大統領指示を受けて、一九九九年に『海に向き合う、アメリカの海洋の未来』報告がまとめられた(12)。そして、二〇〇〇年に入って、サンゴ礁保護のための全米行動計画（勧告）、海洋保護区に関する大統領令が出されている。

最後に、イーラー博士は、政府の様々なレベル・部門での管轄の分割、狭量な意思決定、短絡的思考、複雑で不確実な海洋システムなどの現行システムの問題点を指摘した。そして、これらに対応するため、空間管理アプローチの採択、すべてを包含する国家目標と基本方針の開発、紛争解決・計画立案のための能力育成、省庁間の政策統合、州政府・地方自治体の活動の奨励・支援とそれらの米国全体の利益・政策との整合性の確保等をガバナンスの改善方策として示し、講演を締めくくった。

これらの講演に続いて、通産省工業技術院中国工業技術研究所の上嶋英機氏と建設省土木研究所の宇多高明氏が各々の取り組んでいる沿岸域の問題とその活動について報告した。

第一回海洋管理研究セミナーには、主催者、講演者、報告者のほか、大学、関係府省庁、公益法人、企業、メディア等から海洋管理に関心を寄せる六〇名ほどが参加した。この日本初の本格的な海洋管理に関するセミナーに強い関心をもって集まった参加者たちは、熱心に講演等を聞いて海洋ガバナンスについて学び、わが国の海洋ガバナンスの取り組みの進め方について討論を行った。

この第一回海洋管理研究セミナーは、世界が国連海洋法条約に具現化された海洋の新しい秩序と『アジェンダ２１』第一七章に示された海洋の総合的管理と持続可能な開発に関する行動計画に基づいて取り組み始めた海洋ガバナンスについてわが国で初めて取り上げ、その概念・ビジョン、政策、法制度、取り組み体制などを議論し、海洋ガバナンスの取り組みに一歩踏み出したという点で画期的な会議となった。

④第二回海洋管理研究セミナー「新世紀に向けて海を考える――海洋および沿岸域管理への取り組み」開催

第一回海洋管理研究セミナーに対する反響や海洋管理研究会における議論、さらにその後のオース

表5　「海洋管理研究セミナー」プログラム

第２回海洋管理研究セミナー

開会挨拶：寺島紘士（日本財団常務理事）

講演１：「海洋法と日本―回顧と展望」栗林忠男（慶応義塾大学法学部長・教授）

講演２：「欧州の統合的沿岸域管理戦略に向けて―地中海におけるフランスの貢献」イブ・エノック（仏国立海洋研究所海洋環境部部長）

質疑応答・討論

司会進行：日本財団常務理事　寺島紘士

トラリアおよびフィリピンの海洋管理に関する調査の結果等を踏まえて、二〇〇〇年一一月下旬に、第二回海洋管理研究セミナー「新世紀に向けて海を考える―海洋および沿岸域管理への取り組み」を再び日本財団が主催して虎ノ門の旧日本財団ビルで開催した（表5）。

セミナーの冒頭に私が、開会あいさつを兼ねて、第一回海洋管理研究セミナー以後の動きを含めて世界における海洋ガバナンスの取り組みの進展を紹介した。それらは、八月に「海洋法二〇〇〇（The Oceans Act 2000）」を成立させて取り組みを進展させている米国、オーストラリア海洋政策（ＡＯＰ：Australia's Ocean Policy）を策定して国家海洋閣僚会議を組織し、国家海洋局（ＮＯＯ：The National Ocean's Office）を設置したオーストラリア、海洋環境保護や沿岸域管理に関する法律などを制定して取り組みを進めている中国・韓国、さらに東アジア一一か国が協調して東アジアの海域の環境管理に取り組んでいるＰＥＭＳＥＡなどの取り組み等である。そして、海洋ガバナンスで必要と思われるポイントを抜き出し、各国がこれらにどう対応しているか比較した「各国における海洋管理への取り組み」表を提示して、それらに対応していないわが国の立ち遅れを指摘し、海洋ガバナンスの取り組みを進めることの重要性を強調した。

続いて講演が行われ、慶応義塾大学法学部長の栗林忠男教授がこれまでの海洋法の流れと日本の対応について、フランス国立海洋研究所（ＩＦＲＥＭＥＲ）海洋環境部のイブ・エノック部長が欧州の沿岸域総合管理戦略について講演を行った。

講演の後、講演者と参加者の間で質疑応答を行い、続いて、全員で討論を行った。

第二回海洋管理研究セミナーには、大学、関係府省庁、公益法人、企業、メディア等から六〇名ほどが参加して、質疑応答および全員討論も熱心に行われて、日本における海洋ガバナンスの取り組みがついに動き始めたことが感じられるセミナーとなった。

⑤海洋ガバナンスの情報発信—オピニオン誌『Ocean Newsletter』の創刊等

海洋ガバナンスの研究を開始した日本財団は、総合的な海洋政策の研究を推進するだけでなく、研究の推進およびその成果に基づいた実施の必要性を広く社会に発信していくことが重要と考えて情報発信にも力を入れていくこととした。そこでシップ・アンド・オーシャン財団と協議して、海洋に関する総合的な議論の場を提供する『Ocean Newsletter』（当初『Ship & Ocean Newsletter』）を同財団から創刊することとし、二〇〇〇年八月二〇日に創刊号を発行した（13）。

この『Ocean Newsletter』は、「海洋の重要性を広く認識していただくため、海洋に関する総合的な議論の場を提供する」ことを目的とし、海洋に関心を持つ様々な分野の方々から自らの取り組みとそれに関する意見・提言を募集して、それらオピニオンを毎号三編ずつ掲載して毎月二回発行している。幸い、愛読者が増えてきたこともあり、広く多くの皆さんから絶えずオピニオンが寄せられてくるようになり、創刊二〇年が近づいている今日まで一回も欠かさず発行してきている（二〇二〇年一月五日で第四六六号発行)。

⑥アジア・大洋州・欧州の海洋ガバナンスに関する調査

日本財団は、二〇〇〇年秋には、当時海洋ガバナンスに関する先進的な取り組みで注目されていたオーストラリア、および東南アジア諸国における取り組みの調査の第一歩としてフィリピンを訪問して海洋ガバナンスに関する調査を行った。

オーストラリアの海洋ガバナンスに関する調査(14)

オーストラリアでは、一九九八年一二月にオーストラリア海洋政策が策定され、環境、漁業、科学、観光、運輸の五大臣をメンバーとする国家海洋閣僚会議(議長:環境大臣)が設置された。そのもとに海洋政策実施の調整機関として国家海洋局(NOO)が一九九九年一二月に設立されていた。

そこで当時はタスマニア島にあった国家海洋局を訪問して、オーストラリアの海洋政策について調査した。国家海洋局長のセイクル(Veronica Sakell)氏から、オーストラリアの広大な管轄海域を八～九地域に区分して地域海洋計画(RMP:Regional Marine Plan)の作成にとりかかっていること、海岸線から三海里は州政府、それ以遠は連邦政府の管轄として取り組んでいること、国家海洋閣僚会議、国家海洋局その他のオーストラリアの海洋関係機関の任務と相互の関係、「環境保護・生物多様性保全法(EPBC Act:Environment Protection and Biodiversity Conservation Act)」(一九九九)が七月に施行されたことなどについて説明を受けて大変参考になった(15)。

フィリピンの海洋ガバナンスに関する調査（16）

東南アジア諸国の中から先ずフィリピンを選んだのは、一九九七年の国際海洋シンポジウムにパネリストとして招待したチュア・ティア・エン博士がマニラにいたからである。彼はマニラに事務局を置くＧＥＦ／ＵＮＤＰ／ＩＭＯプロジェクト「東アジア海域環境管理パートナーシップ（ＰＥＭＳＥＡ）」（第一期一九九四〜一九九九、第二期二〇〇〇〜）の事務局長をしていて、フィリピンだけでなく東アジア各国の海域環境管理の情報収集についてアドバイスが期待できた。

フィリピン環境天然資源省（ＤＥＮＲ）の中にあるＰＥＭＳＥＡ事務局を訪れると、チュア博士はフィリピンにおける沿岸域の総合的管理（ＩＣＭ）の取り組み・具体的事例等についてガイダンスするとともに、東アジア地域で沿岸域の問題に総合的に取り組むＰＥＭＳＥＡプロジェクトの二〇〇〇年からスタートした第二期の活動について熱を込めて説明してくれた。彼は、第一期のＩＣＭのモデル事業のデモンストレーション・サイトであるバタンガスにも車で案内してくれた。ＰＥＭＳＥＡには、東南アジア諸国だけでなく北東アジアの中国、韓国も参加していて、一一か国が協調しながら沿岸域の総合的管理等に積極的に取り組んでいた。

この調査によってフィリピンの取り組みおよび東アジア各国の取り組みのおおよその状況が把握できた。また、この訪問がきっかけとなって私たちもＰＥＭＳＥＡの活動に海洋シンク・タンクとして参画し、海洋の問題に取り組む東アジア各国の人たちとの交流が始まって、その後の海洋ガバナンスの基盤のひとつとなっていった。

なお、この調査訪問では思い出すと懐かしい出来事があった。私たちを見送りに玄関まで出てきたチュア博士が、そこにあるプロジェクト参加国の国旗掲揚ポールの中の一本だけ国旗のないポールに触れながら「これを日本のためにとってあるのになぜ参加しないのだろうか」と嘆いた。帰国後このエピソードとともにＰＥＭＳＥＡの活動状況を国土交通省に伝えたのがきっかけとなって政府内の調整が行われ、日本がＰＥＭＳＥＡの活動に参加することになった（17）。

再び欧州の海洋ガバナンスに関する調査

二〇〇〇年は海洋シンク・タンク活動の立ち上げに最後まで精力的に取り組み、第二回海洋管理研究セミナーの終了後再び欧州に海洋に関する調査に出向いた。今回の調査では最初に英国を訪問し、ロンドンにある国際海事機関（ＩＭＯ）本部を訪れ開催中の海上安全委員会（ＭＳＣ）会議を視察し、オニール事務局長ほかの関係者と面会して情報を収集した。そのあとサザンプトン研究所（Southampton Institute）を訪れてその海事関係の教育・研究について調査するとともに、一九九九年に設立した国際海事大学連合（ＩＡＭＵ）の活動についてマレク・プルザンジャニ教授と意見交換を行った。

続いてギリシャのアテネを訪れ、国連環境計画（ＵＮＥＰ）の地域海計画の中でも先進的取り組みとして知られている地中海行動計画（ＭＡＰ）の調整部を訪問した。バルセロナ条約に基づいて行われている沿岸域管理、汚染の評価と管理、生態系の保護、生物多様性の保全をカバーする地中海行動計画の活動について調査し、持続可能な沿岸域管理に関して参考となる情報・データを収集した。地中海行動計画は二五年の歴史を誇るだけに活動が充実していて、全体の活動をマネジメントする調整部の専門家のシンク・タンク機能、関係機関専門家とのネットワークの確保・維持、参加型活動による参加者の問題意識の醸成と人材育成などが強く印象に残った。

その後、ドイツのハンブルグを訪れ、国連海洋法条約により新設された国際海洋法裁判所の建物で行われたボルゲーゼ教授の国際海洋研究所（ＩＯＩ）が主催する「第二八回ＰＩＭ 二〇〇〇」に参加して、海洋ガバナンスの議論に参加した。これが海洋のガバナンスの実現に取り組む海洋関係者が世界中から集まる国際会議への、私たちの海洋シンク・タンクとしての初参加である。その会期中には遠隔学習技術と既存の大学における教室授業を組み合わせた「バーチャル大学（ＩＯＩＶＵ：Virtual University）」の設立を検討する国際海洋研究所の理事会が開催されて、これにもボルゲーゼ教授に奨められてオブザーバー参加した。このバーチャル大学構想は、海洋ガバナンスの教育に力を入れていたボルゲーゼ教授が晩年にその実現に向けて熱心に取り組んだ、ＩＴを活用した海洋ガバナンスの大学教育という時代を先取りするプロジェクト構想だった。惜しくもその実現の前にボルゲーゼ教授が二〇〇二年に逝去し、バーチャル大学構想はその実現を推進するキーパーソンを失って消えていった。

⑦各国における海洋政策への取り組み

二〇〇〇年度は、このように調査活動を積極的に行い、それに基づいて私たちの海洋管理研究会を中心とした海洋ガバナンスに関する研究が大きく進展した年だった。調査により明らかになってきた海洋ガバナンスの取り組みに必要かつ重要なポイントを抽出し、それを規準として各国の海洋ガバナンスの取り組みの進捗状況を比較する「各国における海洋政策への取り組み」（表６）の作成はその成果のひとつである。この表は、縦軸に、海洋（基本）法、海洋政策、海洋管理主管大臣、海洋行政連絡調整会議、海洋管理（調整）事務局、海洋保護区、沿岸域管理法、河川と沿岸域の一体的管理等の海洋ガバナンスの重要事項を並べ、横軸に海洋ガバナンスに熱心に取り組んでいるアメリカ、カナダ、オーストラリア、ニュージーランド、フランス、イギリス、中国、韓国の八か国および日本を並べて各国の取り組みの進捗状況が一目でわかるようになっている。各国の進捗状況をみると、ニュージーランドは海洋政策の策定に動き出したばかりであるが、それ以外の七か国では海洋ガバナンスの取り組みがかなり進んでいる。これに対して、わが国だけがほぼ全ての事項で「なし」と答えざるを得ない状況にある。これで私たちがこれから何をしなければならないかが明らかになった。

（４）『海洋と日本　二一世紀におけるわが国の海洋政策に関する提言』

①日本財団、海洋政策提言を取りまとめる

日本財団は、二〇〇一年度も海洋管理研究会において、二〇〇〇年度の研究成果、特に「各国における海洋政策への取り組み」表作成により明らかになってきた海洋ガバナンスの取り組みに必要な事項を念頭において、日本で海洋ガバナンスを推進するためにはどのような仕組みが必要かについて熱い議論を展開した。そして、議論が大分進んで海洋ガバナンスの構築のために何をなすべきかが明らかになってくると、それをとりまとめてわが国がとるべき海洋政策として提言しようという方向に議論が進んだ。それは海洋管理研究会が二年目に入ったころ、栗林委員長が「そろそろ研究会での議論

を提言にまとめることを考える時期になったのではないか」とつぶやいた。この一言で研究にさらに弾みがつき、海洋政策提言という新たな目標を得た海洋管理研究会の審議は加速し、ついに「総合的な海洋政策の策定」を筆頭に六項目にわたる提言およびそのもとに二一細目の具体的事項を掲げた提言案が作成された。

そして、これを基に二〇〇一年末に研究者、政策・行政担当者、民間海洋関係者、メディア関係者等に「海洋政策に関するアンケート調査」を実施し、その結果も加味して海洋政策提言『海洋と日本二一世紀におけるわが国の海洋政策に関する提言』を最終的に取りまとめた。

提言が掲げた六項目の提言は、次のとおりである。

提言１　総合的な海洋政策の策定
提言２　海洋政策策定、実行のための行政機構の整備
提言３　総合的沿岸域管理の法制整備
提言４　水産資源の合理的な管理、漁業と他の海洋利用との調整
提言５　排他的経済水域（ＥＥＺ）および大陸棚の総合的管理の具体化
提言６　海洋に関する青少年教育および学際的教育・研究の充実

②日本財団、『海洋と日本　二一世紀におけるわが国の海洋政策に関する提言』発表

二〇〇二年五月、日本財団は、『海洋と日本　二一世紀におけるわが国の海洋政策に関する提言』

フランス	イギリス	中国	韓国	日本
547	244.8	9,596.9	99.6	377.8
3.4	12.4	32	11.5	34.8
260（海外領土除く）	940（民間試算）	964	449	4,470
なし	95 年環境法	海域使用管理法 海洋環境保護法	海洋水産発展基本法	なし
なし	"Safeguarding Our Seas"（2002 年 5 月 21 日）	China Ocean Agenda 21	Ocean Korea 21「21 世紀海洋水産ビジョン」	なし（文部科学省科学技術・学術審議会の答申あり：長期的展望に立つ海洋開発の基本的構想及び推進方策について（2002.8.1））
首相	環境食糧農村省（Department for Environment Food and Rural Affairs :DEFRA）環境庁	国家海洋局（State Oceanic Administration : SOA）	海洋水産部（Ministry of Maritime Affairs and Fisheries）	なし
海洋閣僚会議（Interministerial Council for the Sea）	Green Ministers 海洋科学技術に関する省 庁間委員会（IACMST）		中央沿岸管理審議会 海洋環境保全委員会 港湾政策委員会 水産業管理委員会	なし（局長級の海洋開発省庁連絡会議あり）
なし	環境庁 / 地方自治体	SOA	海洋水産部	なし
沿岸の開発計画では必須	Consultations on Flood and Coastal Defence		海洋水産発展委員会	なし
EU 生息地指令 / 鳥類指令に基づく 保護区（Natura2000）等	EU 生息地指令 / 鳥類指令に基づく保護区（Natura2000）等	海洋環境保護法 海洋自然保護区管理取決（59 ヶ所）	国土利用管理法：水産資源保護区域 海洋汚染防止法：環境保全海域	自然公園法：海中公園地区（139 ヶ所）、自然環境保全法：海中特別地区（1 ヶ所）
Seashore Act(1986) Schemas de Mise en Valeur de la Mer(1983)	1995 年環境法	海域使用管理法（海洋機能区画）	沿岸管理法 沿岸統合管理計画	なし（元国土庁の指針あり）
Water Act(1992) Schemas Directeur d'Amenagement et de Gestion de Eaux(SAGE)	環境庁 / 地方自治体		公有水面管理法 公有水面埋立法 湿地保全法	なし
		内水 / 領海（海底とその下を含む）	満潮水位を基準に陸側は 500 ～ 1000m 海側は領海まで	海岸保全区域として平均高潮水面から海陸両側 50m
1997 年 4 月 11 日批准	1997 年 7 月 25 日加入	1996 年 6 月 7 日批准	1996 年 1 月 29 日批准	1996 年 6 月 20 日批准

表６　各国における海洋政策への取り組み

	アメリカ	カナダ	オーストラリア	ニュージーランド
1. 国土面積（1000km2）	9,629	9,976.1	7,686.8	268.6
2. 海岸線延長（1000km）	19.9	243.7	36.7	15.1
3. 排他的経済水域（1000km2）	7,620	4,700	7,010	4,830
4. 海洋（基本）法	Oceans Act 2000	Canada Oceans Act (COA)1996	Canadian Environment Protection Act 1999（海洋投棄に関する部分）	Environmental Protection and Biodiversity Conservation Act1999
5. 海洋（基本）政策	Turning to the Sea : America's Ocean Future Final recommendation of U.S. Commission on Ocean Policy（2004 年初頭予定）	Canadian 's Oceans Strategy（2002 年 7 月 12 日）	Australia's Oceans Policy Regional Marine Planning(supraregional) Coastal and Marine Planning Program(CMPP)	Oceans Policy 作成中 2004 年初めに草案の協議会を予定
6. 海洋管理主管（大臣）	商務省海洋大気庁（National Oceanic and Atmospheric Administration: NOAA）	漁業海洋省（Department of Fisheries and Oceans : DFO）	海洋閣僚会議（National Oceans Ministerial Board）議長：環境大臣	Ministerial Group 議長：水産科学技術エネルギー相
7. 海洋行政連絡調整会議	US Commission on Ocean Policy	Minister's Advisory Council on Oceans	Commonwealth Coastal Co-ordinating Committee	Oceans Policy Officials Group
8. 海洋管理（調整）事務局	National Security Council Interagency Working Group	Oceans Act Coordination Office	National Oceans Office	Oceans Policy Secretariat for Ministerial Group and Advisory Committee
9. 広範な利用者の意見を反映する制度	National Oceans Commission public meetings Science Advisory Panel	Oceans Explorations on Web Oceans Program Activity Tracking(OPAT)	National Ocean Advisory Group Regional Marine Plan Steering Committees	Ministerial Advisory Committee Public Con- sultation(Oceans Policy
10. 海洋保護区（MPAs）	1972 年海洋保護・調査・サンクチュアリ法・行政命令 13158 号（2000 年 5 月 26 日）等に基づく Marine Sancutuary MPA 等	COA 第 35/36 条に基づく MPA National Framework for Establishing and Managing Marine Protected Areas（1999 年 3 月）	GBR 海洋公園法（1975 年）Ocean Rescue 2000 に基づく National Representative System of Marine Protected Areas 等	1971 年海洋保護法（Marine Peserve Act）に基づく Marine Reserve 等（1971 年法の全面改正法案が 2002 年 10 月 15 日に第一読会を終了）
11. 沿岸域管理法（政策）法（Coastal Zone Management Act）	1972/1990 年沿岸域管理法（Coastal Zone Management Act）	1972 年沿岸地域管理法 2002 年 Canada's Oceans Strategy	1995 年 Commonwealth Coastal Policy	The Resource Management Act(RMA)
12. 河川と沿岸域の一体的管理	河川港湾法（Rivers and Harbors Act）（保全は陸軍工兵隊が行う）	COA PART II(Oceans Management Strategy）は河川及び湖には適用がない（第 28 条）	州政府 / 地方政府	
13. 沿岸域管理における法的な管理範囲	州政府の領土（海岸線から 3 海里以内）	天然（地下）資源に関しては海岸線から 3 海里以内は州政 府の管轄	州法及び連邦法は内水・領海・EEZ 及び大陸棚の上に適用（第 9 条及び 20 条）	州政府の領土（海岸線から 3 海里以内 /1979 年 Offshore Constitutional Settlement 1980 年沿岸水域法等による）
14. 国連海洋法条約批准状況	未加入	2003 年 11 月 7 日批准	1994 年 10 月 5 日批准	1996 年 7 月 19 日批准

を発表し、福田康夫官房長官をはじめ関係政府機関、自由民主党等に提出してその実現を求めた。また、六月初めには海洋政策に関心が深い官学産民の関係者に海洋政策提言を説明する「第一回海洋政策研究セミナー」を開催し、一〇〇人余が参加した。このセミナーでは提言作成に参画した栗林忠男慶應義塾大学名誉教授と來生新横浜国立大学教授が講演し、私が海洋政策提言を発表した。

しかし、国連海洋法条約の発効やリオ地球サミットにおける持続可能な開発のための行動計画『アジェンダ21』の採択により、世界各国が海洋と沿岸域の総合的管理に熱心に取り組み始めているのに対して、残念ながら、日本の海洋ガバナンスの取り組みの必要性に対する理解・認識はまだ十分ではなかった。提言を受け取った官房長官はその検討を約束したが、それは実務者の段階に降ろされたところで停滞し、やがて消えていった。また、政界に東シナ海の問題に関心を持つ政治家はいたが、国際的に取り組みが進んでいる海洋の総合的管理と持続可能な開発に対する理解はまだ十分に浸透していなかった。そのため、この提言は海洋基本法の制定などに向けた動きに、すぐにはつながらなかった。

なお、二〇〇二年八月には、科学技術・学術審議会が、『長期的展望に立つ海洋開発の基本構想および推進方策について―二一世紀初頭における日本の海洋政策』を取りまとめ、文部科学大臣に答申した。同答申は、当時の海洋に関する国際的な取り組みの進展を踏まえ、①「海を知る」「海を守る」「海を利用する」のバランスのとれた政策へ転換すること、②国際的視野に立ち、戦略的に政策を実施すること、③総合的な視点に立って、わが国の海洋政策を立案し、関係府省が連携しながら施策を実施すること、を重視して海洋政策を企画・立案、実行することを提言した。だが、これも省庁間の縦割りの壁を乗り越えるまでには至らなかった。

③わが国の延長大陸棚の画定に貢献

その中で唯一、手ごたえがあったのが、提言五の細目のひとつ「大陸棚の延長に必要な調査活動の一層強化」である。国連海洋法条約は、二〇〇海里を超える大陸棚については、沿岸国がその限界に関する情報を「大陸棚限界委員会」に提出し、同委員会が当該大陸棚の外側の限界の設定について勧告を行い、これに基づいて当該沿岸国が設定した大陸棚の限界が最終的なもので拘束力を有する、としている。しかし、当時日本では、大陸棚延長のための調査を政府内のどの部局が担当するのか、大陸棚の延長に必要な情報の大陸棚限界委員会への提出について誰が責任を持って対処すべきか明らかでないまま、二〇〇九年五月の提出期限が近づいていた。そのようなときにこの海洋政策提言が契機となり、国土交通省が動いて、政府が一体となって大陸棚調査を推進する組織（「大陸棚調査対策室」等）ができ、必要な調査予算がついて、ようやく大陸棚延長に関するデータ提出期限に間に合うように調査を進める政府の体制が出来上がったのである。

具体的には、二〇〇三年八月に大陸棚調査・海洋資源等に関する関係省庁連絡会議において「大陸棚画定に向けた今後の基本的考え方」が策定され、一二月には内閣官房に大陸棚調査対策室が設置された。誰が担当するかでもめていた大陸棚調査は、二〇〇四年度からは、海上保安庁、文部科学省、経済産業省等の連携協力の下に政府全体で取り組むようになった。そして、二〇〇四年には日本大陸棚調査株式会社が設立され（18）、大陸棚調査の総仕上げに貢献した。

わが国の広大な大陸棚の調査は、このような関係者の連携協力の積み重ねによりついにとりまとめられて、二〇〇八年一〇月三一日に総合海洋政策本部が二〇〇海里を超えるわが国の大陸棚の限界を決定し、これを「大陸棚の限界に関する委員会」に一一月一二日に提出した。そして、二〇一二年四月二〇日、大陸棚限界委員会はわが国の大陸棚を約三一万平方キロ延長することを認める勧告を採択した。

5　海洋政策研究所、海洋シンク・タンク活動スタート

日本財団とともに海洋シンク・タンク活動に取り組んできたシップ・アンド・オーシャン財団（ＳＯＦ）は、二〇〇二年度に入って、主体的にわが国の海洋政策の研究・提言活動に取り組むこととし、日本財団の支援を受けて、「人類と海洋の共生」の基本理念に基づき海洋シンク・タンク活動を推進する海洋政策研究所を設置した。折から七月に日本財団常務理事の任期が満了した私は、八月からシップ・アンド・オーシャン財団に移って海洋政策研究所長に就任し、海洋シンク・タンク活動に取り組むことになった。

（1）ＳＯＦ海洋政策研究所、海洋政策の提言に取り組む

ＳＯＦ海洋政策研究所は、人類の生存基盤を支える海洋の多岐にわたる課題の中から、①海洋政策・海上交通、②海洋安全保障、③海洋教育、④沿岸域・環境を重点分野としてピックアップして研究を進めた。その中でも力を入れて取り組んだのが、日本財団で政策提言したが実現に至らなかった海洋

の総合的管理と持続可能な開発のための海洋政策の実現に向けて、再び政策提言をすることだった。引き続き海洋各分野の有識者の協力を得て「海洋・沿岸域研究委員会」（委員長：栗林忠男慶応大学名誉教授）を設置し、二〇〇二年の政策提言を基にして、それ以降の内外情勢の進展を踏まえて、政策の深度化、具体化および総合化に取り組んだ。

この間にシップ・アンド・オーシャン財団は、日本財団の支援の下に、海洋政策研究所だけでなく財団全体が海洋政策研究に取り組むこととし、二〇〇五年四月から通称「海洋政策研究財団」として活動を開始した。そして海洋政策研究財団は、二年間余に及ぶ議論を経て『海洋と日本 二一世紀の海洋政策への提言―真の海洋立国を目指して』を同年一一月に発表し、安倍晋三官房長官をはじめ関係政府機関、自由民主党等に提出した。幸いなことに、二〇〇二年以降の海洋をめぐる情勢の変化を背景にして、今度はこの海洋政策提言が海洋問題に関心を持つ政党、海洋関係各界の有識者の賛同を得てわが国の海洋ガバナンスの取り組みは新たな段階に進むこととなる。これらについては第3章で詳述する。

（2）「海洋フォーラム」の開催開始

また、海洋政策研究所は、海洋に関する情報発信の拡充にも力を入れ、四方を海に囲まれた海洋国日本の発展のためには、海洋に関する情報の共有や意見の交換、また、必要なことを海洋政策に反映させる力の結集が必要であることから、その時々の海洋に関する社会の関心事項の中からテーマを選定しておおむね月一回のペースで、海洋関係者だけでなく一般の人々も対象にして、「海洋フォーラム」

の開催を開始した(19)。

海洋政策研究財団は、その後二〇一五年に笹川平和財団と合併し、笹川平和財団海洋政策研究所として活動を継続しており、海洋フォーラム開催も継続していて、二〇二〇年一月には第一六九回海洋フォーラムを開催した。

(3)『海洋白書』創刊

さらに、多方面にわたる海洋に関する出来事、活動、施策等に関する情報・データが一般に十分に提供されているとは言い難く、海洋に関する国民の関心が低い原因のひとつにもなっている状況に鑑み、それらに関する出来事や活動を「海洋の総合的管理」の視点に立って総合的、横断的に整理・分析し、これらを『海洋白書』として取りまとめて定期的に刊行することとした。

海洋白書は、三部構成で、第一部では最近の海洋に関する出来事や活動の中から重要課題を選んで整理・分析し、問題提起や提言を試みる。第二部では海洋・沿岸域関係のこの一年間の内外の動向を海洋・沿岸域の各分野ごとに日誌形式で整理、掲載する。第三部は関連の重要データ、資料等を掲載している。

『海洋白書　二〇〇四　創刊号　日本の動き　世界の動き』は、二〇〇四年二月に成山堂書店から発行された(20)。それ以来、海洋政策研究所は、毎年、『海洋白書』を発行して現在に至っている。

（１）財団法人日本船舶振興会は、一九九六年より通称「日本財団」として活動してきた。二〇一一年四月に公益財団法人に移行し、それまで通称として使用していた「日本財団」を正式名称とした。

（２）その企画には、奈須紀幸東京大学名誉教授、大林太良東京大学名誉教授、秋道智彌国立民族学博物館教授、大森信東京水産大学教授、濱田隆士（財）日本科学協会理事長、栗林忠男慶応義塾大学教授をはじめとする海洋に関する様々な分野の有識者の積極的な協力をいただいた。

（３）一九九六～一九九九年に開催した国際海洋シンポジウム「海は人類を救えるか」の企画委員会の委員をお願いしたのは次の方々である。

〈委員長〉
那須紀幸　東京大学名誉教授（一九九六～一九九九）
〈委員〉
秋道智彌　国立民族学博物館教授（一九九六～一九九九）
大林太良　東京女子大学現代文化学部教授、東京大学名誉教授（一九九六～一九九九）
大森信　東京水産大学資源育成学科教授（一九九六～一九九九）
北沢一宏　海洋科学技術センター特別参事（一九九六～一九九九）
濱田隆士（財）日本科学協会理事長、放送大学教授（一九九六～一九九九）
森下慶子（株）ケーピー代表取締役（一九九六～一九九九）
五十嵐元彦（株）現代テーマ研究所代表取締役（一九九六）
濱下武志　東京大学東洋文化研究所教授（一九九六）
栗林忠男　慶応義塾大学教授（一九九八、一九九九）
武部俊一　朝日新聞論説委員（一九九八、一九九九）
谷口克己（一九九六）、中西基員（一九九七）、福本秀爾（一九九八、一九九九）運輸省運輸政策局環境・海洋課長

この企画委員会の委員にお願いした方々にはその後の海洋政策の取り組みにおいても一緒に海洋ガバナンスの推進のために活動していただいた方々が多い。

（４）なお、この国際海洋シンポジウムは、日本財団（財団法人日本船舶振興会）が主催して開催するものであるが、一九九六年は国民の祝日「海の日」を祝う実行委員会が、一九九八年及び一九九九年は朝日新聞社及び

国民の祝日「海の日」海事関係団体連絡会が主催者に加わり、またシリーズを通じて関係各省庁、国際連合広報センター、ＩＭＯ（国際海事機関）、ＩＯＣ（ユネスコ政府間海洋学委員会）、ＷＭＵ（世界海事大学）等の国際機関、メディア等が後援者に名を連ねるなど、国内はもとより国際的にも協働・協力の輪を広げて行われたことを記しておきたい。

（５）国際海洋研究所では折よく国際海洋研究所各国センター代表の会議が開かれていて、事務局長グンナー・クーレンベルグ博士、日本センターの布施勉横浜市立大学教授と大塚万紗子（株）インターコム社長、中国センターの李海清国家海洋局国際合作司副司長、カナダセンターのロバート・Ｌ・レイス氏、南ア共和国センターのデレク・キーツ博士等とも会合を持ち、情報・意見交換を行った。

（６）ハリファックスには、カナダ最大の海洋研究所であるベッドフォード海洋研究所（ＢＩＯ）、カナダ・米国の五州にまたがるメイン湾の沿岸の海洋環境会議を組織して活動しているメイン湾協議会（Gulf of Main Council）、カナダ国際協力庁のプログラムを実行しているカナダ海洋研究所（ＯＩＣ）、海洋分野で国際的に著名なダルハウジー大学、ダルハウジー大学内に事務局を置き国際的にも積極的に活動している国際海洋研究所カナダセンターなど海洋関係の研究組織が集中している。

（７）シー・グラント（Sea Grant）とは、国家海洋大気庁（ＮＯＡＡ）のナショナル・シー・グラント・カレッジ・プログラムの略称。ＮＯＡＡから資金提供を受けて、シー・グラント・カレッジ（ＳＧＣ）と呼ばれる三三大学が参加する大学ネットワークが、持続可能な海洋利用に関する研究、教育、アウトリーチ活動を米国沿岸域と五大湖沿岸で展開している。

（８）ダブルハルとは、二重船殻のことで、タンカーの船底と船側の構造を二重にして座礁や衝突などで万一船体が破れても、原油が流出しにくいようにすること。

（９）海洋研究教育連合は、米国の海洋研究と教育の視野を広げ、効率を上げることを目的に、海洋関係問題に関し科学政策のリーダーシップを担う連合体として一九九四年に設立された。

(10) 彼女の著作『The Oceanic Circle』（邦訳『海洋の環　人類の共同財産「海洋」のガバナンス』成山堂書店）は先ずローマクラブに提出され、その報告として認められていた。

(11) 国連総会での海洋の問題の進展に関するレビューを効果的、かつ建設的な方法で行うことを促進するために国連総会決議（一九九九）で設置された。

(12) この報告書では、新世紀における海洋の開発、保護、持続についての総合的政策の基本方針として、海洋による経済的利益の維持（沿岸地域共同体の持続可能な開発計画との連携、乱獲減少のための新たな動機付けの開発）、世界安全保障の強化（国連海洋法条約の批准、接続水域二四海里拡大を施行）、海洋資源の保護（都市排水・農業廃水の削減、魚の生息地の回復）、海洋の発見（沿岸・外洋・海底の観測の拡大、人工衛星、ブイその他の観測ネットワークの統合、水中の調査の支援）を掲げている。

(13)『Ship & Ocean Newsletter』は、來生新横浜国立大学教授及び中原裕幸海洋産業研究会常務理事を編集代表者に迎え、二〇〇〇年七月二〇日の予告号発行を経て、同年八月二〇日に「人と海洋の共生をめざして」をスローガンに掲げる『Ship & Ocean Newsletter』創刊号を発行した。

(14) オーストラリアにおける海洋管理に関する調査は、二〇〇〇年一〇月一六日から二一日までの日程でオーストラリアを訪れて調査を行った。

(15) そのほか今回の調査では、タスマニア島にあるＴＡＦＩ（Tasmania Aquaculture & Fisheries Institute）タスマニア大学、ＣＳＩＲＯ（Commonwealth Scientific and Industrial Research Organiazation）、ＡＭＣ（Maritime Research、Australian Maritime College）を訪問し、それぞれの研究、取り組みを調査した。

(16) オーストラリアの調査に引き続いて東南アジアにおける海洋管理の取り組み状況を調べるために一一月六日から一二日までフィリピンを訪問して調査を行った。

(17) そのほかこの調査では、当時急速に伸びていたフィリピン人船員の雇用、教育訓練の状況についてフィリピン海外雇用管理局（ＰＯＥＡ：Philippine Overseas

Employment Administration）、ノルウェー・トレーニング・センター・マニラ（ＮＴＣ）およびNYK-Fil Ship management Inc.、また水産関係についても農林省水産資源局（ＢＦＡＲ：Bureau of Fisheries and Aquatic Resources）を訪問して調査を行った。

(18) 石油資源開発（株）、新日鉄エンジニアリング（株）、鹿島建設（株）、大成建設（株）、五洋建設（株）が出資。

(19) 第一回　海洋フォーラム
日時：二〇〇二年一〇月二八日
テーマ：ＷＳＳＤは海洋について何を決めたか
講師：寺島紘士（ＳＯＦ海洋政策研究所長）
コメンテーター：林 司宣（早稲田大学法学部教授）

(20)「第一部　熟慮したい海洋の重要課題」の章立て
第一章　二一世紀におけるわが国の海洋政策
第二章　ＷＳＳＤ：持続可能な開発のさらなる進展に向けて
第三章　わが国の沿岸域管理と今後の方向
第四章　海の健康診断問題と診断手法の開発
第五章　北朝鮮工作船事件がもたらした諸問題
第六章　急ピッチで進む海上・港湾テロ対策
第七章　競争激化により構造変化が進展する海事産業
第八章　大型海洋性テーマパークの経営破綻と今後の海洋ツーリズムの展望

第3章

『二一世紀の海洋政策への提言』から海洋基本法の制定へ

1　海洋政策研究財団『二一世紀の海洋政策への提言』(二〇〇五)

国連海洋法条約の発効と持続可能な開発のための行動計画により構築された新たな国際的枠組みの下で動き出した海洋のガバナンスに向けた各国の取り組みは二一世紀に入るとさらに進み、地球上の最後の共有地である海洋の管理をめぐる世界各国の競争、そして協調の試みは一段と本格化した。

各国の管轄海域が複雑に絡み合い重なり合う東アジアでも、中国をはじめ各国が積極的に海域の管理を進めている。わが国周辺海域でも中国の調査活動の拡大や東シナ海の日中中間線付近での石油ガス田の開発が進展し、また、中国・ＡＳＥＡＮ諸国間の南シナ海の海域をめぐる紛争とその解決を目指す協議のように近隣当事国間で海域の管理に関して競争と協調の折衝が展開された。さらに、地域の海洋管理については、ＡＰＥＣ、ＡＳＥＡＮ、ＰＥＭＳＥＡなどの地域会議、あるいは海賊・テロ、マラッカ海峡の安全など問題ごとの会議も頻繁に開かれ協議が行われた。

しかし、残念ながらわが国は、依然として旧来の海洋秩序観念から抜け出せず、政府も学会も縦割りの取り組みにとらわれていて海洋の総合的管理に向けた取り組みが立ち遅れていた。このため、わが国周辺の海域における中国等による海洋調査、海洋資源の開発利用、管轄海域の画定等に対しても政府一丸となった対応が取れなかった。また、当時盛んに行われるようになってきた各国当局・国際機関、ＮＧＯ等による非公式な海洋問題の情報・意見交換の国際的ネットワークからもともすればわが国が抜け落ちるような事態が起こっていた。

そこで海洋政策研究財団は、前述したように二〇〇五年一一月に『海洋と日本 二一世紀の海洋政策への提言―真の海洋立国を目指して』を取りまとめ、安倍晋三内閣官房長官（当時）をはじめ関係政府機関、自由民主党等に提出するとともに公表した。

提言は、海洋政策を総合的に推進する枠組みとして、今後取り組むべき海洋政策の具体的重要事項を示す『海洋政策大綱』の策定、総合的な海洋政策推進の要となる「海洋基本法」の制定、および総合的海洋政策を担当する「海洋担当大臣」の任命等行政機構の整備の必要性を強調した。そして、海に拡大した「国土」の管理と国際協調を推進する政策として、EEZ・大陸棚の管理の枠組み構築などの八分野について具体的施策を提言した。それらは沖ノ鳥島などの遠隔離島およびその周辺海域の管理強化、海に拡大した「国土」や海上輸送の安全保障の確立、地域防災計画の早急な策定など三五項目におよび海洋政策全般をカバーする包括的なものである（表7）。

2 海洋基本法制定へ―海洋ガバナンスの取り組みの扉を開く

(1) 自由民主党に海洋政策提言の実現申し入れ

海洋政策研究財団が、『二一世紀の海洋政策への提言』をとりまとめて発表した二〇〇五年一一月半ばは、日本財団が『二一世紀におけるわが国の海洋政策に関する提言』を発表した二〇〇二年頃に比べると、日本周辺海域での海洋をめぐる近隣各国、特に中国の動きがさらに活発化してきていてそれへの対応がわが国でも盛んに議論されるようになっていた。そのひとつが、日本の排他的経済水域

2－1　海洋基本法の制定

総合的な海洋政策の推進には、基本理念、政策推進に係る指針、海洋基本計画の策定等の基本的施策、推進体制等の政策枠組を示す海洋基本法の制定が必要である。

2－2　行政機構等の整備

海洋基本法を軸とした総合的な海洋政策の推進には、海洋関係閣僚会議の設置、海洋担当大臣の任命等、政策立案と実行を担う行政機構を整備することが不可欠である。

3. 海に拡大した「国土」の管理と国際協調

3－1　排他的経済水域および大陸棚の管理の枠組構築

排他的経済水域、大陸棚、遠隔離島・周辺海域などの管理強化

3－2　海洋の安全保障の確立

海に拡大した「国土」、海上輸送などの安全保障の確立

3－3　海洋環境の保護・保全・再生の推進

環境影響評価システム構築、海洋生態系・生物多様性保護　等

3－4　海洋生態系に配慮した海洋資源の開発推進

漁獲の合理的な管理、漁業資源保存、鉱物資源・海洋微生物資源等の開発

3－5　統合沿岸域管理システムの構築に向けた取り組み強化

地方主体・市民参加型の管理システム構築、流域管理との連携　等

3－6　防災・減災の推進

地域防災計画の早期策定、防災・減災の教育・訓練の徹底

3－7　海洋管理のための海洋情報の整備

海洋情報収集の国家戦略立案、海洋情報管理機能の強化　等

3－8　総合的な海洋政策実現のための研究・教育とアウトリーチの推進

海洋教育拡充、海洋管理研究・教育、海洋科学技術・研究の推進　等

表７『海洋と日本21世紀の海洋政策への提言』の骨子（2005年11月）

1. 海洋政策大綱の策定

総合的な海洋政策を着実に推進していくために、第１ステップとして、今後早急な取り組みを要する具体的重要事項を国家の海洋政策大綱として総力をあげて取りまとめるべきである。大綱の骨子として以下を提言する。

I　基本的考え方の提示

海洋政策の基本理念および海洋管理の指針を明示する。

II　海洋政策を推進するための枠組みの整備

海洋管理のための基本的な法制として海洋基本法を制定する。
海洋政策を総合的に推進するための行政機構を整備する。
海洋管理に不可欠な海洋情報を整備する。

III　課題解決のための取組みの強化

次の事項に関する課題解決に取り組む。
①排他的経済水域及び大陸棚の管理枠組みの構築
②海洋安全保障の確立
③海洋環境の保護・保全・再生の推進
④海洋生態系に配慮した海洋資源の開発推進
⑤統合沿岸域管理システムの構築に向けた取り組み強化
⑥防災・減災の推進

IV　パートナーシップの強化

国、地方公共団体、学術・研究機関、産業界、漁業者、NGO、国民等の連携を強化する

V　海洋に関する理解と研究・教育の促進

最良の科学と情報に基づいて、海洋に関する国民の理解を深め、海洋をよりよく管理するための研究・教育を促進する方策を策定・実施する。

2. 海洋基本法制定を目指した推進体制の整備

海洋を取り巻く様々な問題は相互に密接に関連しており、海洋の保全と開発・利用に係る政策は総合的な視点で検討されるべきものである。わが国では、海洋に係る諸問題が個別目的の実定法のもとで扱われてきたことから、海洋を総合的に管理するための政策枠組みや法的根拠が欠如しており、早急にこの問題に対応する必要がある。

（ＥＥＺ）におけるガス田開発や試掘に関して、国連海洋法条約に定める海洋構築物等の周囲に安全水域を設定する法律の制定である。与党内では自由民主党と公明党との間で法案提出の調整が行われ、他方で、野党の民主党は外国人による天然資源探査の禁止・取締り体制整備に焦点を当てた独自の法案を国会に提出していた。これらの状況が、前回と違って今回の海洋政策提言に対する前向きの反応を産む素地を整えつつあった。

しかし、海洋秩序の一新に対応し、海洋の総合的管理と持続可能な開発に国全体で総合的に取り組むという大きな改革を始動させるのは生易しいことではない。このとき、わが国が世界の海洋に関する新しい動きになかなか対応できないでいる状況に警鐘を鳴らし、海洋政策提言の実現に向けて先頭に立って働きかけて事態を前進させたのが日本財団の笹川陽平会長（二〇〇五年七月日本財団会長就任）だった。笹川会長は、政府の安倍官房長官だけでなく政権与党の自由民主党の中川秀直政務調査会長にも海洋政策提言書を持参し、その実現を要望するなど積極的に活動してわが国の海洋政策の新しい扉を開くのに貢献した。

それは二〇〇六年が明けてからのことと記憶している。笹川会長から海洋政策提言に関して自民党の中川政務調査会長と話をするので一緒に行こうと言われて同行した。中川政調会長は、自民党としてこの海洋政策提言を取り上げて海洋基本法を制定してほしいという笹川会長の求めにうなずいて、海洋の問題は重要であるので党として対応を検討すると答えた。この笹川・中川会談により海洋基本法の制定に向けた動きがスタートしたのである。

（２）自由民主党が動き出す――海洋政策を超党派で検討する海洋基本法研究会設立へ

二〇〇六年二月に入って、参議院議員の武見敬三事務所から海洋政策について打ち合わせをしたいという電話が海洋政策研究財団に入った。武見議員は、二〇〇二年に日本財団が海洋政策提言をした当時から海洋権益の問題に熱心に取り組んでいて前にも海洋政策について意見交換をしたことがあったので、早速、参議院議員会館に武見敬三議員を訪問した。武見議員は、「中川政調会長から、広く海洋政策策定、海洋基本法制定のための政策立案をやってくれとの話があった。それまで主として東シナ海におけるわが国の海洋権益の問題に取り組んできた自民党政務調査会の海洋権益特別委員会を海洋政策全般の問題に取り組む海洋政策特別委員会に改組し、次期通常国会に海洋基本法案の提出を目指すこととなった」と述べた。これを聞いていよいよ海洋政策提言が実現に向けて一歩踏み出したのを感じた。

そしてこれに続く武見議員の次の言葉が私たちのシンク・タンク活動に新しい道を開いた。武見議員は「海洋の問題は国民全体にかかわる重要事項であるから、党派を超えて海洋政策を研究して共通認識を構築し国のために取り組む必要がある。政治家、有識者・関係者が集まって意見交換をして海洋基本法案を取りまとめ、政治主導の議員提案で立法する。そのための超党派の勉強会を作りたいので海洋政策研究財団にその事務局をやってほしい」と切り出した。そして、「この勉強会は、二つの機能を持つ。ひとつは本来の勉強会、もう一つは、自民・民主・公明の三党の調整である。議員提案には与党内の調整が不可欠であり、また、三党で勉強会をしていけば結果として海洋基本法の早期成立につながる。そのような勉強会の目的、構成、どのような考え方で総合的な海洋政策をまとめるかについてコンセプトペーパーの案を早急に用意してほしい」と言った。

これをきっかけに、二月後半から三月初めにかけて武見議員と海洋政策研究財団の間で集中的に海洋政策の取り組みの進め方について打合せが行われた。そして、勉強会の名称、構成、世話人、事務局、勉強会のスケジュール、来年度通常国会への議員立法による海洋基本法提出等についてそれらの内容を大筋固めた上で、それを武見議員が、まず三月六日に自民党の中川政調会長に説明し、その上で三月一〇日に日本財団の笹川会長を訪ねて説明して了解を得た。その際には私も同席した。勉強会の名称は、当初「海洋政策研究会」が考えられたが、その後研究会の目的をより明確にメッセージとして発信する「海洋基本法研究会」が浮上してそれに決まった。

さらに、それらをもとにして研究会の具体的内容を詰めて、二〇〇六年四月上旬には「海洋基本法研究会設立要綱」が固まった（表8）。

これに基づき、武見参議院議員が研究会の代表世話人、石破茂衆議院議員が座長、有識者を代表して栗林忠男慶應義塾大学名誉教授が共同座長、高野博師衆議院議員および秋山昌廣海洋政策研究財団会長が世話人、海洋政策研究財団が事務局となり、海洋基本法研究会開催の準備が進められた。

海洋政策研究財団は、有識者等委員の研究会への参加、会議の開催・審議等の運営について事務局として準備し、私は事務局長として海洋基本法研究会に参画することとなった。

海洋基本法研究会のメンバー構成は、当初、政治家一〇名（自民五、民主三、公明二）、有識者は各界各層を網羅するためにそれより多少多くなってもかまわないという構想で人選が進められた。そして、議員は、民主党は党内事情により研究会の発足時には表立って参加せず、とりあえず自民党（五

表８　海洋基本法研究会設立要綱

１．名称

本研究会の名称は、「海洋基本法研究会」とする。

２．目的

本研究会は、国連海洋法条約により 200 海里まで拡大した沿岸国の管轄海域をめぐる近隣諸国間の競合・競争、深刻化する海洋環境の汚染・生態系の破壊・資源の減少、津波・高潮や海賊・海上テロなどの脅威など、総合的取組みを要する海洋の諸問題に対するわが国政府の対応が依然として関係省庁ごとの縦割りで、的確に対応できていないことを憂慮し、その問題点を究明し、わが国の海洋政策のあり方を検討し、海洋政策大綱策定および海洋基本法制定の実現を図ることを目的とする。

３構成

本研究会は、日本の海洋政策の確立に関心をもち、海洋政策大綱、海洋基本法の制定等の海洋政策を立案する志を共にする政治家、有識者その他の関係者で構成する。

４運営

本研究会は、研究会の円滑な運営を図るため、数名の世話人を置く。

本研究会は、その構成メンバーが所属する政党の政策審議と密接な連携を図りつつ運営するものとする。

５研究会の予定

本研究会は、本年 12 月までに、海洋政策大綱案を取りまとめるとともに、海洋基本法案を作成し、関係政党の賛同を得て、来年度の通常国会への海洋基本法案の提出・成立を目指すものとする。

６事務局

本研究会の事務局は、海洋政策研究財団に置く。

名）および公明党（二名）からの参加で研究会をスタートさせることとなった。有識者委員は、事務局の海洋政策研究財団が中心となって人選を進め、海洋各分野の研究者・専門家、そして産業界から（社）日本経済団体連合会の計一五名が参加することとなった。さらに政府からも内閣官房、防衛庁、外務省、文部科学省、水産庁、資源エネルギー庁、国土交通省、海上保安庁、環境省の局長クラスにオブザーバーとして参加を求めることとなった。

（3）「海洋基本法研究会」、『海洋政策大綱』策定および海洋基本法制定に取り組む

①第一回海洋基本法研究会開催

このような準備を経て、ついに海洋基本法制定に向けた政治家、有識者等による「海洋基本法研究会」の第一回が二〇〇六年四月二四日に開催された。政治家は、自民党から石破茂、河本三郎、渡辺喜美、荒井正吾、武見敬三、公明党から大口善徳、高野博師の各氏が出席した（1）。

第一回海洋基本法研究会の冒頭に、研究会の武見敬三代表世話人が概略次のように開会の挨拶をした。

「東シナ海の日中政府間協議、竹島海域における日韓政府間協議など喫緊の海洋に関する問題に取り組んでいく過程で、海洋問題の特質は複数の省庁間にまたがっているためどの省庁も海洋の問題に責任をもって取り組まないことが明らかになった。自民党としてもこうした問題を解決するためには、法律の枠組みを作ることが大切という認識を持っており、本日、党の海洋権益特別委員会を海洋政策特別委員会に改名し、この特別委員会で、来年の通常国会に海洋基本法を提出し審議することを確認

した。この海洋基本法研究会で、その原案に対して積極的に議論し、勉強させていただきたい」。続いて海洋基本法研究会の立ち上げに貢献した自民党の中川秀直政務調査会長と日本財団の笹川陽平会長が来賓挨拶をした。

中川政調会長は、概略次のように挨拶を述べた。

「笹川会長から、諸外国の海洋に関する取り組みと日本の状況を比較して、政調会長として危機感をもって海洋問題に対応してほしいと指摘された。これまでも海洋法についていろいろ議論が行われてきたが、基本法の議論にまではいかずに消滅していた。最近、海上構築物の安全に関する法案を特別委員会に付託している武見先生に、海洋権益特別委員会を海洋政策特別委員会にしてはどうかとお願いした。この研究会は、行政体制の問題があるが、省益より国益が何よりも大事である。幅広い問題について包括的に議論し皆様の知恵を結集して、次の国会に向けて大きなステップが踏めるようにお願いしたい」。

日本財団の笹川会長は、概略次のように挨拶を述べた。

「わが国は海洋国家といわれるが、本当にそうだったのかと疑問に思うことが多い。北朝鮮の工作船についても船の科学館で展示したが、一七〇万人を超える人に見てもらった。沖ノ鳥島にも二度メディアを中心に行ってもらった。国民レベルで、こうした活動により、日本の周りの海は平和そうに見えて実は違うということがわかり始めてきたと感じる。昨今の竹島問題を見ても海に対する認識が大きくなったと見る。

こうした背景から、「海に守られた日本から海を守る日本へ」変えなければならないと中川政調会長にお伝えし、武見先生にもお伝えしたところ、こんなにも早く本研究会を立ち上げていただいた。海洋問題が、国家の基本的問題でかつ重大事であるということを素早く見抜いていただいたことに大変感謝している。日本財団の兄弟財団である海洋政策研究財団ともども、基本法作成などの下働きをさせていただきたいと思っている。来年の通常国会でという目切をされたということで、委員および各関係省庁の皆様には積極的に発言をお願いしたい。そして法律として集積されることを国民の一人として願っている」。

続いて研究会のメンバーが名簿により紹介され、そのあと、座長は石破茂衆議院議員に、共同座長は学識経験者を代表して栗林忠男慶應義塾大学名誉教授にお願いすることが発表されて、それぞれ挨拶をした。

石破座長は、概略次のように挨拶した。

「この研究会の目的は海洋基本法をつくることである。基本法には、理念の部分とプログラムの部分の両方が必要となる。理念も重要であるが、プログラムをどうするかが課題である。理念もプログラムも合わせた法律を来年度国会に提出するということで研究会の議論および成果物をお願いしたい」。

栗林共同座長は、概略次のように挨拶した。

「研究会のテーマについては、日本財団および海洋政策研究財団のメンバーと数年間検討を続けて来た。その中で得た結論および問題点について、この研究会で議論が進むことを大変うれしく思う。共同座長を仰せつかって身が引き締まる思いである。石破座長を助けてやっていきたい」。

そして、議題の審議が始まった。第一回海洋基本法研究会の議題は、「海洋政策の必要性と緊急性」と「今後の予定等について」の二つであった。

「海洋政策の必要性と緊急性について」は、先ず私が、海洋政策研究財団常務理事として、「海洋政策の必要性と緊急性　海に守られた日本から、海を守る日本へ」と題してパワーポイントを用いてプレゼンテーションをした。

国連海洋法条約が一九九四年に発効し、沿岸国の海域二〇〇海里時代となり、近隣諸国との重複海域の境界画定、管轄海域の実効ある管理など海に拡大した「国土の管理」、環境・資源等の総合的管理、総合的な安全保障などに緊急に取り組む必要性が高まっている。米・英・中・韓・豪・加・EU・露その他の諸国および国際間で海洋政策が急展開しているのに対してわが国が立ち遅れていることを説明し、『二一世紀の海洋政策への提言』の内容を述べてその実行の必要性と緊急性を改めて強調した。

プレゼンテーションの後、メンバーとの間で、質疑応答、討論を行なった。まず議員メンバーが各国の取り組み状況についての質問や海洋基本法についてそれぞれ考えていることなどについて活発に発言を行った。続いて、有識者メンバーからもそれぞれの専門的知見を踏まえ、海洋基本法の検討にあたっての考え方や法案に盛り込む事項について発言があった。海洋基本法の制定という共通の目標に向かって、集まったメンバーがそれぞれの考えを述べ、他のメンバーの考えを聞いて議論をしていくという研究会開催の趣旨にかなった方向に議論が進んでいった。

最後に石破座長が「今後の予定等について」、次のように述べて第一回海洋基本法研究会は閉会となった。

「一二月までに海洋政策大綱案、海洋基本法案の取りまとめを行うことを目標にスケジュールを組みたい。それから逆算して本研究会は、だいたい月一回のペースで開催していき、集中的に審議した方がよいような場合には、可能な限りでそれより密にスケジュールを組む。内容的には、海洋をめぐる国際的な動向とわが国の海洋問題への対応の問題点、わが国の海洋政策のあるべき姿、海洋政策大綱案、海洋基本法案などについて審議を進めていきたい。

学識経験者メンバーには、それぞれの専門分野を踏まえてわが国海洋政策のあり方に関してオピニオンペーパーの提出をお願いしたい。また、関係省庁の海洋に関する政策について、説明を聞く機会を持ちたいのでよろしくお願いしたい。

第二回については、これらを念頭に置いて、「国連海洋法条約と日本の対応」を全体テーマとして、その下で、①各国の動きと日本の対応の問題点について栗林慶応義塾大学名誉教授に、②海洋政策、特に海洋環境、海洋科学調査などについて小池東京大学海洋研究所教授に、および③拡大した管轄海域の競合・競争問題および海洋安全保障問題について秋山海洋政策研究財団会長にそれぞれ発表をお願いしたい」。

②海洋基本法研究会を一〇回開催

これを皮切りに海洋基本法研究会はスタートし、第二回研究会には民主党からも長島昭久衆議院議員、榛葉賀津也参議院議員が参加し、当初の構想である自民・公明・民主の三党が参加して超党派で海洋政策および海洋基本法を議論する体制が整った。研究会は、五月から九月までは、八月を除いて、毎月一回開催して有識者メンバーの発表を聞き、それをもとに全体で議論してきたが、海洋政策大綱案および海洋基本法案の取りまとめを行う一二月が近づいてきた十月と一一月には、ピッチを上げて毎月二回開催して議論を深め、政策の検討を行った。

五月の第二回研究会は、国連海洋法条約と日本の対応について国際法、海洋環境・海洋科学調査等、管轄海域の競合・競争および海洋安全保障問題に焦点を当てて検討し、六月の第三回研究会は、海洋における技術政策上の課題について検討した。七月の第四回研究会では、各省庁から行っているそれぞれの海洋に関する施策を聴取し、それについて討論した。九月及び一〇月の第五〜七回の研究会は、有識者メンバーがそれぞれの専門分野から海洋政策に盛り込むべき事項について発表した。一〇月の第七回研究会では、（社）日本経済団体連合会、（社）日本船主協会、（社）大日本水産会、全国漁業協同組合連合会、石油鉱業連盟、（社）日本海洋開発建設協会の民間六団体から海洋に関する要望のヒアリングを行った。そして、一一月には研究会を二回開催してこれまでの研究会の検討を踏まえて『海洋政策大綱』、海洋基本法案について取りまとめの検討を行った（２）。

③第一〇回海洋基本法研究会で『海洋政策大綱』と「海洋基本法案の概要」を取りまとめる

第七回までの有識者メンバーによる見解発表および各省庁からの海洋に関する政策の発表等を踏まえて、第八回と第九回は、『海洋政策大綱』と海洋基本法案の取りまとめについて全員で議論をした。そして、二〇〇六年一二月七日早朝、九回に及ぶ海洋基本法研究会における審議を踏まえて、ついに『海洋政策大綱』および「海洋基本法案の概要」を取りまとめる第一〇回海洋基本法研究会が開催された

（３）。

開会にあたり、武見代表世話人が、「おかげさまで今回の一〇回目が最終回になる。この研究会の成果は極めて大きな意味を持つと確信している。前回多くの意見をいただき簡潔にまとめるのは容易ではなかったが本日改めて意見をいただき最終的なまとめを行いたい。各位のご協力ご支援を賜りたい」と挨拶して会議が始まった。

第一〇回は最終回ということで、自民党の中川昭一政務調査会長、公明党の斉藤鉄夫政務調査会長および日本財団の笹川陽平会長に来賓として出席をお願いしていた。

開会挨拶に続いて笹川会長が概略次のように来賓挨拶を述べた。

「日本財団は海に関わる仕事をしているが、海洋基本法の立ち上げについては海に守られた日本から海を守る日本へというコンセプトのもと、自民党、公明党、民主党にご協力いただき、議員立法として完成させたいという願いである。また、有識者、各省の熱心な議論に感謝申し上げたい。わが国の国土は、ＥＥＺも含めてわが国の国土であるということを国民に理解していただけるよう海洋基本法成立に向けてご努力いただきたい」。

また、会議の途中から出席した来賓の中川、斉藤両氏もそれぞれ概略次のように来賓挨拶を述べた。

自民党の中川昭一政務調査会長は「海洋基本法研究会が、長期間にわたり広範な議論をいただいていることに対して、党の立場、またこの問題に関心を持つ議員の一人として、厚く御礼申し上げたい。笹川会長がおっしゃっているように、わが国は海に囲まれ、世界第六位の排他的経済水域を持ち、しかも深海が多いので体積では世界第四位の海洋大国である。海に守られていることに安住せずこれからは海を守る日本にならなければならないということに全くの同感である。議員の先生方、笹川会長をはじめとする関心をお持ちの有識者の方々、行政が一体となっておつくりいただいた『海洋政策大綱』、海洋基本法の案に適切かつ早急に取り組まなければならないと思うので、今度は我々立法府の仕事として目標に向かって精いっぱい頑張っていくことをお誓い申し上げる」と述べた。

公明党の斉藤鉄夫政務調査会長は「海洋基本法は、海洋国家日本として発展していくためにぜひ必要な法制度であると思っている。広大な宇宙の無数の惑星の中でいまだに水の惑星は見つかっていない。地球という海に覆われたすばらしい環境の中で我々は生かしてもらっている。海が我々に恵みをもたらしてくれる偉大なものとして認識しながら、これから我々がどう生きていくかを規定する法律を、党として頑張って素晴らしいものにしていきたいと思うのでご指導よろしくお願いしたい」と述べた。

その後、議題の審議が始まった。第一〇回海洋基本法研究会の議題は、「海洋政策大綱（案）について」および「海洋基本法案の概要について」であった。

④海洋政策大綱（案）について

冒頭に石破座長から、「本日が本研究会の最終回であり、これまでの様々なご意見を集約して良い締めくくりとしたいと思うので皆様方の協力をよろしくお願いしたい。『海洋政策大綱』については前回多くのご指摘をいただいたが、武見代表世話人、事務局と議論して改めて海洋政策大綱案を取りまとめた。内容について事務局より説明する」と発言があり、私が主たる変更点について説明してから締めくくりの議論に入った。

この日諮った「海洋政策大綱案」はこれまで研究会で出された様々な意見とそれに関する議論を踏まえてまとめられたものであった。これに対して議員・有識者メンバー、そして省庁から、その表現など含めて意見が述べられ、最終的にはその取り扱いを座長、世話人に一任して審議を終了した。

研究会の審議で議論が集中したのは、「基本理念」と「行政組織の整備」であった。基本理念については、さまざまな議論を経て、「海洋と人類の共生」という究極的理念の下に、「海洋環境の保全」「海洋の利用・安全の確保」「持続可能な開発」「科学的知見の充実」「海洋産業の健全な発展」「海洋の総合的管理」「国際協調」が取り上げられた。

また、行政組織の整備については、内閣に総合海洋政策会議（仮称）を設置することと海洋政策担当大臣の任命が盛り込まれた。

⑤海洋基本法案の概要について

続いて、「海洋基本法案の概要について」の審議を行った。

海洋基本法に関する今回の議題が前回の「海洋基本法案の概要について」から「海洋基本法案について」となったのは、海洋基本法案についてはすでに事務局である海洋政策研究財団と一部の有識者により条文の検討が進んではいるものの研究会の場で条文を詰めるのは時間的に難しいこと、また、この法案は超党派の議員立法による国会提出が予定されていて、今後国会提出に向けて自民、民主、公明の各党内および各党間での調整、さらには各省庁との調整、法制局の審査などが控えていることなどを考慮して、研究会では概要の採択までとし、条文は立法作業の段階で対応するということになったためであった。

まず事務局長の私から、「海洋基本法案の概要」について説明し、それから審議に入った。配布した「海洋基本法案（仮称）の概要」は、一．本法の目的、二．海洋政策の基本理念、三．国、地方公共団体、事業者、国民の責務、四．施策の策定等に係る指針、五．海洋基本計画、六．海洋政策担当大臣の設置、七．総合海洋政策会議の設置、八．その他の八項目で構成されていた。議論の多くは海洋政策を推進する組織の在り方などに向けられたが、最終的には配布された原案で了承された。

石破座長は、今後のスケジュールについて「研究会としては本日が最終回である。今後は、必要に応じて座長、世話人で来年の通常国会に提出する過程で条文の詰めを相談したい。自民党としては昨日の海洋政策特別委員会で基本的に了承を得ている。今後各党での作業を経て、議員立法という形で国会に提出し、成立を図っていく考えである」と述べた。

閉会にあたり、民主党の長島昭久議員が発言を求めて次のように述べた。

「民主党として座長、代表世話人、事務局のご苦労に敬意と感謝を申し上げたい。国益と国際的な責務を果たすという高次元の理念を掲げたことに大変心強く思っている。民主党でもこれまでに二つの法案を提出しているが、今回の基本法案に取り込んでいただいて非常に満足している。議員立法ということで、自民・公明両党とともに、民主党としても積極的に議論に参加していきたい。また、せっかく政府と民間を挙げて取り組むという理念を掲げたので、有識者をはじめ民間の方々には、進捗状況、意見交換をウオッチできる機能を民間に置いて継続していただきたい」。

これに対して、石破座長は、「議員と民間とが連携して議論してきた画期的な取り組みであり、長島議員のご意見を踏まえて、笹川会長ともご相談していきたい。来年も立法に向けてお知恵を拝借したい」と応えた。

そして、武見代表世話人が次のように述べて一〇回にわたる海洋基本法研究会を閉じた。

「条文の詰めが今後の重要ポイントであり、各党の協力が不可欠であるところ、長島議員の心強い意見に感謝したい。政府と民間が一体となって法律ができたあとも、行政、立法の推進体制を官民一体となって作れるということは一つの大きな役割を果たし得るものと思われる。その際笹川会長にもご協力賜りたい。あらためて取りまとめにご協力いただいた有識者の方々に感謝申し上げたい。今後各省とも意見があればどんどん出していただき、企画立案の部分をしっかり確立することは大きな問題であり、相当紆余曲折があると思うが、立法府との役割調整を各位にお願いすることになるのでよろしくお願いしたい」。

海洋政策研究財団の『二一世紀の海洋政策への提言』を受け、超党派の政治家と民間の海洋各分野の有識者・関係者が「海洋基本法研究会」を設立し、わが国の『海洋政策大綱』と海洋基本法案について協議してきた努力は、このようにして見事成果をあげて結実した。

⑥『海洋政策大綱』とその主な論点

ア 『海洋政策大綱』

海洋基本法研究会がまとめた『海洋政策大綱』は、「新たな海洋立国を目指して」という副題のもとに、「わが国は、これらの状況に対応して海洋問題への新たな取り組み体制を早急に構築する必要がある。そして新たな海洋立国のための海洋政策を国政の重要政策に掲げ、可能性豊かなフロンティアである海域の総合的管理と国際協調に取り組む必要がある。そのためにわが国は、総合的な海洋政策を推進する要となる法制度として「海洋基本法」を一刻も早く制定すべきである」としている。

そして、海洋基本法には、海洋政策の基本理念をはじめ、国・地方公共団体・事業者・国民の責務、海洋基本計画の策定や海洋の総合的管理に関する基本的施策を明記するとともに、海洋行政を総合的に推進するための行政組織の整備等を定めることを求めている。

この大綱は、今回制定された海洋基本法の内容について共通認識を構築しただけでなく、今後のわが国の海洋政策の推進について具体的な指針を示したものである（表９）。

イ　『海洋政策大綱』の主な論点

この政策大綱の審議において議論が集中したのは、基本理念、主要な施策および行政組織の整備であった。

基本理念は、当初は、それほど大きな論点と認識されていなかったが、海洋の施策は基本理念に基いて実施されるべきものであるという基本法の構成が明確になるにしたがって、現在行われている具体的施策、あるいは意中にある施策にはどのような基本理念がふさわしいかといったクロスチェックも行われて議論が盛り上がっていった。

輸・密入国、工作船の侵入、シーレーンの安全確保などの問題に適切な対応ができず、国益を損なうのみならず、国際的責務を果たせない事態となっている。

わが国は、これらの状況に対応して海洋問題への新たな取り組み体制を早急に構築する必要がある。そして新たな海洋立国のための海洋政策を国政の重要政策に掲げ、可能性豊かなフロンティアである海域の総合的管理と国際協調に取り組む必要がある。

そのためにわが国は、総合的な海洋政策を推進する要となる法制度として「海洋基本法」を一刻も早く制定すべきである。

2．海洋基本法の制定を

（1）海洋政策の基本理念

新たな海洋政策は、「海洋と人類の共生」という究極的理念の下に、人類の生存基盤である「海洋環境の保全」と「海洋の利用・安全の確保」を重視し、現在及び将来の世代の環境および開発・利用の必要性を公平に満たす海洋の「持続可能な開発・利用」に努める。そのためには、未知の部分が多い海洋の研究開発を通じた「科学的知見の充実」および海洋を開く「海洋産業の健全な発展」に努め、これに基づいて、相互に密接な関連を有している海洋の諸問題に政府および民間が一体となって総合的に対処する「海洋の総合的管理」に努めるものとする。

また、広大な海洋の物理的一体性および国際性にかんがみ、「国際的協調」を国是として海洋の国際秩序形成の先導を目指すものとする。

（2）海洋基本法の制定

海洋基本法には、海洋政策の基本理念のほか、国・地方公共団体・事業者・国民の責務並びに海洋基本計画策定等の海洋の総合的管理に関する基本的施策を明記するとともに、海洋行政を総合的に推進するため行政組織の整備等について定める。

海洋基本計画は、海洋に関する政策を総合・体系化して、わが国の海洋に関する基本的政策を具体的に定めるものである。

行政組織の整備については、先ず、海洋の総合的管理に係る政策を効果的、かつ強力に推進し得る所掌事務を有する総合海洋政策会議（仮称）が内閣に設置されるべきである。同会議の所掌事務は、基本的な政策の企画・立案、調整、予算等必要な資源配分の方針の調査審議、重要な研究開発及び政策の評価などで構成される。

また、専門性・継続性の高い海洋政策を総括し、各省の海洋関係施策を主導して海洋の総合的管理を効果的に展開していくためには、これを常時継続的に総括し得る海洋政策担当大臣の任命が不可欠である。

（3）海洋に関する主要施策

表9　『海洋政策大綱―新たな海洋立国を目指して』（海洋基本法研究会）

1．海洋問題にわが国がとるべき道

今、人類が、その生存と繁栄を大きく依存している海洋では、海域の囲い込みをめぐる国家間の競争・対立、海洋資源の乱獲や海洋環境汚染の深刻化等が進行している。他方で、今後さらに増加し続けると予測される世界人口が必要とする水、食料、資源・エネルギーの確保や物資の円滑な輸送、さらには良好な地球環境の維持には、地球表面の7割を占める海洋が果たす役割は極めて大きい。

このため、世界各国は、国連海洋法条約を締結して新たな海洋の法秩序を定め、海上輸送の重要性を踏まえて航行の自由を堅持する一方で、沿岸国に対して排他的経済水域および大陸棚を認め、資源、環境等に関する権利と責任を付与した。

さらに、リオ地球サミットは、開発過程に環境保護を不可欠な一部として組み込んだ「持続可能な開発」を掲げて、行動計画アジェンダ21を採択した。それは、管轄下にある沿岸域及び海洋環境の総合的管理と持続可能な開発を沿岸国の義務とし、各国に統合された政策及び意思決定手続きの制定を求めている。

今や、海洋は、国際的な合意の下に、各国による広大な沿岸海域の管理を前提にしつつ、人類の利益のため各国が協調して海洋全体の平和的管理に取り組む時代が来た。

わが国は、四方を海に囲まれ、海から様々な恩恵を受け、また海に守られ、海洋との深い係わり合いの中で社会、経済、文化等を築き、発展してきた。そして、国連海洋法条約の下で、食料、エネルギー、鉱物等の豊かな資源を持つ世界第6番目に広大な排他的経済水域及び大陸棚を新たに管理することとなった。この広大な海域は、わが国の経済発展と国民生活に必要な資源の確保、海域の円滑な利用、良好な海洋環境の保全、並びに国家の安全保障のために重要な役割を担う発展の基盤である。

また、近年の科学技術の進歩発達により、地球上の最後のフロンティアとして人類の進出を拒んできた海洋の科学的知見が集積しつつある。資源小国のわが国にとって、わが国を取り巻く海域の調査、資源・空間の開発・利用・保全および管理は長年の念願であり、不断の研究開発を通じて得られるわが国の優れた科学技術力を基盤として、その実現にとりくむべき時が来ている。

しかし、わが国は、国連海洋法条約・アジェンダ21体制への対応が遅れている。陸域の12倍の広大な海域を管理する海洋国になったにもかかわらず、海洋の総合的管理のための政策・体制の整備が進まず、依然として旧来の縦割り機能別で海洋問題に対処しており、総合的な海洋政策はもとより、その担当大臣・部局もない。

このため、隣接国と重複する海域の境界の画定や資源豊かなわが国海域の開発・利用、保全、管理の遅れを招いている。また、最近、わが国周辺海域で起こっている、海洋環境の悪化をはじめ、隣接国による石油・ガス田開発や広範な海洋調査、あるいは密

政府各部門が実施している海洋に関する縦割り機能別の施策は、海洋と人類の共生と国益の確保を目標に、基本理念を体して体系化され、海洋の総合的管理の施策として推進されるべきである。海洋政策は、海洋を「知る」「守る」「利用する」の三つの分野のバランスのとれたものであるべきであり、また、海洋政策を策定し推進するためには、単に海洋に関する国権の行使や行政サービスに注目するだけではなく、事業者、国民を含む多様な関係者が参加し、その連携協力の拡大を図ることが重要である。

海洋に関する主要な施策は次のとおりであり、その内容は付属資料に示した。これは、基本計画策定の基礎となるものである。

①わが国海域の管理の確立
②排他的経済水域および大陸棚の開発・利用、保全および管理
③海洋環境の保護・保全及び再生の推進
④持続可能な海洋資源の開発・利用の推進
⑤わが国の経済および生活を支える海上輸送の確保
⑥わが国海域の安全保障と海上における安全の確保
⑦国土保全と防災対策の推進
⑧沿岸域のより良い利用と管理
⑨海洋産業の育成および振興
⑩海洋に関する科学技術の研究及び開発の推進
⑪海洋に対する国民の理解増進と海洋教育・研究の拡充
⑫海洋の国際秩序の先導と国際協力の推進

3．新たな海洋立国へ

わが国は、世界規模で進行中の海洋の法秩序と政策の大きな転換に対応し、海洋の科学技術の発展を基盤として、海洋と人類の共生および国益の確保を目標とする海洋政策を策定・推進することにより、島国から海洋国家へと、新たな「海洋立国」を目指すべきである。

また、これにより、かつてないほど主権国家間の相互依存が強まっている国際社会において海洋秩序形成に先導的役割を発揮していくべきである。

それに伴って、当初事務局が提示した『二一世紀の海洋政策への提言』で取り上げられた「海洋の持続可能な開発・利用」「海洋の国際秩序先導と国際協調」「海洋の総合的管理」の三項目に加えて、「海洋環境の保全」「海洋の安全の確保」「海洋の利用の確保」「海洋の科学的知見の充実」「海洋産業の健全な発展」などが有識者メンバーや関係各省庁からそれぞれ主張され、浮上した。海洋産業については、理念、施策のどちらのレベルでとりあげるのが適当かといった議論があり、二転三転したが、海洋の開発、利用、保全等に期待される海洋産業の役割の重要性が評価されて、施策レベルだけでなく基本理念においても「海洋産業の健全な発展」が取り上げられた。

また、「海洋の総合的管理」については、「管理」という用語が規制・統制的な響きが強いとしてこれに対する懸念が研究会参加者から表明された。しかし最終的には、海洋環境を保全しながら開発利用等を行っていくに当たって海洋の問題が相互に密接に関連していることから、全体として検討し、海洋の管理を行っていく必要があることが理解され、採択された。

さらに、国際空間である海洋の問題は、国際的な合意の下に、各国が協調して人類の利益のために海洋全体の平和的管理に取り組むべきものであるとの認識に立って、一方的に国益を声高に主張するのではなく、常に国際的協調を重んじて海洋秩序形成に先導的役割を果たしていくべきことが強調され、「国際的協調」が採択された。このような議論を経て、最終的には七項目が基本理念として採択された。

海洋に関する主要施策については、わが国海域の管理の確立、海洋環境の保全、海洋資源の開発利用、海洋産業の育成・振興、日本籍船・日本人船員の確保、科学技術の研究開発の推進・日本版シーグラントの創設、沿岸域の管理・海域利用の調整、海洋の安全の確保、海洋教育の推進、国際的協調などに関する様々な施策や意見が研究会の委員、海洋関係各省庁および海洋関係産業団体から次々と提出され、それらを総合的海洋政策の観点から議論して一二の主要施策に整理して取りまとめた。大綱の付属資料「海洋の総合的管理のための主要施策の内容」は、わが国の海洋政策を初めて総合的・網羅的・具体的に整理したものとして重要である。一二の主要施策は、いずれも重要な施策であり、これは、大綱自らが述べているように海洋基本計画策定の基礎となるものである。

行政組織の整備については、海洋政策担当大臣を置くことについては関係者の意見は早くから一致していたが、総合的な海洋政策の司令塔について、内閣府に総合海洋政策会議を置く案と内閣官房に総合海洋政策本部を置く案の二案があって関係者の意見が分かれ、最も苦心したところである。そのどちらが現在のわが国の状況に適しているか、その長所・短所について研究会のコアメンバーを中心に比較検討を進めた。結局結論には至らず、最終的な決定を保留して、とりあえず海洋基本法研究会としては総合海洋政策会議（仮称）を内閣（府）に設置すべきとする提言を行った。最終的には基本法では内閣に総合海洋政策本部を置くこととなったが、それについては後述する。

（4）議員立法で海洋基本法案国会提出

①海洋基本法案の作成

海洋基本法研究会は『海洋政策大綱』と「海洋基本法案の概要」を取りまとめたが、これで目的達成ではない。これはあくまでわが国の総合的な海洋政策を推進する要となる海洋基本法制定に向けての中間点であって、関係者は、早速次のステップ、すなわち、海洋基本法案の国会提出に向けて活動を開始した。

(2)で述べたように、海洋基本法案は、政治主導の議員提案で国会に提出・成立を図ることとして準備してきた。このため、海洋基本法研究会の審議が大詰めを迎え、『海洋政策大綱』と海洋基本法案の内容が具体化してきた一二月になると、二〇〇七年一月開会の通常国会への法案提出をにらんで、自民党、公明党、そして民主党もその準備に動き出していた。

そして、第一〇回海洋基本法研究会で『海洋政策大綱』と「海洋基本法案の概要」が取りまとめられると、それらは研究会に参加した自民、公明、民主の各党の国会議員によってそれぞれの党に持ち帰られ、各党の組織で審議され、その了承を得て海洋基本法案の作成へと進んでいった。

議員立法の中心となった自民党では、一二月の海洋基本法研究会における最終の取りまとめと並行して、海洋政策特別委員会(委員長:石破茂衆議院議員、事務局長:西村康稔衆議院議員)を中心に『海洋政策大綱』と「海洋基本法案の概要」について審議し、党内手続きを進めるとともに、海洋政策特別委員会に小野寺五典衆議院議員を座長とする「海洋基本法ワーキングチーム」を設置して海洋基本法案の作成に取り組んだ。海洋基本法案の条文作成作業は、同ワーキングチームの下で、衆議院法制局、さらに政府(内閣官房、内閣府、国土交通省等)がこれに参加して行われた。この海洋基本法案の条文作成のベースには、研究会事務局の海洋政策研究財団が第九回海洋基本法研究会に提出して審議された海洋基本法(素案)をさらに修正した海洋基本法案の石破委員長私案が用いられた。

海洋政策研究財団は、いよいよ国会に提出する海洋基本法案を自民党が中心となって作成し各党および各省庁との間で調整が行われることとなったので、研究会閉幕後のわずかな時間をフルに使って海洋基本法の条文原案をこれまでの研究会における議論を踏まえて作成し、石破委員長に提出した。あわせて衆議院法制局にも説明した。これが海洋基本法案の作成・調整作業のベースに用いられた海洋基本法案の石破委員長私案である。

与党である公明党も海洋基本法案について積極的に取り組んだ。二〇〇六年夏から党内に「海洋基本法制定プロジェクトチーム」（座長：高野博師参議院議員（当時）、事務局長：大口義徳衆議院議員）を設置して海洋基本法の検討を進めていたが、海洋基本法研究会で『海洋政策大綱』と「海洋基本法案の概要」が取りまとめられると、これを党内手続きに乗せるとともに、自民党を中心とした海洋基本法案策定プロセスにも与党として参画した。

民主党は、二〇〇五年秋には海底資源の開発促進、およびEEZ内の資源探査および科学的調査などに関する議員立法を提出するなど、もともと海洋問題には関心が強く、海洋基本法研究会にも三人の国会議員が個人の資格ではあるが参加した。海洋基本法研究会による『海洋政策大綱』および「海洋基本法案の概要」の取りまとめを受けて民主党は、二〇〇七年に入ると海洋法制プロジェクトチーム（座長：髙木義明衆議院議員、事務局長：細野豪志衆議院議員）を設置して党として海洋基本法制定の取り組みを開始した。並行して、民主党内には有志議員による「海洋立国日本」推進議員連盟（座長：西岡武夫参議院議員、座長代理：前原誠司衆議院議員、事務局長：三谷光男衆議院議員）が発足し、これらの動きをバックアップした。

これにより政治情勢は自民、公明の与党に民主党が加わった三党の主導による海洋基本法制定に向けて大きく動き出した。私も、海洋政策研究財団常務理事および海洋基本法研究会事務局長として出席を求められ、それらの会合で大綱および基本法の内容を説明した。

自民党の海洋基本法ワーキングチームにおける作業は、大きな論点ごと、すなわち、海洋政策の推進体制、基本理念、基本的施策などの順に議論が進められ、それに基づいて海洋基本法案の条文の作成が進められた。その後、公明党海洋基本法制定プロジェクトチームとの与党間協議が行われ、民主党海洋法制プロジェクトチームとの調整がなされ、二〇〇七年三月上旬には同法案の内容はおおむね固まった。

②海洋基本法案の国会提出

これを受けて、自民党では、三月九日に海洋政策特別委員会をはじめ国土交通部会、外交部会等九部会の「海洋基本法関係合同会議」が開催され、海洋基本法案が了承され、引き続き一三日に政調審議会、総務会において同法案が了承された。また、公明党では、三月一五日に政調全体会議において同法案が了承された。他方民主党では、与党に先立つ三月七日に「ネクストキャビネット」において同法案が了承された。

なお、この際、与野党間で、海洋基本法案と「海洋構築物に係る安全水域の設定等に関する法律案」(以下「安全水域法案」)のいわゆる海洋二法案を通常国会で速やかに成立させることが確認された。

海洋基本法案は、当初から議員主導でその検討が進められてきており、議員立法の形式で国会に提出された。

（5）海洋基本法成立（二〇〇七）

①国土交通委員会へ付託

海洋の諸問題に総合的に取り組む海洋基本法の法案審議をどの委員会で行うかが関係者の間で検討された結果、どの委員会も提出予定法案が多く日程がかなり窮屈な中で、最終的には衆議院、参議院ともに国土交通委員会に付託されることになった。これについては、安全水域法案が既に国土交通委員会に付託されていたこと、また、様々な分野で海洋にかかわりの深い国土交通省が与党からの要請を受けて衆議院における法案作成に当初から関わっていたこと、などから国土交通委員会への付託により円滑な審議が期待できるとの判断があったものと思われる。

②審議経緯と法案の成立

ア　衆議院で審議、可決

海洋基本法案は、二〇〇七年一月二五日に召集された第一六六回通常国会における成立を目指して、四月三日衆議院国土交通委員会（以下「衆院国交委」）で審議された。審議日程について、自民党の海洋基本法ワーキングチームを中心に与野党の法案担当議員と衆院国交委の筆頭理事らとの間で三月上旬から断続的に協議が重ねられた結果、予算関連法案の審議が終り、日程が一段落する年度明けに審議することとなったものである。

衆院国交委では、議員立法の提案は委員長が行う。委員長提案の場合は通常、審議が行われないことが多いが、海洋基本法の重要性にかんがみ委員長提案の前に海洋政策に関する質疑などを行う「国土交通行政の基本施策に関する件」（いわゆる一般質疑）の審議を行った。そして、三時間にわたる一般質疑の後、委員長提案により「海洋基本法案の起草の件」および「安全水域法案の起草の件」の審議に入った。先ず塩谷立委員長（当時）により海洋二法案の趣旨説明が行われ、既に一般質疑が行われたことから特段の質疑はなく、続けて採決が行われた。採決結果は、総員起立による全会一致での賛成だった。さらに自民党他四会派により「新たな海洋立国の推進に関する件」（法律案成立の際の付帯決議に相当）が共同提案され可決された。これらの海洋二法案は、同日衆議院本会議に緊急上程され、可決されて参議院に送られた。

イ　参議院で審議、可決成立

衆議院からの送付を受けて、参議院では四月一九日の国土交通委員会（以下「参院国交委」）で、海洋基本法案が審議された。参院国交委理事会では、海洋二法案が委員長提案であるという点が考慮され、当初の予想より早いタイミングで法案審議が行われることになった。

参議院での審議は、先ず衆議院での提案者である衆院国交委委員長が冒頭に趣旨説明を行い、質疑の答弁には政府側から国土交通大臣が出席するとともに、法案提出議員が委員長代理として答弁に立った。このようにして海洋基本法案および安全水域法案について二時間強におよぶ質疑が行われた後に採決され、社会民主党を除く各政党の賛成多数で可決された。また、引き続き各派共同提案により、衆院国交委の「決議」と同じような内容の法案に対する付帯決議案が提出され、同様に可決された。同法案は、翌四月二〇日に安全水域法案とともに本会議に上程され、可決・成立した。海洋基本法は、四月二七日に法律第三三号として公布された。

なお、衆参の国土交通委員会では、採決に続いて、①海洋基本計画の早急な策定と内閣に総合海洋政策本部の設置などの体制整備の早急な実施、②総合海洋政策本部に海洋に関する幅広い分野の有識者から構成される会議を設置してその意見を政府の海洋政策に反映させること、③国連海洋法条約に基づくわが国の国内法の早急な整備や海洋環境の保全を図るために必要な具体的措置の検討等々五項目を「決議」ないし「付帯決議」した。政令により、総合海洋政策本部に有識者からなる参与会議が設置されたのはこれらの決議を受けて行われたものである。

第一六六回通常国会はその七月には参議院選挙を控えていて、関係者の間では法案審議の円滑な進行が懸念されていた。だが、海洋基本法案は、海洋基本法研究会の審議を通じてわが国の総合的な海洋政策の推進、そのための海洋基本法制定の必要性などについて事前に共通認識が構築されていたため、与野党が積極的に対応し、研究会が一二月に素案を取りまとめてから四か月という異例の速さで成立の運びとなった。

このように海洋シンク・タンクの政策提言を基に、立法を担当する国会議員を中心に、海洋の各分野から有識者、関係省庁、民間関係者が参加して、わが国の海洋政策の目標、基本理念、主要施策、推進体制について審議して『海洋政策大綱』を取りまとめ、それに基づいて与野党が、衆議院法制局、国土交通省などの協力を得ながら超党派で海洋基本法案を作成して国会に提出し、速やかに可決、成立したことは、わが国では他に例を見ない画期的なことであった。

3　海洋基本法の内容

海洋基本法は、「第一章　総則」、「第二章　海洋基本計画」、「第三章　基本的施策」、「第四章　総合海洋政策本部」および「附則」で構成されている。

これまでみてきたように、海洋基本法は、海洋政策研究財団の政策提言を受けて政学産民および官の関係者が海洋基本法研究会で熱心に議論して作成した『海洋政策大綱』を基にして立法化されている。ここでは海洋基本法の内容を、条文の字句だけでなくその基となった『海洋政策大綱』の内容、条文の作成過程なども適宜振り返りつつ考察したい。

(1)　総則

海洋基本法の「第一章　総則」には、目的、基本理念、国・地方公共団体・事業者・国民の責務と関係者相互の連携および協力、海の日の行事、法制上の措置等、資料の作成および公表、が定められている。

①海洋基本法の「目的」とわが国が準拠すべき法的・政策的枠組み

第１章で述べたように、海洋基本法制定の背景には二〇世紀後半の海洋をめぐる大きな国際的潮流がある。わが国の海洋政策は、二〇世紀末から動き出した国際的な法的・政策的枠組み、すなわち、「海洋の管理」を目指す国連海洋法条約が定める新海洋秩序やリオ地球サミットの『アジェンダ21』第一七章に明記されてスタートした海洋の総合的管理と持続可能な開発のための行動計画にのっとり推進される必要がある。「新たな海洋立国を目指して」を目標に掲げた海洋基本法研究会の『海洋政策大綱』(以下「大綱」)は、わが国は、二〇世紀後半に世界各国が構築した「国連海洋法条約・アジェンダ21体制」への対応が遅れているとして、海洋問題への新たな取り組み体制を早急に構築し、新たな海洋立国のための海洋政策を国政の重要政策に掲げ、可能性豊かなフロンティアである海域の総合的管理と国際協調に取り組む必要があるとし、海洋基本法の一刻も早い制定を求めている。

これを受けて海洋基本法は、第一条(目的)において、わが国が海洋に関する国際的な法的・政策的枠組みの下で新たな海洋立国を実現することが重要であることを明記した上で、海洋基本法の構成とその内容、それにより達成すべき目的をつぎのように簡にして要を得た文章で定めている。

「この法律は、地球の広範な部分を占める海洋が人類をはじめとする生物の生命を維持するうえで不可欠な要素であるとともに、海に囲まれた我が国において、海洋法に関する国連海洋法条約その他の国際約束に基づき、並びに海洋の持続可能な開発及び利用を実現するための国際的な取り組みの中で、我が国が国際的協調の下に、海洋の平和的かつ積極的な開発及び利用と海洋環境の保全との調和を図る新たな海洋立国を実現することが重要であることにかんがみ、海洋に関し、基本理念を定め、国、地方公共団体、事業者及び国民の責務を明らかにし、並びに海洋に関する基本的な計画の策定その他海洋に関する施策の基本となる事項を定めるとともに、総合海洋政策本部を設置することにより、海洋に関する施策を総合的かつ計画的に推進し、もって我が国の経済社会の健全な発展及び国民生活の安定向上を図るとともに、海洋と人類の共生に貢献することを目的とする」（一条）。

なお、海洋基本法の条文作成の過程では、『アジェンダ２１』から始まった海洋の総合的管理と持続可能な開発のための行動計画は厳密な意味での法的拘束力を伴わないとして、これを国連海洋法条約等の「国際約束」と並べてわが国が準拠すべき枠組みとして規定することについて問題提起がなされ、条文づくりが一時難航した。しかし、『アジェンダ２１』から始まった、各国が「持続可能な開発」という共通の目標に向かって計画を定めてその実現に向けてこぞって協調・協力して取り組むという二一世紀型の行動計画が、今やソフトローとして現代国際社会でますます重要になってきていることに対して最終的には衆議院法制局の理解が得られて、「海洋法に関する国際連合条約その他の国際的約束」と並んで「海洋の持続可能な開発および利用を実現するための国際的な取り組み」が、わが国が準拠すべき枠組みとして第一条に書き込まれた。

国連海洋法条約と持続可能な開発に関する取り組みは、海洋の開発および利用と海洋環境の保全の取り組みにおいてセットで準拠すべき枠組みという今や世界で共有されている常識が、海洋基本法の冒頭の目的に明記されたことは、非常に意義があり、画期的なことである。

②六つの「基本理念」

海洋に関する諸施策は、海洋の様々な分野にわたっており、わが国の総合的な海洋政策を作成するためにはそれらを整理して総合的な海洋政策の中に位置づける際に基本となる理念を明確にすることが必要となる。

そこで、大綱は、「海洋政策の基本理念」について、「海洋と人類の共生」という究極的理念の下に、「海洋環境の保全」、「海洋の利用・安全の確保」、「持続可能な開発・利用」、「科学的知見の充実」、「海洋産業の健全な発展」、「海洋の総合的管理」、「国際的協調」の七つを掲げている。

これをベースにして、海洋基本法の基本理念について条文作成が行われた。その結果、大綱の七つの基本理念は海洋基本法では六つに整理されて、わが国が海洋政策を推進する際に準拠すべき基本理念として第二条から第七条までに定められている。

「海洋の開発及び利用と海洋環境の保全との調和」（二条）
「海洋の安全の確保」（三条）
「海洋に関する科学的知見の充実」（四条）
「海洋産業の健全な発展」（五条）
「海洋の総合的管理」（六条）
「海洋に関する国際的協調」（七条）

すなわち、海洋基本法では、大綱が掲げた基本理念のうち「海洋に関する科学的知見の充実」、「海洋産業の健全な発展」、「海洋の総合的管理」、「国際的協調」はそのまま海洋基本法の基本理念としたが、「海洋環境の保全」「海洋の利用・安全の確保」「持続可能な開発・利用」の三つについては「海洋の開発及び利用と海洋環境の保全との調和」「海洋の安全の確保」の二つの基本理念に再編成して、六つの基本理念を掲げている。

基本理念の筆頭には「海洋の開発及び利用と海洋環境の保全との調和」（二条）を掲げ、次のように定めている。

「海洋については、海洋の開発及び利用が我が国の経済社会の存立の基盤であるとともに、海洋生物の多様性が確保されることその他の良好な海洋環境が保全されることが人類の存続の基盤であり、かつ、豊かで潤いのある国民生活に不可欠であることにかんがみ、将来にわたり海洋の恵沢が享受できるよう、海洋環境の保全を図りつつ海洋の持続的な開発および利用を可能にすることを旨として、その積極的な開発及び利用が行われなければならない」。

海に囲まれたわが国にとって海洋は、その経済・社会の存立および発展の基盤であることから、海洋の開発および利用は積極的に進めていきたいが、一方で海洋環境の保全の必要性の高まりを受けて、海洋環境の保全を図りつつ海洋の開発および利用を進める「持続可能な開発」の取り組みが国際的に進んできている。これを受けて海洋基本法は、「海洋の開発及び利用と海洋環境の保全との調和」を基本理念の筆頭に掲げた。

この「持続可能な開発」原則の下で積極的な開発および利用を行うという基本理念はそれなりに評価できるものである。しかし、あえて言えば、環境保護は開発過程の不可欠な構成部分であるとしてリオ地球サミットで採択されて今や世界で共有されている用語である「持続可能な開発」が「海洋の開発及び利用と海洋環境の保全との調和」という説明的な言葉に置き換えられたことはちょっと惜しまれる。また、地球生命支持システムの不可欠な構成部分であるとして国連人間環境会議以来世界が取り組んできた「海洋環境の保全」は、それ自体が重要な基本理念として国際的に共有されているだけに、「持続可能な開発」の一部に組み込まれて独立した基本理念としてきちんと定められなかったことは、残念である。海洋基本法に掲げる基本理念には国際的な普遍性が求められていることにも注意喚起をしておきたい。

「海洋の安全の確保」（三条）は、「海洋については、海に囲まれた我が国にとって海洋の安全の確保が重要であることにかんがみ、その安全の確保のための取組が積極的に推進されなければならない」と定めている。

この「海洋の安全の確保」には、海洋に関するわが国の平和および安全の確保、海上の安全の確保および治安の維持、海洋由来の自然災害への対応といった海洋に関するあらゆる安全の確保が包含されていて、それらの積極的な推進は海洋に囲まれた日本の新たな海洋立国の実現にとって重要な基本理念である。

「海洋に関する科学的知見の充実」（四条）は、「海洋の開発及び利用、海洋環境の保全等が適切に行われるためには海洋に関する科学的知見が不可欠である一方で、海洋については科学的に解明されていない分野が多いことにかんがみ、海洋に関する科学的知見の充実が図られなければならない」と定めている。

海洋の開発、利用と海洋環境の保全を適切に行おうとすれば、科学的知見に基づいて行うことが不可欠であり、そのためには、海洋調査や海洋科学技術に関する研究開発の推進等による科学的知見の充実が必要であることから、これが基本理念として取り上げられている。

「海洋産業の健全な発展」（五条）は、「海洋の開発、利用、保全等を担う産業（以下「海洋産業」という）については、我が国の経済社会の健全な発展及び国民生活の安定向上の基盤であることにかんがみ、その健全な発展が図られなければならない」と定めている。

海に囲まれたわが国の新たな海洋立国のためには、広大な海洋の開発、利用、保全等を担う海運、造船、水産、海洋調査、資源探査・開発等々の海洋産業の健全な発達が不可欠であることから、これが基本理念に取り上げられている。

「海洋の総合的管理」（六条）は、「海洋の管理は、海洋資源、海洋環境、海上交通、海洋の安全等の海洋に関する諸問題が相互に密接な関連を有し、及び全体として検討される必要があることにかんがみ、海洋の開発、利用、保全等について総合的かつ一体的に行われるものでなければならない」と定めている。

これは、国連海洋法条約の前文が「海洋の諸問題は相互に密接な関連を有し及び全体として検討される必要がある」とし、『アジェンダ２１』第一七章が「沿岸国は、自国の管轄下にある沿岸域及び海洋環境の総合的管理と持続可能な開発を自らの義務とする」としていること、およびこれを受けて諸外国の海洋政策が海洋に関する諸問題を総合的にとらえて施策を一体的に講じようとしている大きな流れを受けたものであり、重要な基本理念である。

「海洋に関する国際的協調」（七条）は、「海洋が人類共通の財産であり、かつ、我が国の経済社会が国際的な密接な相互依存関係の中で営まれていることにかんがみ、海洋に関する施策の推進は、海洋に関する国際的な秩序の形成及び発展のために先導的な役割を担うことを旨として、国際的協調の下に行われなければならない」と定めている。

これは、わが国が、製品の輸出を通じて経済を発展させるとともに、エネルギー、食料等を海外に大きく依存し、その大半が海上輸送されている等、海洋を介して国際社会と深くかかわって発展してきていることから、海洋国として国際的協調の下で先導的に海洋の諸問題に取り組んでいくことが基本的施策として取り上げられている。

③国等の責務と関係者相互の連携および協力

海洋基本法は、基本理念に続いて、第八条から第一一条まで、国、地方公共団体、事業者および国民の責務について規定している。

「国の責務」（八条）については、「国は、基本理念にのっとり、海洋に関する施策を総合的かつ計画的に策定し、及び実施する責務を有する」と定めている。海洋政策は、国内の取り組みだけでなく国際社会が構築した海洋に関する法的・政策的枠組みを踏まえて推進する必要があり、また、わが国の利益に直結するものを多く含んでいることから、海洋基本法は、このように、海洋に関する施策を総合的かつ計画的に策定し、実施する責務を一義的に国に課している。

「地方公共団体の責務」（九条）については、「基本理念にのっとり、海洋に関し、国との適切な役割分担を踏まえて、その地方公共団体の区域の自然的社会的条件に応じた施策を策定し、及び実施する責務を有する」と定めている。地方公共団体は地域における行政の自主的かつ総合的な施策の実施等の役割を担うから、とりわけ陸域と地先の海域を総合的に管理する沿岸域の総合的管理について大きな役割を担うことが期待されている。

「海洋産業の事業者の責務」（一〇条）については、「海洋産業の事業者は、基本理念にのっとりその事業を行うとともに、国又は地方公共団体が実施する海洋に関する施策に協力するよう努めなければならない」と定めている。新たな海洋立国の実現には事業者が積極的な役割を担うことが求められていることから、海洋基本法は、海洋産業の事業者の責務として、海洋の開発および利用と海洋環境の保全との調和等の基本理念にのっとり事業活動を行うとともに、国および地方公共団体の施策に協力するよう努めることを定めている。

海洋基本法は、国民の責務についても取り上げており、第一一条「国民の責務」は、「国民は、海洋の恵沢を認識するとともに、国又は地方公共団体が実施する海洋に関する施策に協力するよう努めなければならない」と定めている。

さらに海洋基本法は、「関係者相互の協力」（一二条）の規定を置き、「国、地方公共団体、海洋産業の事業者、海洋に関する活動を行う団体その他の関係者は、基本理念の実現を図るため、相互に連携を図りながら協力するよう努めなければならない」と定めている。

このような規定は、それまでの他の基本法にはあまり例が見られないが、海洋の物理的一体性や海洋の諸問題の相互の密接な関連性にかんがみ、海洋政策を推進するにあたり関係者相互間の連携や協力が重要であるとして特に定められた。海洋基本法が、海洋政策研究財団の提言を基にして、海洋に関心を有する国会議員、海洋各分野の有識者・関係者を中心に政学官産民の関係者が集まって議論し、その協働作業により制定されたことにかんがみ、今後これらの関係者が海洋政策の推進に引き続き相互に積極的に連携協力して取り組むことを期待して定められたものである。

④「海の日の行事」

海洋基本法は、続いて、「海の日の行事」（一三条）を定め、「国及び地方公共団体は、国民の祝日海の日において、国民の間に広く海洋についての理解と関心を深めるような行事が実施されるよう努めなければならない」として、国民の海洋に対する理解や関心がまだ深いとは言えない現状にかんがみ、国および地方公共団体が「海の日」に国民の間に広く海洋についての理解と関心を深めるような行事を実施して海洋に関する理解の増進に努めるよう定めている。

⑤「法制上の措置等」

さらに海洋基本法は、今後、海洋基本法の下に海洋政策に関連する法制や施策の整備・再構築、これに関する予算措置等が必要となることから、「法制上の措置等」（一四条）の規定を置いて、「政府は、海洋に関する施策を実施するために必要な法制上、財政上又は金融上の措置その他の措置を講じなければならない」と定めている。これは海洋に関する施策の実施に必要な措置等を講じることを政府に求めており、海洋政策が政府の重要政策であることを実施面から裏付けている重要な規定である。

⑥「資料の作成および公表」

また、「資料の作成および公表」（一五条）の規定を置いて、「政府は、海洋の状況及び政府が海洋に関して講じた施策に関する資料を作成し、適切な方法により随時公表しなければならない」と定めている。海洋に関する様々な分野の関係者や国民が参加し、連携協力、協働して海洋の諸問題に総合的に取り組んでいくためには海洋に関する様々な資料・情報を作成して広く公表することが必要であり、この規定は一見地味ではあるが重要である。

（２）海洋基本計画

海洋基本法の「第二章　海洋基本計画」は、第一六条だけで構成されている。この海洋基本計画の策定によって、わが国の海洋政策は、海洋基本法の定める基本理念の下に総合調整・体系化され、また、その過程で主要な施策が明確になり、施策の優先順位が調整され、施策の相互関係が明確化される。具体的には、海洋基本計画は、内閣に設置された総合海洋政策本部において基本的な方針や政府が総合的かつ計画的に講ずべき施策その他必要な事項が取りまとめられた上で、閣議決定され、公表される。

まず第一六条第一項は、「政府は、海洋に関する施策の総合的かつ計画的な推進を図るため、海洋に関する基本的な計画（以下「海洋基本計画」という）を定めなければならない」と定めて、海洋基本計画を定めて海洋に関する施策を総合的かつ計画的に推進するのは政府の責務であることを明確にしている。

その上で、第二項は、「海洋基本計画は、次に掲げる事項について定めるものとする」として、次の三項目を定めている。

一　海洋に関する施策についての基本的な方針
二　海洋に関する施策に関し、政府が総合的かつ計画的に講ずべき施策
三　前二号に掲げるもののほか、海洋に関する施策を総合的かつ計画的に推進するために必要な事項

次に第三項は、「内閣総理大臣は、海洋基本計画の案につき閣議の決定を求めなければならない」と定め、海洋基本計画案を閣議に諮って決定して政府の正式な計画とすることを定めている。そして、「内閣総理大臣は、前項による閣議決定があった時は、遅滞なく、海洋基本計画を公表しなければならない」（四項）としている。なお、第三項および第四項の規定は、海洋基本計画の変更についても準用される（六項）。

海洋基本計画は、海洋をとりまく内外の情勢の変化や技術開発の進展等に対応するとともに、海洋政策の効果を評価してその結果を的確に反映させるため、一定の間隔を置いて定期的に見直す中期計画として定められている。

そこで、第五項は、海洋基本計画の見直しについて「政府は、海洋に関する情勢の変化を勘案し、及び海洋に関する施策の効果に関する評価を踏まえ、おおむね五年ごとに、海洋基本計画の見直しを

行い、必要な変更を加えるものとする」と定めている。海洋基本法が制定されてから二〇二〇年には一三年目を迎え、その間に二回見直しを行って新たな海洋基本計画を策定しているが、おおむね五年ごとという見直しの間隔は、妥当なものと考えられている。

第七項は、「政府は、海洋基本計画について、その実施に要する経費に関し必要な資金の確保を図るため、毎年度、国の財政の許す範囲内で、これを予算に計上する等その円滑な実施に必要な措置を講ずるよう努めなければならない」と定めている。海洋に関する施策には、それを実施する経費が通常必要であり、このように海洋基本計画に取り上げられた施策については政府に資金の確保について必要な措置を講ずるよう努めることを求めるこの規定は、海洋に関する施策を実施する政府各部門に海洋基本計画の重要性を浸透させる効果を発揮している。

なお、それまでに制定されていた様々な基本法は、基本計画に定める事項として、①施策についての基本方針、②講ずべき施策、③その他必要な事項、の三つを記載していて、「講ずべき施策」の内容についてさらに具体的に記載している例はなかった。これに対して、海洋基本法第一六条の条文作成の過程では、せっかく海洋基本法研究会でわが国がとるべき海洋に関する主要施策について具体的に審議し、それらを最終的に一二の主要施策にとりまとめたので、これらの施策（分野）名を「講ずべき施策」の細目として明示してはどうかという意見が一部の関係者からだされた。これについては、議論の結果、研究会で取りまとめられた主要施策については「第三章　基本的施策」において定めることとし、「海洋基本計画」（一六条）の規定ぶりについては、これまでの基本法と同様の規定ぶりとなった。

人類の生存基盤であり、わが国の発展基盤である海洋の開発、利用、保全、管理の問題にどのように取り組んでいくかは海洋国であるわが国の大きな課題である。

(3) 基本的施策

海洋基本法は、海洋に関する施策の総合的かつ計画的な推進を図るため、政府に海洋基本計画の策定を義務付けたが、同法は、さらに一歩踏み込んで第三章でわが国の海洋に関する基本的施策として一二の施策を具体的に定めている。これが今回制定された海洋基本法の特徴のひとつである。これにより、様々な分野で実施されている海洋に関する施策を総合的な視点と基準をもって評価して整理することが可能となり、海洋に関する施策の総合的かつ計画的な推進の取り組みが大きく一歩前進した。

それが可能だったのは、前述したように、海洋基本法研究会が取りまとめた『海洋政策大綱』（以下「大綱」）が、基本計画策定の基礎となるものとして、海洋に関する主要施策を取りまとめていたからである。大綱はまず、政府各部門が実施している海洋に関する縦割り機能別の施策は、海洋と人類の共生と国益の確保を目標に、基本理念を体して体系化され、海洋の総合的管理の施策として推進されるべきであるとし、一二の主要施策を列挙し、その内容を付属資料に示した。海洋基本法の「第三章 基本的施策」は、おおむねその大綱の海洋に関する主要施策に基づき、かつ、一部はその内容を整理・統合し、あるいは分割独立させて、一二の基本的施策として整理して条文化している（海洋基本法第一七条〜第二八条）。出来上がった海洋基本法の基本的施策を、大綱の主要施策と適宜比較しつつ、見てみると次のとおり。

①海洋資源の開発及び利用の推進

基本的施策は、先ず「海洋資源の開発及び利用の推進」を取り上げて、次のように定めている。

「国は、海洋環境の保全並びに海洋資源の将来にわたる持続的な開発及び利用を可能とすることに配慮しつつ海洋資源の積極的な開発及び利用を推進するため、水産資源の保存及び管理、水産動植物の生育環境の保全及び改善、漁場の生産力の増進、海底又はその下に存在する石油、可燃性天然ガス、マンガン鉱、コバルト鉱等の鉱物資源の開発及び利用の推進並びにそのための体制の整備その他の必要な措置を講ずるものとする」（一七条）。

海洋基本法の目的（第一条）や基本理念（第二条）に示されている海洋の積極的な開発および利用の推進による新たな海洋立国の実現を受けて、これが基本的施策の冒頭に取り上げられたものと思われ、内容的にも具体的に踏み込んで定められている。なお、大綱の主要施策「持続可能な海洋資源の開発・利用の推進」では水産資源、鉱物資源とともに取り上げられていた再生可能エネルギー等については条文で明示的には取り上げられていない。これはこの時点ではまだ再生可能エネルギー等が、政策的にそこまで大きくは取り上げられていなかったことによるものと思われる。

②海洋環境の保全等

「海洋資源の開発及び利用の推進」に続いては、基本理念でこれと対になっている「海洋環境の保全等」を取り上げて次のように定めている。

「国は、海洋が地球温暖化の防止等の地球環境の保全に大きな影響を与えること等にかんがみ、生育環境の保全及び改善等による海洋生物多様性の確保、海洋に流入する水による汚濁の負荷の低減、海洋への廃棄物の排出の防止、船舶の事故等により流出した油等の迅速な防除、海洋の自然景観の保全その他の海洋環境の保全を図るために必要な措置を講ずるものとする」(一八条一項)。

そして、科学的知見と予防的アプローチを重視して、「国は、前項の措置については、科学的知見を踏まえつつ、海洋環境に対する悪影響を未然に防止する観点から、これを実施するとともに、その適切な見直しを行なうよう努めるものとする」(一八条二項)と定めている。

③排他的経済水域等の開発、利用、保全等の推進

エネルギー需要の増大が世界的に進行し、資源の国家管理の強化等の動きが国際的に強まり、さらには不審船等の事案が発生して、国民の排他的経済水域および大陸棚に対する関心が高まっているなかで、「排他的経済水域等の開発等の推進」が基本的施策に定められた。国連海洋法条約により新設された排他的経済水域および新たに法的定義がし直された大陸棚の総合的管理と持続可能な開発は、第一章および第二章で見てきたように、世界各国がこぞって取り組んでいる重要な施策であり、今回の海洋基本法制定の重要な目標のひとつである。これについて、海洋基本法は、次のように定めている。

「国は、排他的経済水域等(排他的経済水域及び大陸棚に関する法律(平成八年法律第七四号)第一条第一項の排他的経済水域及び同法第二条の大陸棚を云う。以下同じ)の開発、利用、保全等(以下「排他的経済水域等の開発等」という)に関する取り組みの強化を図ることの重要性にかんがみ、海域の特性に応じた排他的経済水域等の開発等の推進、排他的経済水域等の開発等における我が国の

主権的権利を侵害する行為の防止その他の排他的経済水域等の開発等の推進のために必要な措置を講ずるものとする」（一九条）。

大綱は主要施策の冒頭に「わが国海域の管理の確立」を掲げたが、それは「わが国海域の画定、総合的な管理法制度の整備等」および「海洋管理のための調査の推進と海洋情報の整備」の二つの施策項目からなる。

このうち、「わが国海域の画定、総合的な管理法制度の整備等」は、領海・排他的経済水域（EEZ）・大陸棚の境界および外縁の確定、国連海洋法条約にのっとった排他的経済水域・大陸棚の管理法制度の整備、隣接国との間の境界画定に向けた合意形成努力の推進、国境離島および周辺海域の管理強化などを内容としている。また、「海洋管理のための調査の推進と海洋情報の整備」は、海洋の調査観測および海洋情報の整備に係わる国家戦略の策定、海洋情報・データの管理機能の強化、統合された海洋調査・観測・監視システムの構築を内容としている。しかも、大綱は、これに加えて「排他的経済水域および大陸棚の開発・利用、保全および管理」をも主要施策として掲げ、国連海洋法条約によりわが国が資源、環境等について主権的権利や管轄権、および管理責任を有することになった排他的経済水域の上部水域、海底およびその地下を含む海洋空間並びに大陸棚の開発、利用および保全のためにこれらの海洋空間の管理に関する総合的な国家計画を策定し、必要な管理体制を構築すること、亜寒帯から熱帯にいたる海域をその特性に応じて区分して管理計画を策定すること等を求めている。

海洋基本法は、これらを「排他的経済水域等の開発等の推進」「海洋調査の推進」、「離島の保全等」の三つの基本的施策に再整理して、条文化した。しかし、残念ながら、制定された海洋基本法の「排他的経済水域等の開発等の推進」（一九条）の条文は、必要とする措置についての記述が簡潔で、大綱の主要施策「わが国海域の管理の確立」が明記している「排他的経済水域・大陸棚の管理法制度の整備」については、その規定の表面には顕われていない。

すなわち、「排他的経済水域等の開発等の推進」（一九条）は、「排他的経済水域等の開発、利用、保全等に関する取り組みの強化を図ることの重要性にかんがみ、海域特性に応じた排他的経済水域等の開発等の推進、……我が国の主権的権利を侵害する行為の防止その他の排他的経済水域等の開発等の推進のために必要な措置を講ずるものとする」としており、重要施策である「排他的経済水域・大陸棚の管理法制度の整備」は、表面に顕われていないが、「必要な措置を講ずるものとする」と定められているその「措置」のひとつであることを確認しておきたい。

さらに、その後の実施段階での「排他的経済水域等の開発等の推進」の取り組みを見ていると、第一九条の条文が「排他的経済水域等の開発、利用、保全等（以下「排他的経済水域等の開発等」という）」と記述していることが何故か大きな誤解を生んでいるのではないかと危惧される。例えば、第一期海洋基本計画では、海洋基本法が「開発、利用、保全等」を「開発等」に言い換えて定めていることに気付かないかのように、第二部「政府が総合的かつ計画的に講ずべき施策」の「三　排他的経済水域等の開発等の推進」では排他的経済水域の「開発、利用、保全等」を総合的に捉えた施策が定められずに排他的経済水域の「開発等」だけに焦点を当てた施策が定められている。その後も、ともすれば排他的経済水域等の「開発等」はその意味するところの「開発、利用、保全等」ではなく文字通りの「開発等」に重点を置いて施策が立案・実施されてきたように見える。

距岸二〇〇海里に及ぶ広大な海域を国連海洋法条約が定める法制度としてその定めるところに従って開発、利用、保全および管理していくことは、わが国の経済社会の発展、そして海洋で繋がる近隣諸国との平和的な共存等にとっても大変重要である。このことをきちんと認識し、排他的経済水域がわが国の領域ではなく国連海洋法条約が定めた国際法上の制度であることを踏まえて、第一九条の本来の定めに従って「排他的経済水域の開発、利用、保全等の推進」に取り組んでいくことの重要性をここに確認しておきたい。

④海上輸送の確保

海上輸送は、わが国の経済社会を支える生命線である。海洋基本法制定当時、わが国の貿易量の九九・七％（重量ベース）は外航海運によって、また、鉄鋼、石油、セメント等の産業基礎物資の国内輸送量の八〇％（重量ベース）は内航海運によって輸送されていたが、そのような海上輸送の重要性は今日も変わらない。他方、わが国の海上輸送を巡っては、日本商船隊や日本人船員の減少、海上輸送を支える港湾の国際競争力の低下といった問題が進行し、これらは基本的に解消されないまま今日に至っている。

このような状況を踏まえて、海洋基本法は、「海上輸送の確保」を基本的施策として取り上げ、次のように定めている。

「国は、効率的かつ安定的な海上輸送の確保を図るため、日本船舶の確保、船員の育成及び確保、国際海上輸送網の拠点となる港湾の整備その他の必要な措置を講ずるものとする」（二〇条）。

外航海運は、世界単一市場でありそこで厳しい競争を繰り広げているので、これらの施策は、わが国の経済安全保障の確立の観点からも重要である。

⑤海洋の安全の確保

海洋の安全の確保は、第三条に基本理念としても定められているが、その施策は、大きく三つの分野を対象としている。ひとつは、海上の安全および治安の確保であり、具体的には安全な船舶の建造、船舶交通に関する規則の制定・実施、航路の整備・保全、海難救助、法令の海上における励行などである。もう一つは、海洋についてのわが国の平和および安全の確保であり、これには海上における武装攻撃の未然防止や発生した場合の対応なども含まれる。さらに、もうひとつ、海洋由来の自然災害への対応である。海に囲まれたわが国では、地震、津波、豪雨洪水その他の自然災害に対して、海岸防災施設の整備などの日頃からの備え、起こった場合の適時適切な警報の発令や避難対策、さらには災害の復旧対策などが欠かせない。

これらについては、大綱では主要施策の「わが国海域の安全保障と海上における安全の確保」と「国土の保全と防災対策の推進」で取り上げているが、海洋基本法の条文化の過程での調整を経て、これらは「海洋の安全の確保」（二一条）としてまとめられて条文化された。

海洋基本法は、「海洋の安全の確保」を基本的施策として取り上げ、次のように定めている。

「国は、海に囲まれ、かつ、主要な資源の大部分を輸入に依存する我が国の経済社会にとって、海洋資源の開発及び利用、海上輸送等の安全が確保され、並びに海洋における秩序が維持されることが不可欠であることにかんがみ、海洋について我が国の平和及び安全の確保並びに海上の安全及び治安の確保のために必要な措置を講ずるものとする」（二一条一項）。また、自然災害対策については第二項で定めている。

なお、「国土の保全と防災対策の推進」で取り上げている自然災害対策の一部は、「沿岸域の総合的管理（二五条）に、第二項として盛り込まれた。

⑥海洋調査の推進

広大な海洋の開発および利用、海洋環境の保全等には科学的知見が不可欠であり、その充実が図られなければならないことから「海洋に関する科学的知見の充実」が基本理念に掲げられたことは前述した。それを実現するための施策として、「海洋調査の推進」および「海洋科学技術に関する研究開発の推進等」が基本的施策として取り上げられている。

まず、海洋基本法は、「海洋調査の推進」について、次のように定めている。

「国は、海洋に関する施策を適正に策定し、及び実施するため、海洋の状況の把握、海洋環境の変化の予測その他の海洋に関する施策の策定及び実施に必要な調査（以下「海洋調査」という）の実施並びに海洋調査に必要な監視、観測、測定等の体制の整備に努めるものとする」（二二条一項）。

これについては、大綱では、「③　排他的経済水域等の開発等の推進」の項でもとりあげて説明したように、主要施策の冒頭に「わが国海域の管理の確立」を掲げ、その細項目として「海洋管理のための海洋調査の推進と海洋情報の整備」を取り上げている。そこには海洋調査の推進と海洋情報の整備が海洋の総合的管理に不可欠なものとして一対で取り上げられていたことを指摘しておきたい。それがその後の条文作成過程でこの細項目が基本的施策として独立し、「海洋調査の推進」のみをタイトルとして第二二条（海洋調査の推進）が定められた。「海洋情報の整備」の言葉が抜け落ちた理由はわからないが、海洋情報に関しては、わずかに地方公共団体、事業者等への国の情報提供努力義務だけが次のように定められている。

「国は、地方公共団体の海洋に関する施策の策定及び実施並びに事業者その他の者の活動に資するため、海洋調査により得られた情報の提供に努めるものとする」（二二条二項）。

しかし、海洋の総合的管理に必要な「海洋情報の整備」は、海洋調査の推進の目的であり、海洋政策推進の基盤となる重要な施策である。このことはその後のわが国の海洋政策の取り組み、特に第三期海洋基本計画でその「第二部　海洋に関する施策に関し、政府が総合的かつ計画的に講ずべき施策」に「海洋状況把握（ＭＤＡ）」が九つの施策項目のひとつとして取り上げられたことから見ても明らかであり、基本的施策として明確に取り上げられていないことが惜しまれる。

⑦海洋科学技術に関する研究開発の推進等

基本理念に掲げられた「海洋に関する科学的知見の充実」を実現するための施策として、「海洋調査の推進」とともに「海洋科学技術に関する研究開発の推進等」が基本的施策として取り上げられたことは⑥で触れた。海洋基本法は、「海洋科学技術に関する研究開発の推進等」について、次のように定めている。

「国は、海洋に関する科学技術（以下「海洋科学技術」という）に関する研究開発の推進及びその成果の普及を図るため、海洋科学技術に関し、研究体制の整備、研究開発の推進、研究者及び技術者の育成、国、独立行政法人、都道府県及び地方独立行政法人の試験研究機関、大学、民間等の連携の強化その他の必要な措置を講ずるものとする」（二三条、ただし独立行政法人等の法的根拠に関する記述は省略）。

大綱は、「総合的な海洋政策の立案・実行は、科学的知見に基づいて行われるべきである。そのためには、海洋科学調査や海洋環境、海洋資源等に関する科学技術及び研究開発の充実が不可欠である」として、主要施策に「海洋に関する科学技術の研究および開発の推進」を掲げている。その内容としては、基幹的技術開発の推進および船舶や先端的研究施設等の計画的整備・運用、科学研究および技術開発の計画的総合的推進、人材の育成、助成制度の拡充、および政府・大学・研究機関・企業・地域社会を結ぶ新たな海洋研究助成制度の導入を挙げている。これらは、わが国の海洋に関する研究開発が省庁ごとの縦割りの中で行われていて、また、得られた研究成果をどう海洋の開発、利用、保全等に活用・普及するかは明確でないまま研究が行なわれているものもみられることなども踏まえて、海洋に関する科学技術の研究および開発の総合的かつ計画的な推進に必要な事項を具体的に列挙したものである。

「海洋科学技術に関する研究開発の推進等」（二三条）は、これらを踏まえて基本的施策として定められたものであることに留意して海洋科学技術に関する研究開発を充実していくことが望まれる。

なお、大綱が挙げている「政府・大学・研究機関・企業・地域社会を結ぶ新たな海洋研究助成制度の導入」については、これに参考になる先進事例として米国のシーグラント・プログラム（Sea Grant

Program）が関係者の念頭にあったことを付け加えておきたい。米国では、半世紀以上も前から海洋および沿岸域に関する教育、研究、開発、普及に関して、全米各地の大学に連邦政府が助成するシーグラントという助成制度が導入されて成果を挙げている。これは、米国において海洋の総合的管理を主管する国家海洋大気庁（NOAA）が一九六六年に制定されたナショナル・シーグラント・カレッジ・プログラム法に基づいて行なっているものである。各地の大学が中心となって、それぞれが海洋・沿岸域の総合的な管理に必要と考える海洋に関する科学技術に関する研究開発等を連邦政府の助成を受けて推進し、海洋に関する科学的知見を充実させ、それを活かして海洋・沿岸域の問題に取り組んでいくということの制度はわが国でも参考になる。

⑧海洋産業の振興及び国際競争力の強化

広大な海洋の開発、利用、保全等については、これを公的部門だけで担うことは不可能であり、海洋産業がそれに重要な役割を果たすことが期待されている。それを受けて、海洋基本法は、「海洋産業の健全な発展」を基本理念に掲げるとともに、「海洋産業の振興及び国際競争力の強化」を基本的施策として取り上げ、次のように定めている。

「国は、海洋産業の振興及びその国際競争力の強化を図るため、海洋産業に関し、先端的な研究開発の推進、技術の高度化、人材の育成及び確保、競争条件の整備等による経営基盤の強化及び新たな事業の開拓その他の必要な措置を講ずるものとする」（二四条）。

二〇世紀後半には、海に囲まれたわが国は、世界有数の海運業、造船業等の海事産業を擁し、また、世界をリードする水産業が発達していて、これらがわが国の経済社会の発展を支えていた。しかし近年では、グローバル化が進む国際海上輸送をめぐる激しい国際競争や、排他的経済水域の設定や資源の持続可能な利用に向けた国際的漁業管理システムの導入などによりこれらの海洋産業は厳しい状況に置かれており、それらに対応する経営基盤の強化と新市場・新事業への展開などが求められている。

他方、陸上における資源の開発や空間の利用が限界に達しているのを受けて世界の関心は海洋に向けられ、今や海洋資源の開発や海洋空間の利用に取り組む新しい海洋産業が世界で急速に発達してきている。わが国は、この分野で欧米諸国における先進的取り組みに後れを取っており、新たな海洋産業の創出が求められている。

大綱は、これに関して「海洋産業の育成および振興」を主要施策に掲げ、海洋関係の各種産業の発展は、わが国経済社会の発展を支え、雇用の拡大に寄与することを踏まえて、海洋産業の国際競争力の強化、先端的な海洋科学研究・技術開発の推進による海洋産業の拡充・育成・振興、海洋産業の発展に結びつく研究開発助成制度の導入、海洋産業を支える人材の育成、海洋における経済活動の活性化と新たな利用の推進を求めている。

「海洋産業の振興及び国際競争力の強化」は、新たな海洋立国の実現のために重要な施策である。そのためには、官民が密接に連携、協働して計画的に取り組んでいくことが重要である。

⑨沿岸域の総合的管理

沿岸域の総合的管理の取り組みは、近年、『アジェンダ21』第一七章などの国際的な政策的取り組みの下で世界標準化しており、各国の海洋政策を見ても、私たちの生活の場として重要な沿岸の陸域と海域を沿岸域として一体的に捉えて、国が設けた制度的枠組みの下で、地域の自治体を中心に住民、事業者、研究機関、ＮＰＯなどの多様な主体の参画と連携・協働により沿岸域の管理に総合的・計画的に取り組む「沿岸域の総合的管理」がその重要な部分を構成している。「沿岸域の総合的管理」は、海洋の総合的管理（ガバナンス）の取り組みの中でも各国が力を入れて取り組んでいる重要な施策のひとつである。

わが国でも経済の高度成長以降、国民生活と経済を支えて発展してきた沿岸域で、陸域起因汚染による閉鎖性水域の水質汚染の恒常化、藻場・干潟・サンゴ礁等海洋生態系を支える浅海域の埋め立て等による環境の劣悪化・生物生産性の低下、乱獲や環境変化による水産資源の減少、漂流・漂着ごみによる海岸環境・景観の悪化、海面利用の輻輳や競合等による対立など様々な問題が生じてその対策に追われてきた。その中で、沿岸域の管理に関しては、個別の対策のほかに、『二一世紀の国土のグランドデザイン』（一九九八年閣議決定）に基づいて、「地方公共団体が主体となり、多様な関係者が参加して、沿岸域圏の総合的な管理計画を策定し、各種事業、施策、利用等を総合的、計画的に推進する『沿岸域圏管理』に取り組む」とする『沿岸域圏総合管理計画策定のための指針』（二〇〇〇年）が関係省庁による「二一世紀の国土のグランドデザイン」推進連絡会議で策定されている。しかし、これについてはそれ以上の政策的・制度的な前進はなく、そのまま立ち消えてしまっている。

そこで、大綱は、「沿岸域の総合的管理」と「親水空間の創造と海洋性レクリエーションの振興」の二つの施策からなる「沿岸域のより良い利用と管理」を主要施策に取り上げ、そのための取り組みとして、多様な主体の参画と連携・協働による沿岸域管理システムの構築、沿岸域総合管理計画の策定とそのための支援制度の導入、閉鎖性水域の健全性の評価と総合的な対策の実施、流域圏管理との連携強化、海域利用における競合問題の合理的解決システムの構築、海洋・沿岸域の自然環境および景観の維持および保全、漁村の多面的機能の維持向上等を取り上げている。

これを受けて、海洋基本法は、「沿岸域の総合的管理」を基本的施策として取り上げ、次のように定めている。

「国は、沿岸の海域の諸問題がその陸域の諸活動等に起因し、沿岸の海域について施策を講ずることのみでは、沿岸の海域の資源、自然環境等がもたらす恵沢を将来にわたり享受できるようにすることが困難であることにかんがみ、自然的社会的条件からみて一体的に施策が講ぜられることが相当と認められる沿岸の海域及び陸域について、その諸活動に対する規制その他の措置が総合的に講ぜられることにより適切に管理されるよう必要な措置を講ずるものとする」（二五条一項）。

そしてさらに、大綱がその主要政策「国土保全と防災対策の推進」のなかで、国土保全のための海岸管理に関する枠組み等の見直しなどを取り上げていることを受けて、第二項を設けて次のように定めている。

「国は、前項の措置を講ずるに当たっては、沿岸の海域及び陸域のうち特に海岸が、厳しい自然条件の下にあるとともに、多様な生物が生息し、生育する場であり、かつ、独特の景観を有していること等にかんがみ、津波、高潮、波浪その他海水又は地盤の変動による被害からの海岸の防御、海岸環境の整備及び保全並びに海岸の適正な利用の確保に十分留意するものとする」（二五条二項）。

沿岸域は、私たちの生活の場であり、広大な海洋に日常接していて海洋の問題を一番身近にとらえて対応していく場であるので、今回、自然的社会的条件から見て一体的に施策が講じられることが相当と認められる沿岸の海域および陸域について、その諸活動に対する措置が総合的に講ぜられることにより適切に管理されるよう必要な措置を講ずることを求める「沿岸域の総合的管理」が基本的施策として定められたことは、沿岸域の重要性から見て画期的なことである。

しかし、このように重要な施策である「沿岸域の総合的管理」に対して、これは、地方が自主的に取り組むもので、国はそのような取り組みをする地方を支援するので足りるという考え方（第二期海洋基本計画第二部九（一）沿岸域の総合的管理の推進等参照）がわが国政府内では根強く、国際的に共有されているような「沿岸域の総合的管理」の取り組みを、海洋ガバナンスの重要施策として積極的に進めるための制度の構築、計画の策定についてはかばかしく進められてきていない。海洋基本法が制定されてから早くも一〇年余が経過したが、見渡せば、地域をあげて里海づくり、海を活かしたまちづくり等に取り組むところが徐々に増えてきており、そろそろそれらを踏まえて、地方が主体的に、多様な主体の参画と連携、協働により、地域の特性に応じて陸域と海域を一体的かつ総合的に管理する取り組みを推進し、国がそれを先導・支援することを内容とする「沿岸域の総合的管理」を国が制度としてきちんと定めて、それに基づき「沿岸域の総合的管理」を推進する時期ではないかと考える。なお、その際にはこれを中心となって推進する政府部局はどこかということが問題となる。中心となって推進する部局を明確にし、又は設立し、併せて関係各省が連携・協働してこれを推進する仕組みの構築が必要である。これを解決できれば活気あふれる沿岸地域社会の形成、ひいてはわが国全体の活性化に大きく貢献すると考える。

⑩離島の保全等

わが国は、ユーラシア大陸の東の海上に浮かぶ六八五二の島々からなる島嶼国であり、国連海洋法条約が「海洋の管理」原則に基づく新しい海洋秩序を構築したことの恩恵を大きく受けている。わが国は、国連海洋法条約の下で、世界第六番目に広大な四〇五万平方キロメートルに及ぶ排他的経済水域をもつこととなり、領海と合わせてわが国周辺の四四七万平方キロメートルの広大な海域とその資源・環境を管理しているが、その根拠となっているのはこれらの島々である。さらに言えば、私たちが日常わが国を形成する主要な島と考えている本州、北海道、四国、九州を根拠とするわが国の排他的経済水域は全体の四割程度で、それ以外は六八五〇近くあるその他の多くの島々の周りに広がっているのである。

このような観点から大綱は、離島については、「国境離島及びその周辺海域の管理強化」に焦点を当てて主要施策に取り上げていたが、離島は、灯台等の航路標識が設置され、あるいは漁業の拠点となる等、海上交通の安全の確保、海洋資源の開発および利用、海洋環境の保全および周辺海域の管理にも重要な役割を担っている。

そこで、海洋基本法は、国境離島に限らず離島全般を対象として「離島の保全等」を基本的施策に取り上げて、次のように定めている。

「国は、離島が我が国の領海及び排他的経済水域等の保全、海上交通の安全の確保、海洋資源の開発及び利用、海洋環境の保全等に重要な役割を担っていることにかんがみ、離島に関し、海岸等の保全、海上交通の安全の確保並びに海洋資源の開発及び利用のための施設の整備、周辺の海域の自然環境の保全、住民の生活基盤の整備その他の必要な措置を講ずるものとする」（二六条）。

これまでのわが国の離島に関する施策は、主に有人離島を対象とする産業基盤や生活基盤の整備等に関するものであったが（4）、海洋基本法が、無人離島を含めて離島全体を取り上げてその保全等を基本的施策のひとつに位置づけて総合的な施策を講じることとしたことは、離島が海洋の開発・利用・保全等に担っている役割の重要性を考えれば、大きな意味を持つものであり、評価される。

⑪国際的な連携の確保及び国際協力の推進

二〇世紀後半からの流れを受けて、二一世紀は、政治、経済、社会、文化などあらゆる面でグローバル化が進展し、国際社会ではかつてないほど国家間の相互依存関係が強まっている。その中で、特に地球上の七割を占める海洋については、第一章で取り上げたように、「海洋は人類の共同財産」として、世界各国が、国連海洋法条約という新しい海洋の法秩序と持続可能な開発に関する行動計画を構築・共有して、互いに競争しつつも相互に協力して海洋のガバナンスに取り組む時代を迎えている。海洋国日本としては、持ち前の経済力や科学技術力等を活かして海洋の諸問題に率先して取り組んでいくことが新たな海洋立国の実現への道を開く。

そこで、大綱は、「国際秩序の先導と国際的協調及び国際協力」を主要施策として取り上げ、その具体的内容として海洋管理の国際的枠組みにおける国際秩序先導と国際的協調並びに二国間協力および国際援助機関を通じた経済・技術協力の推進を挙げている。

これを受けて、海洋基本法は、海洋に関する国際的な秩序の形成及び発展のために先導的役割を担うことを謳う基本理念「海洋に関する国際的協調」の下に、「国際的な連携の確保及び国際協力の推進」を基本的施策として取り上げ、次のように定めている。

「国は、海洋に関する国際的約束等の策定に主体的に参画することその他の海洋に関する国際的な連携のために必要な措置を講ずるものとする」（二七条一項）。

「国は、海洋に関し、我が国の国際社会における役割を積極的に果たすため、海洋資源、海洋環境、海洋調査、海洋科学技術、海上における犯罪の取締り、防災、海難救助等に係る国際協力の推進のために必要な措置を講ずるものとする」（二七条二項）。

海洋に関する条約その他の国際約束等の策定や海洋の持続可能な開発および利用を実現するための国際的な取り組みに各国と連携、協力して積極的に取り組んでいくことを定めるこの施策は新たな海洋立国の実現のために重要な施策であり、海洋の幅広い分野で戦略的、計画的に推進することが求められる。

⑫海洋に関する国民の理解の増進等

海洋の環境や生態系の保護・保全、そして私たちの経済社会を支える海洋資源や海上交通を適切に管理していくことの重要性については、すべての国民が理解して、自発的、積極的にそれに参加していくことが求められる。そのためには、学校教育の中での海洋教育の推進を図るほか、社会教育、アウトリーチ活動の拡充を図ることも必要である。

また、海洋管理に関する総合的な知見を身につけた人材を育成するために、大学における海洋に関する学際的教育・研究の充実を図るとともに、それらに関する国際的な取り組みに貢献をすることも重要である。

そこで大綱は、学校教育、社会教育における海洋教育の推進、海洋に関する自然体験活動や総合的学習の機会の拡充、海洋の管理・科学研究・教育等の現場からの社会に対するアウトリーチ活動の推進、海洋の総合的管理を担う人材育成のための学際的な海洋教育・研究の推進、海洋に関する学際的教育と人材育成における国際貢献の推進を具体的内容とする「海洋に対する国民の理解増進と海洋教育・研究の推進」を主要施策に掲げている。

これを受けて、海洋基本法は、「海洋に関する国民の理解の増進等」を、次のように基本的施策として定めている。

「国は、国民が海洋についての理解と関心を深めることができるよう、学校教育及び社会教育における海洋に関する教育の推進、海洋法に関する国際連合条約その他の国際約束並びに海洋の持続可能な開発及び利用を実現するための国際的な取り組みに関する普及啓発、海洋に関するレクリエーションの普及等のために必要な措置を講ずるものとする」(二八条一項)。

「国は、海洋に関する政策課題に的確に対応するために必要な知識及び能力を有する人材の育成を図るため、大学等において学際的な教育および研究が推進されるよう必要な措置を講ずるよう努めるものとする」(二八条二項)。

「海洋に関する国民の理解の増進等」は、わが国が積極的に海洋のガバナンスに取り組む基盤となる基本的施策である。

⑬その他

最後に、大綱が主要施策「沿岸域のより良い利用と管理」の中で取り上げた「親水空間の創造と海洋性レクリエーションの振興」に関する施策が、海洋基本法では、基本的施策「沿岸域の総合的管理」だけでなくそれ以外のいくつかの基本的施策の中にも取り入れられていることを記しておきたい。

「親水空間の創造と海洋性レクリエーションの振興」は、「国民が海とふれあう受け皿となる親水空間を沿岸域に創造するためのソフト、ハード両面にわたる施策を積極的に推進し、併せて地域活性化に寄与するとともに、多様化する国民の余暇ニーズに対応する海のレジャーやレクリエーション等の振興や、国民が海の魅力を楽しむ機会の増進を図る」として、海洋、沿岸域の自然環境及び景観の維持及び保全、漁村の多面的機能の維持向上、国民が海とふれあう親水空間の創造、エコツーリズムの振興、海のレジャーやレクリエーション等の振興、船旅の活性化を具体的な施策として取り上げている。それらは「沿岸域の総合的管理」の施策の中でも実施できるものが多いが、「海洋の自然環境及び景観の保全」は第一八条（海洋環境の保全等）、「周辺の海域の自然環境の保全」は第二六条（離島の保全等）、そして、「海洋に関するレクリエーションの普及」は第二八条（海洋に関する国民の理解の増進等）の中でも取り上げられている。これらは、大綱の「親水空間の創造と海洋性レクリエーションの振興」という施策を受けて基本的施策に盛り込まれたものである。

(4) 総合海洋政策本部

本節では、海洋基本法の「第四章　総合海洋政策本部」の内容について考察する。

政府全体の海洋政策を推進する体制の整備は、海洋基本法制定の全プロセスを通じて重要事項のひとつであった。当初は、海洋関係行政を担当する海洋庁の設置などの提案もあったが、各省が所掌している海洋関係業務は様々な分野にわたり、それらの全部または一部を各省庁と同列の海洋庁としてまとめるということは現実的な解決策にはならないという意見が大勢を占め、早い段階で姿を消していった。海洋基本法研究会においては、海洋政策研究財団提言の、内閣総理大臣が主催する海洋関係閣僚会議の設置、海洋担当大臣の任命等の案などを基として検討が行われ、大綱には、海洋の総合的管理に係る政策を効果的、かつ強力に推進しうる所掌事務を有する総合海洋政策会議（仮称）を内閣に設置すること、および、各省の海洋関係施策を常時継続的に総括し得る海洋政策担当大臣の任命が盛り込まれた。

これを受けて海洋基本法の法案作成過程でも、海洋政策推進組織については、法案作成の最終段階まで内閣府に総合海洋政策会議を置く案と内閣に総合海洋政策本部を置く案の二案の長所・短所が比較検討された。海洋に関する施策が多くの省庁によって分掌され、かつ、それらが専門的知識・経験と継続的取り組みを必要としていることから、結局、現段階ではそれらを束ねてわが国の海洋政策を総合的、計画的に推進する内閣一丸となった強い指導力が特に必要であるという意見が大勢を占め、内閣に総理大臣を本部長、内閣官房長官と海洋政策担当大臣を副本部長とし、上記以外のすべての国務大臣を本部員とする総合海洋政策本部が置かれることとなった。

これを受けて、海洋基本法第四章は、総合海洋政策本部について次のように定めている。

「海洋に関する施策を集中的かつ総合的に推進するため、内閣に、総合海洋政策本部（以下「本部」という）を置く」（二九条）。

「本部は、次に掲げる事務をつかさどる。

一　海洋基本計画の案の作成及び実施の推進に関すること。

二　関係行政機関が海洋基本計画に基づいて実施する施策の総合調整に関すること。

三　前二号に掲げるもののほか、海洋に関する施策で重要なものの企画及び立案並びに総合調整に関すること」（三〇条）。

「本部は、総合海洋政策本部長、総合海洋政策副本部長及び総合海洋政策本部員を持って組織する」（三一条）。

「本部の長は、総合海洋政策本部長（以下「本部長」という）とし、内閣総理大臣をもって充てる。

２　本部長は、本部の事務を統括し、所部の職員を指揮監督する」（三二条）。

「本部に、総合海洋政策本部副本部長（以下「副本部長」という）を置き、内閣官房長官及び海洋政策担当大臣（内閣総理大臣の命を受けて、海洋に関する施策の集中的かつ総合的な推進に関し内閣総理大臣を助けることをその職務とする国務大臣をいう）をもって充てる」（三三条、二項省略）。

「本部に、総合海洋政策本部員（以下「本部員」という）を置く。

２　本部員は、本部長及び副本部長以外のすべての国務大臣をもって充てる」（三四条）。

「本部に係る事項については、内閣法にいう主任の大臣は、内閣総理大臣とする」（三七条）。

（三五条（資料の提出その他の協力）、三六条（事務）及び三八条（政令への委任）は省略）。

(5) 附則

海洋基本法は、その附則に「施行期日」及び「検討」について定めている。

前者については、「この法律は、公布の日から起算して三月を越えない範囲内において政令で定める日に施行する」と定め、「海の日」として親しまれてきた七月二〇日に施行された。

さらに附則は、「検討」と題して「本部については、この法律の施行後五年を目途として総合的な検討が加えられ、その結果に基づいて必要な措置が講ぜられるものとする」と定めている。

これは、前述したように海洋政策推進組織については最終段階までその在り方が議論された末に内閣に総合海洋政策本部を置くこととなったが、そのような経緯にかんがみ、この法律施行後五年を目途として本部についてはさらに総合的な検討が加えられ、その結果に基づいて必要な措置が講ぜられることとなったのである。

これについては、おおむね五年ごとに見直す海洋基本計画の第二期計画の策定と併せて検討され、二〇一三年に閣議決定された同基本計画の「第三部　海洋に関する施策を総合的かつ計画的に推進するために必要な事項」の冒頭に「施策を効果的に推進するための総合海洋政策本部の見直し」を掲げて、総合海洋政策本部に置かれた参与会議の検討体制の充実および事務局機能の充実を定めた。さらに二〇一八年に閣議決定された第三期海洋基本計画第三部においてこの方策を引き継ぎ、取り組みを強化している。

なお、二〇一七年四月一日付で内閣府に総合海洋政策推進事務局が設置され、それまで内閣官房に置かれていた総合海洋政策本部事務局の事務はそちらに移されている。〈４（５）④参照〉。

海洋政策を総合的に推進するための行政組織・機構の整備については、各国とも知恵を絞っている。先進的な取り組みをしている各国を見ると、海洋政策の企画立案・総合調整を担う政府中枢の司令塔とともに、政府の海洋政策を実施面でリードしていく海洋担当省庁（いわゆるリード省庁）を整備して海洋問題に取り組んでいる国が多い。海洋基本法案作成段階では、リード省庁についても問題提起はされたが、既存の官庁のどこがその役割を担うのか、それとも新たな組織整備を行うのかなど難しい問題があり、結局、行政組織・機構の議論は司令塔のあり方に集中し、リード省庁の議論はそれ以上に発展しなかった。しかし、海洋基本法施行から一二年の取り組みを振り返って見ると、わが国においても、総合海洋政策本部体制の整備と併せて、施策項目によってはリード省庁の整備を真剣に検討してみることも必要ではないかと考える。

４　海洋基本法施行、海洋ガバナンスの取り組み始まる

（１）海洋基本法の施行

①海洋基本法、二〇〇七年七月二〇日に施行

海洋基本法は、二〇〇七年四月二七日に公布された。同法の附則が「この法律は、公布の日から起

算して三月を超えない範囲内において政令で定める日から施行する」と定めているのを受けて、五月上旬には内閣官房を中心に海洋基本法施行のための準備体制がつくられ、施行期日などを定める政令の準備、本部の事務体制の検討、関係省庁との調整、有識者会議の準備などが進められた。

政府は、海洋基本法を国民に「海の日」として親しまれてきた七月二〇日から施行することとし(5)、その日を施行日とする「海洋基本法の施行期日を定める政令」が七月三日に閣議決定された。

②海洋政策担当大臣の任命

安倍晋三内閣総理大臣(当時)は、海洋基本法で新設された海洋政策担当大臣に冬柴鐵三国土交通大臣を、海洋基本法の施行期日政令の閣議決定を行った七月三日に任命した。

早期の海洋基本計画策定が求められ、また、「海の日」の関連行事への海洋政策担当大臣の出席が望まれていたことから、海洋基本法の施行日を待たずに海洋政策担当大臣が任命されており、当時の同法への期待の高さがうかがわれる。

③総合海洋政策本部、本部事務局、参与会議の設置等

海洋政策担当大臣の任命を受けて、総合海洋政策本部の事務体制を整備するため、同日付で内閣官房に本部事務局の設立準備室が設置され、この準備室が七月二〇日に正式に総合海洋政策本部事務局となった。この事務局は大庭靖雄事務局長以下総勢三〇名強からなる組織で、国土交通省、海上保安庁、農林水産省、外務省、文部科学省、防衛省等八省庁からの出向者によって構成された。

なお、内閣官房には、政府が一体となって大陸棚の限界延長に取り組む「大陸棚調査対策室」が置かれていたが、この対策室は本部事務局に統合された。

総合海洋政策本部の初会合は、七月三一日の閣議終了後に開催され、同本部と本部事務局の設置、参与会議、本部の運営及び監事会の設置などについて、報告、決定などがなされた。また、二〇〇八年一月に海洋基本計画の閣議決定を目指すことを確認した。会合の冒頭、安倍総理は、「本日、政府が一体となって、海洋に関する施策を集中的かつ総合的に推進するため、内閣に、私を本部長とする総合海洋政策本部を立ち上げた。わが国は、これまで海の恵みを受けて発展してきた。近年海が果たす役割は、さらに重要性を増してきている一方、さまざまな海の問題が顕在化している。海に守られ発展してきたわが国は今こそ海を守り活かす国へと変革を遂げることが求められる。海洋基本法が施行された本年は真に海洋国家を目指す記念すべき年である。海洋施策の計画的な推進は内閣の最重要課題のひとつであり、政府一体となって取り組む所存であるので各閣僚も各府省の利害にとらわれず、目標達成に向けてリーダーシップを発揮してほしい」と述べた。

また、政府は、国会の決議で求められていた有識者会議の設置について、海洋基本法第三八条（政令への委任）に基づき、総合海洋政策本部に「参与会議」を設置する「総合海洋政策本部令」（政令第二〇二号）を七月三日に閣議決定し、七月二〇日に施行した。

参与会議は、優れた識見を有するもののうちから内閣総理大臣が任命する参与一〇人以内で組織され、海洋に関する施策に係る重要事項について審議し、総合海洋政策本部長に意見を述べる。第一期の参与は、海洋各分野の学識経験者など専門家一〇名が任命され、第一回参与会議が二〇〇七年一〇月一八日に開催され、座長に栗林忠男慶応義塾大学名誉教授が選出された。

④ 海洋基本計画の策定作業開始

わが国の海洋ガバナンスの取り組みは、海洋基本計画の策定によって具体的に動き出す。早速、二〇〇七年一〇月一八日には第一回参与会議が開催され、海洋基本計画作成の方向性（案）について審議した。参与会議は、その後二〇〇七年一二月一九日に第二回、二〇〇八年二月一九日に第三回と海洋基本計画策定まで三回開催された。総合海洋政策本部の下で参与会議が海洋基本計画作成の方向性を審議し、本部事務局が中心となり海洋関係各省庁が参加して海洋基本計画（原案）の策定作業が進められた。今まで各省庁が機能別縦割りでそれぞれ海洋の問題に取り組んできたわが国政府が、「国際的協調の下に、海洋の平和的かつ積極的な開発及び利用と海洋環境の保全との調和を図る新たな海洋立国を実現する」ことを目的とする海洋基本法に従って、海洋に関する諸施策を総合的かつ計画的に推進するために海洋基本計画を政府の政策として策定することはなかなか容易ではなかったと推測される。

そのような当時の状況を窺わせるエピソードがある。私が、海洋基本法の制定を受けてその実施に取り組むことになった政府の関係者に総合的な海洋政策の必要性や海洋基本法の内容について説明に回った際に「総合的というが、何と何を総合するのですか」とよく聞かれた。海運、水産、科学的調査、鉱物資源、海洋汚染、観光・レジャー、干拓・埋立等の海洋の問題に機能別縦割りで取り組んでいた人たちの頭の中には、自分が所管している施策と他の部局が所管しているどの施策とを総合するのか（または調整するのか）という、それぞれが取り組んでいる行政を中心に置いた水平的発想から生ずるこのような疑問がすぐに浮かんできたようである。これからは「海洋については、…将来にわたり海洋の恵沢を享受できるよう、海洋環境の保全を図りつつ海洋の持続的な開発・利用を可能にすることを旨として、その積極的な開発及び利用が行われなければならない」（海洋基本法二条）という新しい総合的な海洋政策の枠組みの下で、個別の施策の実施に取り組んでいくということを理解すること自体が当時としてはなかなか大変だったのである。

しかし、関係者は、総合海洋政策本部のリーダーシップの下で海洋基本法に基づいて海洋基本計画の策定に真剣に取り組み、二〇〇八年二月には海洋基本計画（原案）をパブリックコメントに付した上で、一月中の閣議決定を目指すとしていた予定よりは遅れたが、三月一八日にわが国初の海洋基本計画が閣議決定された。

（２）海洋基本法のフォローアップ

一方、海洋基本法研究会に集まって議論し、その成果を基に海洋基本法の制定に漕ぎつけた政学産民の有志の人々は、海洋基本法が成立すると、議員立法で制定された同法が今度は政府を中心にしてどのように実施されていくのかに関心と期待、そして若干の不安を持って政府の取り組みを注視していた。

①「海洋基本法研究会」フォローアップの会

海洋基本法の公布から一か月後の二〇〇七年五月二四日には、海洋基本法制定に取り組んだ関係者が集まって「海洋基本法研究会フォローアップの会」を開催し、二〇〇六年一二月の海洋基本法研究会終了から海洋基本法成立に至るまでの状況、海洋基本法の内容、今後のスケジュールなどについて情報を共有し、同法に基づいて新たな海洋立国をどのように実現していくかその方策について議論した。

②「海洋基本法制定記念大会」開催

一〇月一日には、海洋基本法研究会は、海洋基本法の制定を祝し、その意義を振り返り、総合的な海洋政策の実施に向けた決意を新たにするため、海洋基本法制定記念大会を開催した。この会には国会議員、有識者、海洋関係官庁、産業界、研究機関等の関係者など約四〇〇人が出席した。大会は、総合海洋政策本部長である福田康夫総理大臣の挨拶で始まり、続いて冬柴鐵三海洋政策担当大臣、石破茂防衛大臣、笹川陽平日本財団会長が挨拶し、海洋基本法制定を推進した国会議員の紹介が行われた。そのあと講演が行われ、武見敬三前海洋基本法研究会代表世話人が「海洋基本法制定の軌跡と海洋基本法の意義」について、内閣官房の大庭靖雄総合海洋政策本部事務局長が「今後の海洋政策の進め方」について講演した。

続いて海洋関係の六団体、五学会（6）から、「海洋政策の当面の課題」について意見発表が行われた。最後に、自民党海洋政策特別委員会の「海洋基本法ワーキングチーム」座長の小野寺五典衆議院議員の司会で海洋基本法研究会有識者メンバー五人によるパネルディスカッション「海洋政策が目指す未来」が行われた。記念大会は、改めて参加者の胸に海洋基本法施行に対する期待を植え付けて盛会裡に終了した。

この海洋基本法制定記念大会で示された海洋政策の推進に対する政界、学界、産業界をはじめ各界こぞっての盛り上がりが、海洋の総合的管理と持続可能な開発の取り組みは、政府だけに任せるのではなく、政学産民の海洋関係者も引き続き連携協力して取り組んでいくことの重要性を示していた。

③「海洋基本法フォローアップ研究会」設立

このような動きを基盤として、海洋基本法制定に取り組んだ国会議員、有識者等が引き続き連携協力して、海洋基本法研究会の議論を踏まえてわが国の海洋政策のあるべき姿を検討し、その成果をわが国の海洋政策に反映させていくことを目指す「海洋基本法フォローアップ研究会」が二〇〇七年一一月に設立された。この研究会の代表世話人には、中川秀直衆議院議員、座長には石破茂衆議院議員（以上、自民党）、世話人・共同座長には、前原誠司衆議院議員（民主党）、大口善徳衆議院議員（公明党）が就任した。事務局は海洋基本法研究会に引き続いて海洋政策研究財団が務め、私も学識経験者兼事務局長として参加した。また、この研究会には、新たに設置された総合海洋政策本部事務局及び海洋基本法研究会に参加していた海洋関係各省庁もオブザーバーとして参加した（7）。

④第一回海洋基本法フォローアップ研究会

第一回海洋基本法フォローアップ研究会は、このような経緯を経て、二〇〇七年一一月八日に開催された。

開会に当たり、武見敬三顧問が挨拶をして、「これからは、海洋基本法に魂を入れて、ただ単なる役所のパッチワークで組み合わせたという形でない海洋基本計画の策定に向けて超党派での連携、官民の連携、官官の連携をこの研究会の下で実現していただきたい」と述べた。

続いて、フォローアップ研究会のメンバー（自民、民主、公明三党の国会議員、学識経験者）、オブザーバー（総合海洋政策本部事務局長及び海洋関係八省庁）が名簿配布により紹介され、その後、石破座長、前原共同座長、大口共同座長がそれぞれ挨拶をして議事に入った。

遅れて到着した中川代表世話人は「世に『生みの親は最もふさわしい育ての親である』と言うが、まさにこの海洋基本法は、今日、ご列席の皆様方の大変なご努力をもって一年という短時間で、国会で成立した。基本法ができた成果として、早くもこのような体制ができただけでも大変なことである。これから立派な基本計画ができるように、そしてわが国の海洋政策に関しては、お互い忌憚なく次世代のために議論しながら、より良いものにしていく、それが本当に大切である。これは国際社会のためにも大切であり、むしろ日本がそういうルールを主導するような意気込みでやっていかなければならないと思っている。当面の問題だけではない、本当に大切なフォローアップもしっかりこの委員会でしていただくようお願いしたい」と挨拶した。

この第一回研究会の議題は、ずばり「海洋基本法のフォローアップについて」であった。

まず、大庭総合海洋政策本部事務局長が、海洋基本計画策定等に向けた動き、同計画策定までのスケジュール及び一〇月一八日の第一回参与会議で検討した海洋基本計画作成の方向性（案）について報告し、これに研究会メンバーから活発な質問、意見が出された。

続いて、(社)日本経済団体連合会、石油鉱業連盟、海洋技術フォーラム、(社)海洋産業研究会が意見発表を行い、活発な議論が行われた。そして、一一月下旬に海洋関係の団体、学会から意見発表を聞く第二回研究会を開催することとして閉会した。

⑤海洋基本法フォローアップ研究会、海洋基本計画に対する意見提出

海洋基本法フォローアップ研究会（以下、「フォローアップ研究会」）は、第二回を一一月二九日、第三回を一二月一三日と矢継ぎ早に開催して、海洋関係の六団体及び五学会（8）の意見発表を聴き、政府が策定中の第一期海洋基本計画、及び平成二〇年度予算要求、税制改正要望等に関する対応を議論した。第二回には冬柴海洋政策担当大臣が出席して、挨拶するとともに、メンバーと意見交換を行った。

フォローアップ研究会は、これらに基づいて、総合海洋政策関連予算等及び海洋基本法に基づく国内法の整備について政府に申し入れを行うとともに、「海洋基本計画に対する意見」を取りまとめて一二月二〇日に福田海洋政策本部長・内閣総理大臣に、一二月二八日には冬柴同本部副本部長・海洋政策担当大臣に提出した。

他方、海洋基本計画の策定作業は、総合海洋政策本部、参与会議、本部事務局を中心に関係省庁が参加して行われ、二〇〇八年二月はじめには政府の「海洋基本計画（原案）」が作成された。「海洋基本計画（原案）」は、二月四日から二月二五日までの三週間にわたりパブリックコメントに付された。この「海洋基本計画（原案）」には、先にフォローアップ研究会が提出した意見が十分に反映されていなかったので、研究会は、それらを取り入れるよう「海洋基本計画（原案）に対する意見」を取り

まとめて、代表世話人等が福田海洋政策本部長・内閣総理大臣に提出した（9）。「海洋基本計画（原案）」に対しては、政治家、業界団体、学会、研究機関、自治体、個人等から五八七件の意見が寄せられた。これらの意見は計画策定の参考には供されたが、海洋基本計画は、基本的には原案を維持して取りまとめられた。

⑥フォローアップ研究会コアメンバーが積極的に動く

海洋基本法研究会で議論して作り上げた海洋政策が海洋基本法の施行においてきちんと実現することを目指すフォローアップ研究会の活動は、政策を議論して提言するシンク・タンク活動だけでなく、提言を着実な実施に結び付けていくドゥータンク活動も重要になってきた。二〇〇七年一二月に入ると、政府における海洋基本計画の策定作業が進行し、また、翌二〇〇八年度の予算編成や次期通常国会の開幕が迫ってきた。海洋基本法に基づく総合的な海洋政策を積極的に推進していくためには、それらに研究会として機動的・積極的に対応していく必要に迫られて、コアメンバーの代表世話人、共同座長、世話人が中心となってこれにあたる活動が始まった。

一二月七日には第一回コア・グループ会合が開催され、海洋基本計画に関する意見の取りまとめについて議論するとともに、予算及び国内法の整備についての申し入れ書を審議し、フォローアップ研究会として取りまとめた。そして、同日、額賀福志郎財務大臣宛の「平成二〇年度　総合海洋政策関連予算について（申し入れ）」を財務省主計局長に、「海洋基本法に基づく国内法の整備について（申し入れ）」を冬柴海洋政策担当大臣に中川代表世話人、前原・大口両共同座長から直接手渡して要望した。

フォローアップ研究会が取りまとめた「海洋基本計画に対する意見」を暮れも押し詰まった一二月二〇日に福田海洋政策本部長・内閣総理大臣に、一二月二八日には冬柴同本部副本部長・海洋政策担当大臣に直接手渡して要望したのも中川代表世話人、前原・大口両共同座長である。

（３）第一期海洋基本計画閣議決定（二〇〇八）

このように海洋基本計画（案）は、二〇〇八年三月一八日に第三回総合海洋政策本部会合で了承され、閣議決定された。海洋基本計画の目次は、表10の通り。

①わが国初の海洋基本計画の内容

この第一期の海洋基本計画は、次の四部構成で第一～三部は海洋基本法の法定事項である。

総論
第一部　海洋に関する施策についての基本的な方針
第二部　海洋に関する施策に関し、政府が総合的かつ計画的に講ずべき施策
第三部　海洋に関する施策を総合的かつ計画的に推進するために必要なその他の事項

冒頭の総論は、概略次の通り。

（1）海洋調査の着実な実施
（2）海洋管理に必要な基礎情報の収集・整備
（3）海洋に関する情報の一元的管理・提供
（4）国際連携

7．海洋科学技術に関する研究開発の推進等
（1）基礎研究の推進
（2）政策課題対応型研究開発の推進
（3）研究基盤の整備
（4）連携の強化

8．海洋産業の振興及び国際競争力の強化
（1）経営基盤の強化
（2）新たな海洋産業の創出
（3）海洋産業の動向の把握

9．沿岸域の総合的管理
（1）陸域と一体的に行う沿岸域管理
（2）沿岸域における利用調整
（3）沿岸域管理に関する連携体制の構築

10．離島の保全等
（1）離島の保全・管理
（2）離島の振興

11．国際的な連携の確保及び国際協力の推進
（1）海洋の秩序形成・発展
（2）海洋に関する国際的連携
（3）海洋に関する国際協力

12．海洋に関する国民の理解の増進と人材育成
（1）海洋への関心を高める措置
（2）次世代を担う青少年等の海洋に関する理解の増進
（3）新たな海洋立国を支える人材の育成

第3部海洋に関する施策を総合的かつ計画的に推進するために必要なその他の事項

1．海洋に関する施策の効果的な実施

2．関係者の責務及び相互の連携・協力

3．施策に関する情報の積極的な公表

表 10　海洋基本計画の目次

総論

（1）海洋と我々との関わり
（2）我が国の海洋政策推進体制
（3）本計画における政策目標及び計画期間

第１部 海洋に関する施策についての基本的な方針

1．海洋の開発及び利用と海洋環境の保全との調和
2．海洋の安全の確保
3．科学的知見の充実
4．海洋産業の健全な発展
5．海洋の総合的管理
6．海洋に関する国際的協調

第２部 海洋に関する施策に関し、政府が総合的かつ計画的に講ずべき施策

1．海洋資源の開発及び利用の推進
（1）水産資源の保存管理
（2）エネルギー・鉱物資源の開発の推進
2．海洋環境の保全等
（1）生物多様性の確保等のための取組
（2）環境負荷の低減のための取組
（3）海洋環境保全のための継続的な調査・研究の推進
3．排他的経済水域等の開発等の推進
（1）排他的経済水域等における開発等の円滑な推進
（2）海洋資源の計画的な開発等の推進
4．海上輸送の確保
（1）外航海運業における国際競争力並びに日本籍船及び日本人船員の確保
（2）船員等の育成・確保
（3）海上輸送拠点の整備
（4）海上輸送の質の向上
5．海洋の安全の確保
（1）平和と安全の確保のための取組
（2）海洋由来の自然災害への対策
6．海洋調査の推進

まず、「(1) 海洋と我々との関わり」で、海洋と我々の多様な関わりとその意義について述べ、近年顕在化してきている課題に勇気をもって対処し、海とともにある人類の将来を安寧なものとするよう先導的な役割を果たしていくとともに、広大な管轄海域を基盤とし、国際協調の下で海洋の平和と安全を希求する新たな海洋立国を目指すとしている。

「(2) 我が国の海洋政策推進体制」では、まず、それまで利用者側の立場で海洋という「場」をどう利用するかという視点での政策は存在したが、海洋という「場」を管理する立場でその利用のあり方をいかにするべきかという視点での政策はなかった。海洋という「場」の可能性や容量等を考慮し、「場」を管理する立場で政策を立案し、決定するシステムの構築が、海洋の持続可能かつ合理的な利活用を図るためには不可欠であるとしている。そして、海洋基本法が施行され、海洋に関する施策を集中的かつ総合的に推進するための体制として、内閣に総合海洋政策本部が設置された。今後、新たな海洋立国の実現に向け、総合海洋政策本部が中心となり、様々な分野の海洋関係者が相互に連携・協力し、海洋政策を戦略的に推進していくこととなるが、本計画はそのための基本となるべきものとしている。

「(3) 本計画における政策目標及び計画期間」では、本計画は、海洋基本法に基づく計画の見直しが予定される五年後を見通して定めるとするとともに、基本理念の下で五年後を見通した本計画が目指すべきより具体的な政策目標が必要であるとして、目標一．海洋における全人類的課題への先導的挑戦、目標二．豊かな海洋資源や海洋空間の持続可能な利用に向けた礎づくり、目標三．安全・安心な国民生活の実現に向けた海洋分野での貢献、の三目標を掲げている。

総論に続いて、「第一部　海洋に関する施策についての基本的な方針」では、基本法に定める六項目の基本理念に沿って、それぞれについて施策展開の基本的な方針を定めている。

「第二部　海洋に関する施策に関し、政府が総合的かつ計画的に講ずべき施策」は、わが国の様々な分野で実施されている海洋に関する施策や新たに計画される施策を、基本法の定める基本理念と基本的施策の下で総合的な視点と基準をもって評価して、国の政策として体系的・計画的に定める重要な役割を担っている部である。基本法に定める一二項目の基本的施策について、集中的に実施すべき施策、関係機関の緊密な連携の下で実施すべき施策等総合的・計画的推進が必要な海洋施策を定めており、その頁数は基本計画全体の六割強を占めている。

「第三部　海洋に関する施策を総合的かつ計画的に推進するために必要なその他の事項」は、海洋に関する施策の効果的実施、関係者の責務及び相互の連携・協力、施策に関する情報の積極的な公表を定めている。

②海洋基本計画についてのコメント

海洋基本計画は、本文四三頁にわたって海洋についてかなり網羅的に取り上げている。限られた時間の中で、海洋環境の保全との調和を図りつつ海洋の開発利用を総合的に進めていくという新たな基本理念の下でわが国の海洋施策を準備し構築していくというのはなかなか大変であり、特に具体的な施策を定める「第二部　講ずべき施策」については各方面から様々な意見、批判が寄せられている。

私も、それまで海洋の開発・利用・保全・管理の総合的かつ計画的な推進に取り組んできた立場にたって率直な意見を述べると、この基本計画は、総合的な海洋政策の方針を示し、それに基づき具体的施策を定めて推進していく観点から見ると、明確性、具体性に欠ける記述が多い。いくつかその例を挙げると次の通り。

まず、総論の（3）では、「五年後を見通した本計画が目指すべきより具体的な政策目標が必要」として三つの政策目標を設定している。しかし、これが海洋基本法の目的として掲げる「新たな海洋立国の実現」（一条）からどう導き出されたのか、また、基本計画第一部の基本的方針、第二部の講ずべき施策とどうつながるのか、その関係が必ずしも明確に提示されていないので、かえって基本計画の簡明さを損なっているように思われる。

第二部の講ずべき施策については、達成目標、目標達成年次、ロードマップなどが極力明確に示されることが求められる。しかし、この基本計画においては、海洋基本法制定作業と並行して各省で施策の準備が進められていたもの(10)を除くと、それらを明確に記述したものが少ない。

また、排他的経済水域等の開発等の推進、沿岸域の総合的管理、海洋調査の推進など、特に新たな海洋の総合的管理の視点に立って取り組むことが求められる基本的施策については、どのような体制、仕組みでこれを推進するのか自体を明らかにするところからスタートする必要があるが、これらについて十分踏み込んでいない。

さらに、海洋基本法では、「排他的経済水域の開発、利用、保全等（以下「排他的経済水域等の開発等」という）」（第一九条）と定めているのに対して、海洋基本計画では文字どおり「開発等」の施策だけしか取り上げていないなど、海洋基本法の内容をきちんとカバーしていないものが散見される。

加えて、各施策について、どの行政組織が中心となってその施策を推進するのか明らかでない。実施省庁が明示されていれば、その責任ある実行が期待できるだけでなく外部との連携協力も進みやすいという効果が期待できる(11)。

第三部のその他の事項では、主として基本法の総則の規定を受けて、海洋に関する施策の効果的な実施、関係者の責務及び相互の連携・協力、施策に関する情報の公表について定めているが、内容は抽象的で行動計画としての具体的内容が乏しい。

しかし、海洋基本計画策定当時を振り返ると、海洋基本法が政府提案でなく議員立法で成立したため、政府部内での施策の検討・準備の時間的余裕があまりなかったこと、かつ、わが国が、管轄海域の画定、周辺海域等における秩序維持、排他的経済水域の開発利用、海上輸送の確保など早急な対応を要する海洋の諸問題を抱えていて海洋基本計画の策定を急いだことなどの事情があったので、これらの点については、政府関係者が可能な限り努力した上でのある程度やむを得ない結果ではあったと考える。

③海洋基本計画のフォローアップ

このようにして海洋基本計画が二〇〇八年三月一八日に閣議決定され、総合的な海洋政策は実施段階に入った。これに対応して、フォローアップ研究会は、まず「総合的取り組みを要する重要施策」を取りまとめて総合海洋政策本部及び関係省庁にその実施と検討・進捗の状況の報告を求めることとした。あわせて海洋基本法に基づく海洋に関する取り組みをわが国の重要政策の中にきちんと位置づけて必要な海洋関係予算の確保・増大を図ることに重点を置いた取り組みを開始した。

早速、五月二〇日に第四回海洋基本法フォローアップ研究会を開催し、大庭総合海洋政策本部事務局長から海洋基本計画の取り組み状況について説明を受けるとともに、今後の海洋基本計画の具体的推進方策について審議した。そして、研究会が取り組んでいく「総合的取り組みを要する重要施策」を取りまとめた。それらは、海洋基本計画に明示されたもの三項目、海洋基本計画では必ずしも具体的でないもの六項目からなる。後者の六項目は、排他的経済水域等の開発、利用、保全、管理等の推進、沿岸域の総合的管理をはじめとして、これに総合的視野をもって積極的に取り組む仕組みづくりやリード省庁の構築等が機能別縦割りの政府組織の中では難しいものが多く、それから一〇年以上経過した今日でも真剣な取り組みが求められている(12)。

フォローアップ研究会は、七月に第五回、九月に第六回を開催して、総合的取り組みを要する重要施策の検討状況並びに平成二一年度概算要求及び緊急経済対策について、総合海洋政策本部事務局や関係八省庁から説明を聞き、それを基にして施策の推進方策、概算要求のあり方について審議した。また、海洋政策研究財団が六月に実施した国会議員、大学等教員、研究機関、産業界、団体、報道、NPO、博物館・水族館等一一〇〇人を対象とした海洋基本計画に関するアンケート調査の結果を共有した。

第七回は一一月開催を予定していたが都合により延期され、二〇〇九年三月に開催されて、総合的取り組みを要する海洋重要施策の進捗状況について総合海洋政策本部事務局及び関係八省庁の発表を聞いて議論した。そして、これまで研究会で提案・議論されたがまだあまり進んでおらず、経済対策や補正予算の中でぜひ実現してほしいものを議論して、特に重点的に推進すべき海洋プロジェクトを取りまとめ、『新たな海洋立国の実現に関する提言』として二〇〇九年四月二日に麻生太郎内閣総理大臣・総合海洋政策本部長に提出し、緊急経済戦略を展開する中でその実現を要望した。

フォローアップ研究会は、その後も総合的取り組みを要する海洋の重要施策の推進に取り組み、二〇一〇年六月には『「新たな海洋立国の実現」に向けた提言』を海洋政策担当大臣に提出してその実現を要請した。また二〇一一年三月一一日に発生した東日本大震災には海洋関係の施策が重要であることから、二〇一一年五月には『東日本大震災復興に関する海洋立国の視点からの緊急提言』を内閣総理大臣に提出してその実現を要望した。さらに、毎年一二月には総合海洋政策関連予算について財務大臣に申し入れをし、その確保を要望している。

④フォローアップ研究会コア・グループの活躍

海洋基本計画が閣議決定され、総合的な海洋政策の取り組みが動き出したのに対応して、フォローアップ研究会では、研究会の開催に加えて、コア・グループ会合が随時開催され、代表世話人、座長、共同座長などのコアメンバーが政府への要望や省庁からのヒアリングなどの活動を機動的に行っている。

その一例が、毎年経済財政諮問会議が取りまとめて閣議決定する「経済財政運営の基本方針（骨太の方針）」の二〇〇八年版に、新たな海洋立国の実現など海洋に関する項目を盛り込み、各省庁の概算要求を支援して、海洋に関する総合的な施策の構築を海洋関係予算面からも明確にする試みである。

コア・グループは二〇〇八年六月一二日に大田弘子経済財政政策担当大臣、冬柴鐵三総合海洋政策担当大臣に対して要望を行うなど関係方面にアプローチした。その結果、「骨太の方針」に「「海洋基本計画」に基づく取り組みを実施し、新たな海洋立国の実現を目指す」という文言を盛り込むことに成功した(13)。

それ以降も、代表世話人、座長、共同座長などのコアメンバーは、フォローアップ研究会の先頭に立って③で述べた政府への様々提言・要望や省庁からのヒアリングなどの活動に積極的に取り組み、研究会の活動をリードした。

⑤「日本海洋政策研究会」(現「日本海洋政策学会」)設立

海洋基本法制定がきっかけとなって進展した取り組みとして、海洋の総合的管理、持続可能な開発等に向けた総合的な海洋政策の形成のため、学際的かつ総合的な学術研究の推進及び深化に資することを目的とする「日本海洋政策研究会」(現「日本海洋政策学会」)の設立がある。

海洋には、科学技術の発達した今日でも未知の部分が多く残っている。海洋の諸問題に適切に取り組むためには科学的知見の一層の充実とそれに基づく海洋政策の構築と展開が必要であるが、そのためには自然科学と社会科学の垣根を越えて分野横断的に科学的知見の学際的な結合を図る必要がある。しかし、私たちが海洋シンク・タンクの活動に取り組み始めた当時は、学界も相当に縦割りで、海洋政策を学際的に研究する機運は未だ熟していなかった。それが、海洋基本法の制定に至るプロセスに多くの海洋関係各分野の科学者・研究者が参画したことにより、ようやく学界において海洋政策を総合的に研究する機運が高まってきた。

海洋政策に関する学会の設立については前から日本財団の笹川会長と話をしていたので、海洋基本法の制定に一緒に取り組んできた海洋各分野の有識者とも相談し、将来の学会を目指す海洋政策研究会の設立を海洋に関心を持つ皆さんに呼びかけてみようということになった。二〇〇八年に入って海洋政策研究財団内に海洋政策研究会設立準備委員会を設置し、先ず海洋政策研究会の設立発起人の呼びかけを行った。すると、海洋関係各分野の有識者・研究者一四六人から研究会設立に賛同し、設立発起人となることを承諾するという回答が返ってきた。

この予想を上回る反響に元気付けられて二〇〇八年一一月二六日に、日本海洋政策研究会の設立発起人会と設立総会を虎ノ門の海洋船舶ビル（現笹川平和財団ビル）で開催した。設立総会は栗林慶応義塾大学名誉教授が議長を務め、先ず、設立発起人を代表して笹川会長及び高井陸男東京海洋大学学長が挨拶した。続いて、研究会の設立趣旨及び目的等、会則（案）、事業計画（案）、予算（案）について私から説明を行い、これらは提案どおり決定された。その後、栗林議長から設立発起人会推薦の研究会の役員人事案が諮られて承認され(14)、小宮山宏氏（東京大学）を初代会長とする日本海洋政策研究会がスタートした。

日本海洋政策研究会には、総務、財務、学術、編集、広報の五つの常設委員会が設けられた。理事の中から常設委員会の委員長が選任され、私は総務委員長として研究会の総務及び企画に関する業務を担当することとなった。学会活動の主要部分を担う学術委員会には奥脇直也氏（東京大学）、編集委員会には山形俊男氏（東京大学）が委員長に就任した。各常設委員会の委員には、学界横断的な学会の形成を目指す「日本海洋政策研究会」の性格を考慮して、極力、①政策または法律、②経済、③理学（日本海洋学会）、④海運・造船（日本船舶海洋工学会）、⑤土木（土木学会）、⑥水産（日本水産学会）、⑦沿岸域（日本沿岸域学会）、⑧資源、⑨安全保障、⑩教育等の各分野から参加を求め、日本海洋政策研究会の活動はスタートした。

日本海洋政策研究会は、二年ほどで会員が二〇〇人を超え、研究会の活動が具体的に始まってきたことから正式に学会を名乗ることとし、二〇一〇年一二月の理事会決定・総会承認を経て二〇一一年一月一日から晴れて「日本海洋政策学会」となった。さらに二〇一三年九月には日本海洋政策学会は、日本学術会議から協力学術研究団体の指定を受けて学会としての基盤を固めた。二〇一四年一二月には、会長に奥脇直也理事、副会長に山形俊男理事と私、監事に古庄幸一（（公社）安全保障懇話会）、山下東子（大東文化大学）の両氏が選出され、学術委員長には奥脇氏の後を受けて坂元茂樹氏（同志社大学）が選出されて、日本海洋政策学会は第二期に入った（15）。

⑥ソマリア沖・アデン湾での海賊事案に迅速に対処

第一期海洋基本計画が実施段階に入った初期における成果のひとつとして、国際貿易における重要な海上交通路ソマリア沖・アデン湾での海賊事案への対処が挙げられる。

ソマリア沖・アデン湾は、スエズ運河を経由してアジアと欧州を結ぶ重要な海上交通路であり、日本関係船舶も年間二〇〇〇隻、わが国の主要な輸出品である自動車が年間一五〇万台運ばれていた。そのソマリア沖・アデン湾で二〇〇〇年代後半に海賊事件が急増し、日本関係船舶にも被害が出ていた。そこで二〇〇八年からこのような事態に対処するための新法制定を求める声が経済界から湧き上がった。これを受けて政府・与党が新法制定に立ち上がり、二〇〇九年の年初から集中的に検討し、三月半ばに「海賊行為の処罰及び海賊行為への対処に関する法律」（海賊処罰・対処法）案が閣議決定された。関係省庁が多く、自衛隊の海外派遣に関する規定を含んだ難しい法律が、関係省庁の精力的な作業と積極的協力により、実質三か月という短期間で閣議決定できたのは、海洋基本法という総合的な法的基盤と総合海洋政策本部事務局の献身的取り組みがあったからこそである。

なお、同法案は、二〇〇九年三月に衆議院で賛成多数で可決されたが、参議院では一旦否決され、六月に衆議院本会議で三分の二の多数決で再可決されて成立するという経緯をたどった。

しかし、この法律の成立により、わが国は、国際社会にとって緊急に対応すべき重大な脅威であるソマリア沖・アデン湾の海賊に対処して、わが国のみならずあらゆる国の航行安全に貢献しており、その意義は大きい。

⑦政権交代を乗り越えて海洋基本法のフォローアップ継続

海洋基本計画に則った取り組みが少しずつ動き出してきた二〇〇九年後半になって、日本の政治情勢に大きな変化が起こった。二〇〇九年八月三〇日の衆議院議員総選挙で民主党が三〇八議席を獲得して第一党となり、政権の座について鳩山内閣が誕生した。長い間政権の座にあった自民党が野に下り、民主党を中心に社民、国民新党との連立政権が誕生したので、政府の政策もあちこちで大きく変わり、海洋政策への影響も懸念された。

しかし、海洋基本法は、最初から自民、民主、公明の三党が参加して政策を議論してその上に立って超党派の議員立法で制定されたものである。施行後の海洋政策も三党の議員が有識者とともにフォローアップ研究会で議論し、政府に必要な施策の推進を要請してきた。そのような実績があるので、政権が交代しても、海洋基本法制定に尽力した国会議員・有識者等が、引き続き協力してわが国の海洋政策のあるべき姿を検討し、その成果をわが国の海洋政策に反映していくという海洋基本法フォローアップ研究会を中心として取り組む体制は保持された。その上で一〇月に研究会の運営体制を改定し、代表世話人髙木義明（民主）、共同代表：中川秀直（自民）、座長：細野剛志（民主）、共同座長：小野寺五典（自民）、大口善徳（公明）（以上敬称略）というメンバーで研究会の活動を継続した（16）。

⑧参与会議が三年間開催されず

幅広く有識者の意見を海洋政策に反映することを求める衆参両院の附帯決議を受けて設置された参与会議であったが、海洋基本計画が実施段階に入ってしばらくしてその運営に異変が起こった。参与会議は、二〇〇八年三月に海洋基本計画が閣議決定された後も、二〇〇八年一二月に第四回、二〇〇九年三月六日に第五回が開催された。しかし、その後は開催されず、第一期の参与の二年の任期が終了しても次の参与の発令が行われなかった。参与不在の状態は長く続き、二〇一二年五月二四日に第六回参与会議が開催されるまで実に三年間にわたって参与会議が開催されないという異常な事態が続いた。

参与会議がこのような扱いを受けた原因を推察すると、当初政府関係者の間では、参与会議は、政府が海洋に関する施策に係る重要事項について参与会議の意見が必要と認めるときに開催する諮問機関とみなされていたのではないかと思われる。しかし、参与会議は、海洋に関する幅広い分野の有識者から構成される会議を設置してその意見を政府の海洋政策に反映させるという国会決議等を受けて政令で設置された。参与会議には、海洋基本計画の策定時だけでなく実施段階でも海洋に関する施策に係る重要事項について総合海洋政策本部長に意見を述べる役割が定められているからこのような事態は異常であった。

（４）第二期海洋基本計画策定に向けて

①第二期海洋基本計画策定に向けた取り組みがスタート

第一期海洋基本計画は、施策が具体的でないものが多いだけでなく、海洋基本法が本来想定している施策で取り上げられていないものまであったことから、二〇一一年になると二〇一三年春に策定が予定されている第二期海洋基本計画にどのような施策を盛り込むべきか議論が盛り上がってきた。

その一つが、国連海洋法条約が特別な法制度として定めた排他的経済水域（ＥＥＺ）の開発、利用、保全等である。沿岸国が距岸二〇〇海里の広大な海域とその資源に対して主権的権利を有し、環境保全の義務を負う排他的経済水域については、各国はそれぞれ法律を制定してその管理に取り組んでいる。だが、世界で六番目に広大な排他的経済水域を有するわが国ではそのような対応が進んでいない。そこで、海洋政策研究財団は、排他的経済水域等の開発、利用、保全等を国際的な制度の下で総合的かつ計画的に進めるために必要な管理法制の整備について、総合的海洋政策研究委員会（委員長：栗林慶應義塾大学名誉教授）を設けて検討し、その研究成果に基づいて二〇一一年六月に『排他的経済水域及び大陸棚の総合的な管理に関する法制の整備についての提言』を発表した(17)。

同時に海洋基本法附則で、「総合海洋政策本部については、この法律の施行後五年を目途として総合的な検討が加えられ、その結果に基づいて必要な措置が講ぜられるものとする」と定められていることから、海洋基本法施行から四年が過ぎた二〇一一年後半になると、海洋施策とともにそれを推進する組織への関心が海洋の関係者の間で高まってきた。

一〇月に開催された第一三回フォローアップ研究会では、『新たな海洋立国の実現に向けた提言』等でとりあげた海洋施策の進捗状況と今後の海洋基本法の推進方策について審議し、総合海洋政策本部や海洋基本計画の見直しの時期が近づいているので、海洋基本法の制定趣旨に照らして、海洋政策を強力に推進する方策について議論していくことを決定した。

一二月一三日の第一〇回コア・グループ会合では、フォローアップ研究会で、今後海洋政策を強力に推進していく政府の体制のあり方を検討するとともに、第一期海洋基本計画の実施状況の評価を行って次期海洋基本計画の内容を検討していくこととし、二〇一二年一月から同年半ばを目途に精力的に審議していくこととした。また、二〇〇六―二〇〇七年当時、海洋基本法研究会代表世話人として海洋基本法制定のけん引役を果たした武見敬三前参議院議員に海洋基本法フォローアップ研究会の顧問としての参画を要請することとなった。

コア・グループ会合終了後、高木代表世話人、中川共同代表及び前原座長が財務省を訪れ、洋上風力発電の実現に向けた技術開発・実証実験、海洋資源探査システムの開発など一〇ほどの重点施策について平成二四年度予算の確保を強く要望した。

②「海洋基本法フォローアップ研究会」、「海洋基本法戦略研究会」へ発展的に改組

二〇一二年一月二六日の第一一回コア・グループ会合に続いて二月一五日に「海洋基本法フォローアップ研究会」の世話人による第一二回コア・グループ会合が開催され、海洋基本計画の見直し、海洋基本計画推進体制の整備および海洋基本法フォローアップ研究会の発展について審議し、参与会議の再設計およびフォローアップ研究会の「海洋基本法戦略研究会」への改組の方針を固めた。

これを受けて二月二一日に開催された海洋基本法フォローアップ研究会は、研究会の「海洋基本法戦略研究会」への発展的改組を決定し、会議はそのまま第一回海洋基本法戦略研究会に移行し、審議を行った。

第一回海洋基本法戦略研究会（代表世話人：髙木衆議院議員、座長：前原衆議院議員）は、会議の冒頭に、髙木代表世話人から、「海洋基本計画及び総合海洋政策本部の見直しの時期を迎えて、研究会の任務を海洋基本法の施策実施の「フォローアップ」から、海洋基本法推進のための「戦略」の研究に拡げ、名称も「海洋基本法戦略研究会」に改めることとしたので、引き続き関係の皆さんのご協力をお願いしたい」と挨拶があった。

続いて、来賓として出席した日本財団の笹川会長が「海洋基本法戦略研究会」の海洋基本法の強力推進に果たす役割に期待する旨の挨拶があった。

第一回のメインの議題は「海洋基本法フォローアップ研究会の発展的改組について」と「今後の海洋基本法の戦略的推進に関する活動方針について」であった。

まず、前原座長が、研究会の任務を拡げて名称を「海洋基本法戦略研究会」に改めたことを報告し、「引き続きわが国が必要としている海洋政策について議論し、海洋基本法の積極的推進にご尽力いただきたい」と要請した。

そして、二〇〇六年に海洋基本法制定に取り組んだ当時「海洋基本法研究会」代表世話人だった武見前参議院議員が顧問として復帰したことを紹介し、続いて武見顧問が挨拶し、海洋基本法の積極的推進の必要性を強調した。

審議の結果、「海洋基本法戦略研究会」は、今後の活動について次のような活動方針を採択した。

海洋基本法施行以来、海洋基本計画に基づき、海洋に関する施策が推進されてはきたが、海洋基本法制定の趣旨に照らしてこれまでの実施状況を見ると未だ十分とは言えない。二〇一二年度は、海洋基本法が施行されてから五年目となり、①総合海洋政策本部の総合的な検討、及び②海洋基本計画の見直しの年である。海洋基本法制定に尽力した超党派の国会議員と海洋関係各界の有識者が集う海洋基本法戦略研究会は、海洋基本法制定の趣旨に立ち返ってこれらの問題に取り組み、海洋基本法をさらに強力に推進していくこととする。

当面の検討事項は、①海洋基本計画の見直し、②総合海洋政策本部の見直し等海洋基本法推進体制の整備とし、これらの検討事項について、七月の中間取りまとめを目途に、研究会を毎月開催して検討する。

③海洋基本法戦略研究会、次期海洋基本計画に盛り込むべき重要事項について提言

これに従って、海洋基本法戦略研究会は、第二回（三月二九日）から第五回（六月二七日）まで、海洋基本計画の見直しについて一五人の海洋に関する有識者、経済・海洋団体関係者、研究者、ＮＰＯ等から意見を聴取するとともに、総合海洋政策本部事務局及び関係各省からも海洋関係の取り組みについて報告を受けた。そしてこれらを基に海洋基本計画の見直し、および総合海洋政策本部の見直し等海洋基本法推進体制の整備について討論を行った。この中で、総合海洋政策本部長に意見具申をする参与会議が長い間開催されていないことが問題として取り上げられ、その再開について働きかけを行った（18）。

さらに、第五回研究会からは次期海洋基本計画に盛り込むべき施策の重点事項および海洋に関する施策を集中的かつ総合的に推進する体制について審議した。七月三一日の第六回研究会では、次期海洋基本計画に盛り込むべき施策について大筋の内容を固め、案文の詰めを代表世話人、座長に一任し、海洋に関する施策を集中的かつ総合的に推進する体制については、海洋政策委員会（仮称）の内閣府への設置等あるべき姿を議論するとともに、当面の推進体制強化としては、総合海洋政策本部の強化のため参与会議の機能強化（19）および事務局体制の充実を図ることとした。さらに八月一〇日には第三回コア・グループ会合を開いてその内容を固め、参与会議の活動強化や本部事務局の人材・予算面の支援などについて議論した。

八月三一日には、高木代表世話人が総理官邸を訪問し、研究会が取りまとめた『次期海洋基本計画の策定に盛り込むべき重要事項に関する提言』を野田佳彦内閣総理大臣・海洋政策本部長に提出し、その実現を強く要望した（20）。

④参与会議活動再開、第二期海洋基本計画策定に向けて参与奮闘

参与会議は、単に基本計画の策定に際して意見を述べる諮問機関としての役割だけでなく、総合海洋政策本部と直結して、海洋基本計画の施策についての基本的方針とその推進などについて意見を述べる特別な役割がある（4（1）③等参照）。

海洋基本法戦略研究会からの参与会議の役割に関する問題提起を受け、ようやく政府において新しく参与が発令され、五月二四日に第六回参与会議が開催された。参与会議は二〇一二年度に入って本来期待されていた機能を果たすべく再び動き出した。海洋基本法戦略研究会は、再スタートした参与会議のメンバーと連携協力して参与会議の取り組みに協力した。

新たに任命された参与は、新たな海洋立国の実現に熱意を持って取り組み、その奮闘が人々の印象に残る活動を展開した。小宮山宏参与会議座長のリードの下で自発的かつ積極的に新たな海洋基本計画の策定に取り組み、五月から一〇月までほぼ毎月参与会議を開催するとともに、五つのプロジェクトチームを設けて推進すべき海洋施策を検討し、『新たな海洋基本計画の策定に向けての意見』を取りまとめた。その意見書は、一一月二七日に小宮山参与会議座長から野田内閣総理大臣・総合海洋政策本部長に提出された。なお、これに先立つ一一月二〇日には海洋基本法戦略研究会第四回コア・グループ会合で、参与会議における次期海洋基本計画に盛り込むべき施策の検討結果が発表され、意見交換が行われた。

参与会議の意見書は「今後の当面の海洋政策は、海洋再生可能エネルギーや海洋エネルギー・鉱物

資源等を活用した海洋産業の創出と振興、海洋環境の保全及び海洋の安全の確保が特に重要な課題となる。これらの施策を実現していく上での基盤整備を図る観点から、海洋情報の一元化と公開、海洋に関わる人材の育成、海洋の総合的管理等も重要な課題となる」と冒頭に記している。その上で、こうした基本認識の下、関係者も含めて幅広く議論することが特に必要と考える五つの課題（①海洋産業の振興と創出、②海洋情報の一元化と公開、③人材育成、④沿岸域の総合的管理と計画策定、⑤海洋の安全保障）について方向性を示し、それに沿って計画を策定することが必要であるとしている。

⑤政権交代を乗り越えて海洋基本法の戦略研究継続

次期海洋基本計画の検討が進む中で、二〇一二年一二月一六日に衆議院議員選挙があり、政権が民主党から自民党に移った。幸い海洋基本法戦略研究会は、超党派で有識者を交えて議論して制定した海洋基本法という基盤がある。加えて、時の与党が中心になって研究会の運営を行うという共通理解が前回の政権交代のときから形成されている。そのため、海洋基本法戦略研究会は、そのままスムーズに継続し、運営体制を、代表世話人：石破茂（自民）、代表世話人代行：武見敬三（自民）、共同代表：髙木義明、前原誠司（以上民主）、座長：西村康稔（自民）、共同座長：細野剛志（民主）、大口善徳（公明）（以上敬称略）に替えて研究会の活動を継続した(21)。

⑥第二期海洋基本計画案の作成

参与会議の意見書の提出を受け、これを基に参与会議と事務局との間で新たな海洋基本計画の全体像について議論と調整が始まり、さらに参与会議の意見を踏まえて年末から海洋関係省庁との間で海洋基本計画に盛り込むべき施策等について意見調整が行われた。

二〇一三年二月一四日には、海洋基本法戦略研究会の第七回会合が新運営体制の下で開催され、総合海洋政策本部の長田太事務局長が「海洋基本計画の見直しの進捗状況について」報告した。基本計画の前提となる海洋政策をめぐる環境の変化、参与会議の五つの課題を中心とした議論と意見書の提出、今後引き続き議論すべきその他の課題（EEZ・大陸棚の総合的管理の推進、総合海洋政策本部の機能強化ほか）、新たな海洋基本計画の策定に向けた政府の取り組みなどについて報告し、海洋基本計画（案）の全体の骨格を示した(22)。

参与会議は、意見書を総理大臣に提出した直後の一二月五日に第一一回会合を開催してからしばらく海洋基本計画の策定作業を注視していたが、二〇一三年三月二七日に第一二回会合を開催して「新たな海洋基本計画」（素案）について報告を受けて審議した。その後四月初めには「海洋基本計画（原案）」が取りまとめられ、これに関するパブリックコメントには約六〇〇件のコメントが提出された。

（5）第二期海洋基本計画閣議決定（二〇一三）

このような経緯を経て第二期海洋基本計画は、当初の予定より一か月ほど遅れて二〇一三年四月二六日に総合海洋政策本部の審議を経て閣議決定された（表11）。

①第二期海洋基本計画の内容

冒頭の「総論」では、新たな海洋基本計画の策定にあたっては、以下のような取り組み姿勢と目指すべき方向性を基本とする、としている。

・国際協調と国際社会への貢献
・海洋の開発・利用による富と繁栄
・「海に守られた国」から「海を守る国」へ
・未踏のフロンティアへの挑戦

「第一部　海洋に関する施策についての基本的な方針」では、施策の実施状況、海洋をめぐる社会情勢等の変化等を踏まえ、本計画において重点的に推進すべき取り組みとして、①海洋産業の振興と創出、②海洋の安全の確保、③海洋調査の推進、海洋情報の一元化と公開、④人材の育成と技術力の強化、⑤海域の総合的管理と計画策定、⑥その他重点的に推進すべき取り組み（ア　東日本大震災を踏まえた防災・環境対策、イ　気候変動がもたらす北極海の変化に対する取り組み）の六つの取り組みについて重点的に推進する、としている。このうち、①～⑤までが参与会議が重点課題として取りまとめたものに対応している。

さらに、「本計画における施策の方向性」として、海洋基本法の六つの基本理念に沿った施策に「海洋教育の充実及び海洋に関する理解の増進」に関する施策を加えた七つの施策について、施策の方向性を定めている。

「第二部　海洋に関する施策に関し、政府が総合的かつ計画的に講ずべき施策」は、海洋基本法施行

（2）海洋再生可能エネルギーの利用促進
（3）水産資源の開発及び利用
2．海洋環境の保全等
（1）生物多様性の確保等のための取組
（2）環境負荷の低減のための取組
3．排他的経済水域等の開発等の推進
（1）排他的経済水域等の確保・保全等
（2）排他的経済水域等の有効な利用等の推進
（3）排他的経済水域等の開発等を推進するための基盤・環境整備
4．海上輸送の確保
（1）安定的な海上輸送体制の確保
（2）船員の確保・育成
（3）海上輸送拠点の整備
5．海洋の安全の確保
（1）海洋の安全保障や治安の確保
（2）海上交通における安全対策
（3）海洋由来の自然災害への対策
6．海洋調査の推進
（1）総合的な海洋調査の推進
（2）海洋に関する情報の一元的管理及び公開
7．海洋科学技術に関する研究開発の推進等
（1）国として取り組むべき重要課題に対する研究開発の推進
（2）基礎研究及び中長期的視点に立った研究開発の推進
（3）海洋科学技術の共通基盤の充実及び強化
（4）宇宙を活用した施策の推進
8．海洋産業の振興及び国際競争力の強化
（1）経営基盤の強化
（2）新たな海洋産業の創出
9．沿岸域の総合的管理
（1）沿岸域の総合的管理の推進
（2）陸域と一体的に行う沿岸域管理
（3）閉鎖性海域での沿岸域管理の推進
（4）沿岸域における利用調整
10．離島の保全等

表 11　第 2 期海洋基本計画目次

総論

１．海洋立国日本の目指すべき姿
（国際協調と国際社会への貢献）
（海洋の開発・利用による富と繁栄）
（「海に守られた国」から「海を守る国」へ）
（未踏のフロンティアへの挑戦）
２．海洋基本計画策定の意義

第１部　海洋に関する施策についての基本的な方針

１．海洋政策をめぐる現状と課題
（１）海洋基本計画の実施状況
（２）海洋をめぐる社会情勢等の変化
２．本計画において重点的に推進すべき取組
（１）海洋産業の振興と創出
（２）海洋の安全の確保
（３）海洋調査の推進、海洋情報の一元化と公開
（４）人材の育成と技術力の強化
（５）海域の総合的管理と計画策定
（６）その他重点的に推進すべき取組
３．本計画における施策の方向性
（１）海洋の開発及び利用と海洋環境の保全との調和
（２）海洋の安全の確保
（３）科学的知見の充実
（４）海洋産業の健全な発展
（５）海洋の総合的管理
（６）海洋に関する国際的協調
（７）海洋教育の充実及び海洋に関する理解の増進

第２部　海洋に関する施策に関し、政府が総合的かつ計画的に講ずべき施策

１．海洋資源の開発及び利用の推進
（１）海洋エネルギー・鉱物資源の開発の推進

（1）離島の保全・管理
（2）離島の振興
11. 国際的な連携の確保及び国際協力の推進
（1）海洋の秩序形成・発展
（2）海洋に関する国際的連携
（3）海洋に関する国際協力
12. 海洋に関する国民の理解の増進と人材育成
（1）海洋に関する教育の推進
（2）海洋立国を支える人材の育成と確保
（3）海洋に関する国民の理解の増進

第3部　海洋に関する施策を総合的かつ計画的に推進するために必要な事項

1．施策を効果的に推進するための総合海洋政策本部の見直し
（1）参与会議の検討体制の充実
（2）事務局機能の充実
2．関係者の責務及び相互の連携
3．施策に関する情報の積極的な公表

後の海洋の開発、利用、保全等に関する取り組みの進展を反映して記載ページ数が三割増加し、個々の講ずべき施策を見ても、第一期計画と異なり、海洋基本法が定める施策をきちんとカバーし、かつ、取り組み方についても具体的に踏み込んだ内容になってきている。

「第三部　海洋に関する施策を総合的かつ計画的に推進するために必要な事項」は、冒頭に「施策を効果的に推進するための総合海洋政策本部の見直し」を掲げて、「総合海洋政策本部の総合調整機能及び企画立案機能が十分に発揮されるよう」、次のように定めている。

○参与会議の検討体制の充実

海洋基本計画に掲げる諸施策の実施状況等を定期的にフォローアップし、その実施状況等を評価する。また、特に重要と考えられる施策については、社会情勢の変化等も踏まえつつ重点的に検討する。これらの評価・検討を行った上で、新たに必要と考えられる措置等について総合海洋政策本部長に提案する。また、これらの評価・検討が可能となるよう、必要に応じプロジェクトチーム等を設置し、参与以外の幅広い関係者の参画も得ながら、テーマごとに集中的に評価・検討できる体制とする。

○事務局機能の充実

今後重点的に推進すべき海洋産業の振興及び創出等の諸課題に取り組むため、総合海洋政策本部事務局において、関係行政機関（海洋施策以外の分野に係る行政機関を含む）や産業界等との連携を強化する。また、例えば新たに民間や関係行政機関から出向等した職員が中心となって特定の重要課題についての総合調整等を行えるようにするなど、こうした機能を十分に発揮できる体制とする。

これらは、総合海洋政策本部について法律施行後五年を目途として総合的な検討が加えられ、その結果に基づいて必要な措置が講ぜられると定めている海洋基本法附則の規定を受けたものである。第三部では、このほか「関係者の責務及び相互の連携」、「施策に関する情報の積極的な公表」について定めている。

②第二期海洋基本計画についてのコメント

第二期海洋基本計画では、第一期計画五年間における海洋の諸問題への取り組みの進展、並びに海洋基本法戦略研究会、総合海洋政策本部参与会議および事務局などの議論・検討を受けて、かなりきちんと海洋に関する施策についての基本的方針及び具体的施策が定められている。

一例を挙げれば、第一期計画では抽象的な文章にとどまっていた「新たな海洋産業の創出」について、海洋資源開発を支える関連産業、海洋情報関連産業、海洋バイオを活用した産業、海洋観光に分けて施策を具体的に記述している。

また、排他的経済水域についても、「排他的経済水域等の開発等を推進するための基盤・環境整備」という項を設けて、「排他的経済水域等の開発等を推進するため……海域の適切な管理の在り方に関する方針を策定する。当該方針に基づき、総合海洋政策本部において、海洋権益の保全、開発等と環境保全との調和……等の観点を総合的に勘案しながら、海域管理にかかる包括的な法体系の整備を進める」と定めるなど、質的にも海洋基本法への対応が進んできている。

さらに、今回の基本計画では第三部の冒頭に総合海洋政策本部の見直しを取り上げ、その総合調整機能や企画立案機能が十分に発揮されるよう、「参与会議の検討体制の充実」と「事務局機能の充実」が具体的に書き込まれた（①参照）。

特に、参与会議については、諸施策の実施状況等の定期的フォローアップ・評価、重要施策の検討、新たに必要と考えられる措置等についての総合海洋政策本部長への提案など、海洋基本計画の実施段階についても具体的に定め、総合海洋政策推進の一翼を担うその役割を明らかにしている点に注目したい。

本部事務局についても、関係行政機関や産業界等との連携強化、新たに民間や関係行政機関から出向等する職員の活用等による事務局機能の充実を定めているが、参与会議に比べると具体的でなく、今回の見直しが、参与会議の検討体制の充実により重点を置いていることがわかる。

しかし、総合的な海洋政策の推進が本格化してくると、これを推進する事務体制も、単なる連絡調整事務から脱して、施策の総合的推進を先頭に立ってリードしていく役割が求められるようになってくる。本部事務局を含む事務の推進体制については、リード省庁の問題も含めて引き続き検討していくことが求められている。

③第二期海洋基本計画実施への参与会議の取り組み

第二期海洋基本計画を受けて、参与会議は早速取り組みを開始した。七月から四つのプロジェクトチームを設置し、外部有識者の参加も得て、施策の実施状況等を定期的にフォローアップ・評価するための手法や、特に重要と考えられる施策に係る内容の具体化や新たに必要となる取り組みについて集中的に評価・検討した。そして、一二月には『海洋基本計画のフォローアップに関する基本方針』を取りまとめた。二〇一四年五月には、①新海洋産業振興・創出、②海洋調査・海洋情報の一元化・公開、③排他的経済水域（EEZ）等の海域管理の在り方について参与会議意見書を取りまとめ、小宮山座長から山本一太海洋政策担当大臣に提出した。その②海洋調査・海洋情報の一元化・公開では、その後わが国の主要な海洋施策にまで発展した海洋状況把握（MDA：Maritime Domain Awareness）の実現を提案するなど（第二期海洋基本計画第二部四参照）、かなり踏み込んだ内容を提案している。

その後も引き続き、新海洋産業振興・創出、海域の利用の促進等の在り方、海洋環境保全等の在り方、および海洋産業人材育成・教育についてプロジェクトチームを設置して集中的に評価・検討を行い、参与会議意見書をとりまとめて二〇一五年五月に宮原耕治座長から山谷えり子海洋政策担当大臣に提出した。

さらにその後も、海洋基本計画の諸施策に関する実施状況の評価を行うとともに、特に重要な①新海洋産業振興・創出、②海域の利用の促進等の在り方、③海洋環境の保全等の在り方、④海洋科学技術のテーマについてプロジェクトチームを設置して集中的に評価・検討を行い、また、MDAの検討を促進するためフォローアップを行い、平成二七年度参与会議意見書を取りまとめた。

二〇一六年度に入ると、参与会議は、①新海洋産業振興・創出、②海域の利用の促進等の在り方、③海洋観測の強化に必要な活動の特定、④総合的沿岸域環境管理の在り方の四つのテーマについてプロジェクトチームを設置して検討を行った。さらに一〇月からは、これと併せて次期海洋基本計画策定に向けてその主要テーマ等について検討を開始した。

④離島の保全・管理の進展と総合海洋政策推進事務局のスタート

わが国は、六八五二の島嶼で形成されている島嶼国であり、わが国の排他的経済水域（ＥＥＺ）の六割強は本州、北海道、九州、四国の主要四島以外の島々によって保持されている。これらの離島の管理及び振興は海洋政策の重要な分野であるが、第二期海洋基本計画の実施段階においてこれに関して重要な進展があった。

第二期計画では、国境離島の重要性に着目し、わが国の安全や海洋資源の確保・利用を図る上で特に重要な離島（いわゆる「国境離島」）について、その保全および振興に必要な措置を講ずるとしており（第二部一〇離島の保全等（1）イ）、その後の検討を経て、二〇一六年四月「有人国境離島地域の保全及び特定有人国境離島地域に係る地域社会の維持に関する特別措置法（以下、「有人国境離島特別措置法」）」が議員立法で制定されたのである。

有人国境離島特別措置法は、有人国境離島地域が有するわが国の領海、ＥＥＺ等の保全に関する活動の拠点としての機能を維持するため、①有人国境離島の保全、②特定有人国境離島地域の地域社会の維持に関する特別措置を規定している(23)。

政府においても、国境離島の重要性の高まりを踏まえて、海洋政策担当大臣の下に有識者懇談会を設けて施策を検討し、連携協力して法案の制定に取り組み、制定後は七月の総合海洋政策本部第一五回会合で、『海洋管理のための離島の保全・管理のあり方に関する基本方針』の一部を改正して有人国境離島地域に関する取り組みと所要の施策方針を明記した。これに基づいて、二〇一七年度政府予算には、五〇億円の「特定国境離島地域社会維持推進交付金」をはじめとする関連の予算措置が盛り込まれた。

有人国境離島特別措置法は、二〇一七年四月に施行され、これに基づき『有人国境離島地域の保全及び特定有人国境離島地域に係る地域社会の維持に関する基本的な方針』が策定された。四月には内閣官房にあった総合海洋政策本部事務局は、内閣府へ移管され、総合海洋政策推進事務局となった。このことにより同事務局は、企画調整に加え事業執行もできることとなり、有人国境離島特別措置法の施行事務を担当することとなった。

(6) 第三期海洋基本計画策定に向けて

①第二期海洋基本計画の評価

笹川平和財団海洋政策研究所（以下「海洋政策研究所」）(24) は、次期海洋基本計画策定に向けた動きの中で二〇一七年一月、研究所の総合的海洋政策研究委員会（座長：來生新放送大学副学長（当時））の助言の下、大学、研究所、報道機関、NGO等の海洋関係有識者を対象に第二期海洋基本計画の評価に係るアンケート調査を実施した。

調査は、「第二部 政府が総合的かつ計画的に講ずべき施策」（一二施策）と「第三部 海洋に関する施策を総合的かつ計画的に推進するために必要な事項」（三事項）について、回答者が、その専門分野又は関心分野に対して、四段階で評価（1：ほとんど取り組まれていない　2：あまり取り組まれていない　3：ある程度取り組まれている　4：十分取り組まれている）する形式で行われた（表12）。

全体を平均すると「ある程度取り組まれている」と評価されている。だが、第二部の「排他的経済水域等の開発等の推進」（施策2）、「海洋科学技術に関する研究開発の推進等」（施策7）、「海洋産業の振興及び国際競争力の強化」（施策8）に対しては、専門家からは、「あまり取り組まれていない」と厳しい評価が示されている。他方、「海洋の安全の確保」（施策5）、国際的な連携の確保及び国際協力の推進」（施策11）については、専門家もこれに関心のある回答者も、一致して「十分取り組まれている」と評価している。また、第三部の「施策を効果的に推進するための総合海洋政策本部の見直し」（事項1）についても、専門家からは「あまり取り組まれていない」いう指摘を受けた。これはこれに関心のある回答者は参与会議などで議論が開始されていることを評価する一方で、議論の内容を知る専門家からは、その検討内容への不満が示されていると解釈されよう(25)。

施策項目ごとに分析すると、「排他的経済水域等の確保・保全等」（施策3（1））、「国として取り組むべき重要課題に対する研究開発の推進」（施策7（1））のように、全体平均では「ある程度取り組まれている」であるが、専門家から「あまり取り組まれていない」と厳しい評価が示されているものがある。一方、「海洋に関する情報の一元的管理及び公開」（施策6（2））のように、全体平均、専門家、関心のある回答者の評価がそろって「ある程度取り組まれている」と「あまり取り組まれていない」の中間であるものもある。また、「沿岸域における利用調整」（施策9（4））のように、専門家は各地でのルール作りの事例を認識して「ある程度取り組まれている」と評価しているのに対して、関心の

表 12　第二期海洋基本計画の施策ごとの評価

1 海洋資源の開発及び利用の推進	
(1) 海洋エネルギー・鉱物資源の開発の推進	2.9
(2) 海洋再生可能エネルギーの利用促進	2.8
(3) 水産資源の開発及び利用	3.0
2 海洋環境の保全等	
(1) 生物多様性の確保等のための取組	2.7
(2) 環境負荷の低減のための取組	3.0
3 排他的経済水域等の開発等の推進	
(1) 排他的経済水域等の確保・保全等	2.9
(2) 排他的経済水域等の有効な利用等の推進	2.8
(3) 排他的経済水域等の開発等を推進するための基盤・環境整備	3.0
4 海上輸送の確保	
(1) 安定的な海上輸送体制の確保	3.1
(2) 船員の確保・育成	3.2
(3) 海上輸送拠点の整備	3.0
5 海洋の安全の確保	
(1) 海洋の安全保障や治安の確保	3.5
(2) 海上交通における安全対策	3.2
(3) 海洋由来の自然災害への対策	3.4
6 海洋調査の推進	
(1) 総合的な海洋調査の推進	3.0
(2) 海洋に関する情報の一元的管理及び公開	2.5
7 海洋科学技術に関する研究開発の推進等	
(1) 国として取り組むべき重要課題に対する研究開発の推進	2.9
(2) 基礎研究及び中長期的視点に立った研究開発の推進	2.5
(3) 海洋科学技術の共通基盤の充実及び強化	2.7
(4) 宇宙を活用した施策の推進	3.1
8 海洋産業の振興及び国際競争力の強化	
(1) 経営基盤の強化	2.7
(2) 新たな海洋産業の創出	2.7
9 沿岸域の総合的管理	
(1) 沿岸域の総合的管理の推進	3.1
(2) 陸域と一体的に行う沿岸域管理	2.9
(3) 閉鎖性海域での沿岸域管理の推進	3.2
(4) 沿岸域における利用調整	2.8
10 離島の保全等	
(1) 離島の保全・管理	3.1
(2) 離島の振興	2.9
11 国際的な連携の確保及び国際協力の推進	
(1) 海洋の秩序形成・発展	3.1
(2) 海洋に関する国際的連携	3.2
(3) 海洋に関する国際協力	3.3
12 海洋に関する国民の理解の増進と人材育成	
(1) 海洋に関する教育の推進	2.9
(2) 海洋立国を支える人材の育成と確保	2.8
(3) 海洋に関する国民の理解の増進	2.9

注 評価採点基準は「1：ほとんど取り組まれていない」「2：あまり取り組まれていない」「3：ある程度取り組まれている」「4：十分に取り組まれている」の４段階。評価の数値は、全回答者の平均値

ある回答者は、ルールが周知徹底されていない状況を反映してか、「あまり取り組まれていない」と厳しい評価をしているものもある。

この第二期海洋基本計画の評価は、その後の第三期海洋基本計画の検討の際に参考に供された。

②第三期海洋基本計画の策定に向けた検討

二〇一七年三月三〇日、参与会議は、次期海洋基本計画の策定に向けた論点整理等の議論を取りまとめ、次期基本計画における主要テーマとして「海洋の安全保障」「海洋の産業利用の促進」等を取り上げて提言する「意見書」を安倍総理に提出した。

これを受けて四月七日には総合海洋政策本部の第一六回会合が開催され、第三期海洋基本計画の策定に向けた審議が行われた。

席上、総合海洋政策推進事務局は、今後の進め方について「政府としては、参与会議が今秋にも予定している次期基本計画の基本的事項に関する提言を踏まえ、関係省庁の連携・協力の下、速やかに次期海洋基本計画案を作成する。来春を目途に次期海洋基本計画を閣議決定することを目指す」と説明し、次期海洋基本計画策定のスケジュールが明らかになった。

本部長である安倍総理は、「本日、次期海洋基本計画の策定に向けた検討を始めることとしました。海洋基本法制定から一〇年がたちます。周辺海域での外国公船等の領海侵入など、わが国の海洋を巡る情勢は一層厳しさを増しています。わが国が海洋国家として、平和と安全、海洋権益を守り、開かれた安定した海洋を維持・発展させていくためには、時代や環境の変化に目を凝らしながら、固い決意をもって、長期的、体系的な対策を講じていかなければなりません」と述べた。

こうして二〇一八年春の第三期海洋基本計画の閣議決定に向けてその計画案策定のプロセスが公式に始まった。参与会議は早速四月一九日に第三五回会合を開催し、全体的な取りまとめを行う基本計画委員会、およびその下に海洋安全保障小委員会、海洋の産業利用の促進プロジェクトチーム、海洋環境の維持・保全プロジェクトチーム、海洋人材の育成等プロジェクトチームを設置して取り組みを開始した。小委員会等には、参与のほか有識者、関係行政機関の職員にも積極的な参加を求め、二週間に一回はそのいずれかが開催されるというハードなスケジュールが組まれて次期海洋基本計画の在り方について熱心に審議を行った。

海洋基本法戦略研究会（代表世話人：石破衆議院議員）は、これらを受けて、第一六回会合を四月二七日に開催し、第三期海洋基本計画の策定について議論した。この研究会では総合海洋政策本部参与会議の宮原耕治座長が参与会議意見書について、内閣府総合海洋政策推進事務局の甲斐正彰局長が第三期海洋基本計画の策定について発表した。そして私からは海洋政策研究所が一月に有識者を対象に行った調査に基づく第二期海洋基本計画の評価について発表した。

これに続いて八月八日にも第一七回会合を開催し、参与会議の宮原耕治座長が参与会議の検討状況について総括的に説明し、安全保障小委員会の兼原敦子委員長、海洋の産業利用の促進プロジェクトチームの高島正之主査、海洋環境の維持・保全プロジェクトチームの鷲尾圭司主査の代理、海洋人材育成等プロジェクトチームの大和裕幸主査がそれぞれの検討状況を報告した。またオブザーバーとして、内閣府総合海洋政策推進事務局の羽尾一郎局長はじめ政府機関幹部が出席し、第二期海洋基本計画の評価を説明した。さらに、日本経済団体連合会、日本造船工業会、日本海洋政策学会、海洋政策研究所が第三期海洋基本計画の策定にむけた提言・コメントを発表し、海洋産業研究会、日本沿岸域学会等からも資料配布があり、これらに基づいて活発な議論が行われた。

③「第三期海洋基本計画策定に向けた総合海洋政策本部参与会議意見書」とそれを踏まえた原案の策定

参与会議は、基本計画委員会及び小委員会等で次期計画に規定されるべき海洋政策に係る重要事項について精力的に審議を進め、一一月一七日の第三六回会合で第三期海洋基本計画策定に向けた総合海洋政策本部参与会議意見書を取りまとめ、一二月一八日に宮原座長から安倍総理大臣・総合海洋政策本部長と江﨑鉄磨内閣府特命担当大臣（海洋政策）に手交した。

それは、「次期計画においては、海洋に関する施策についての基本的な方針を定めることとし、具体的には、海洋の安全保障、海洋の産業利用の促進、海洋環境の維持・保全、海洋人材の育成等についてその方針を明示するとともに、科学的知見の充実、国際連携・国際協力、北極政策等の諸課題と併せて今後の計画期間内における海洋政策の指針となる計画とすべきである。なお、その際、次期計画のあるべき姿として、政策の理念と方向性を明示し、総合海洋政策本部が、その実務を担う総合海洋政策推進事務局と一体となって司令塔を果たす中で、政府全体としての取り組み及び関係者と連携した取り組みを促し、計画の着実な実行推進体制の構築を図り、国民の理解に資するわかりやすい記述とすることに留意すべきである」としている。

この意見書を受けて、政府においては総合海洋政策推進事務局を中心に関係府省が連携協力して第三期海洋基本計画の策定作業が集中的に進められた。そして、二〇一八年三月末には「海洋基本計画（原案）」が取りまとめられた。この間、参与会議が四回開催されて、次期基本計画の検討状況について報告を受けるとともに意見交換を行った。出来上がった「海洋基本計画（原案）」は、四月七日から二〇日までパブリックコメントに付され、約二〇〇件の意見が寄せられた。それらの概要とそれに対してどのように対応したか（計画を修正する、実施段階で参考にする、既に計画の中で対応している等）が表にまとめられて発表されており、かなりきちんとした対応がされている。

（7）第三期海洋基本計画の閣議決定（二〇一八）

第三期海洋基本計画は、パブリックコメントで寄せられた意見に丁寧に対応した上で、当初の予定より遅れて二〇一八年五月一五日に総合海洋政策本部の了承を経て閣議決定された。第三期海洋基本計画の策定には、参与会議と内閣府総合海洋政策推進事務局が連携協働して取り組み、その結果第二期計画に比べて質量ともに充実した第三期海洋基本計画が策定された（表13）。

①第三期海洋基本計画の内容

冒頭の「はじめに」では、まず海洋基本法施行から一〇年のこれまでの総括をした上で、最近の情勢、現在のわが国の取り組み状況を整理し、海洋に関する施策を推進するに当たっての政府の体制のあり方を述べている。

「第一部 海洋政策のあり方」では、法定記載事項である「海洋に関する施策についての基本的な方針」

の前に「一．今後の一〇年を見据えた海洋政策の理念及び方向性」を置いて、海洋基本法の目的「新たな海洋立国を実現すること」を目指すため「新たな海洋立国への挑戦」を本計画の政策の方向性として位置づけている。

「二．海洋に関する施策についての基本的な方針」では、冒頭に「二－一　総合的な海洋の安全保障」を掲げている。海洋をめぐる安全保障上の情勢およびわが国の海洋権益の広がりを踏まえて、中核である海洋の安全保障に関する施策に、海洋の安全保障に資する側面を有する施策を海洋の安全保障の強化に貢献する基層として加えて、これを「総合的な海洋の安全保障」とし、政府全体が一体となって取り組みを推進する方針を定めている。その基層としては「海洋の安全保障の強化の基盤となる施策（海洋状況把握（ＭＤＡ）体制の確立、国境離島の保全・管理、海洋調査・海洋観測、科学技術・研究開発、人材育成・理解増進）」と「海洋の安全保障の補強となる施策（経済安全保障、海洋環境の保全等）」を取り上げている。

これに続いて「二－二　海洋の主要施策の基本方針」として、①海洋の産業利用の促進、②海洋環境の維持・保全、③科学的知見の充実、④北極政策の推進、⑤国際連携・国際協力、⑥海洋人材の育成と国民の理解の増進を掲げ、これらについての基本的な方針を定めている。このうち北極政策は、初めて主要施策として海洋基本計画に位置づけられた。

「第二部　海洋に関する施策に関し、政府が総合的かつ計画的に講ずべき施策」は、第一期および第二期海洋基本計画が、海洋基本法が定める一二項目の基本的施策について総合的・計画的推進が必要な海洋施策を定めていたのと異なり、第一部が掲げる主要施策を受けて、海洋基本法が定める基本的施策の一部を統合して項目を立てるとともに、海洋基本法の基本的施策には定められていない「海洋

（1）海洋環境の保全等
（2）沿岸域の総合的管理
4．海洋状況把握（MDA）の能力強化
（1）情報収集体制
（2）情報の集約・共有体制
（3）国際連携・国際協力
5．海洋調査及び海洋科学技術に関する研究開発の推進等
（1）海洋調査の推進
（2）海洋科学技術に関する研究開発の推進等
6．離島の保全等及び排他的経済水域等の開発等の推進
（1）離島の保全等
（2）排他的経済水域等の開発等の推進
7．北極政策の推進
（1）研究開発
（2）国際協力
（3）持続的な利用
8．国際的な連携の確保及び国際協力の推進
（1）海洋の秩序形成・発展
（2）海洋に関する国際的連携
（3）海洋に関する国際協力
9．海洋人材の育成と国民の理解の増進
（1）海洋立国を支える専門人材の育成と確保
（2）子どもや若者に対する海洋に関する教育の推進
（3）海洋に関する国民の理解の増進

第3部 海洋に関する施策を総合的かつ計画的に推進するために必要な事項

1．計画を着実に推進するための方策
（1）施策の進捗状況の点検及び見直しによる着実な実施
（2）参与会議の検討体制の充実
（3）事務局機能の充実
2．関係者の責務及び相互の連携
3．施策に関する情報の積極的な公表

おわりに

表 13　第 3 期海洋基本計画目次

はじめに
１．海洋基本法施行後１０年の総括
２．最近の情勢を踏まえた現状認識
（１）最近の情勢
（２）現在の我が国の取組状況
（３）海洋に関する施策を推進するに当たっての政府の体制
（４）第３期海洋基本計画の構成
第 1 部 海洋政策のあり方
１．今後の１０年を見据えた海洋政策の理念及び方向性
（１）理念
（２）方向性
２．海洋に関する施策についての基本的な方針
２－１「総合的な海洋の安全保障」の基本的な方針
（１）海洋の安全保障
（２）海洋の安全保障の強化に貢献する基層
２－２海洋の主要施策の基本的な方針
（１）海洋の産業利用の促進
（２）海洋環境の維持・保全
（３）科学的知見の充実
（４）北極政策の推進
（５）国際連携・国際協力
（６）海洋人材の育成と国民の理解の増進
第 2 部 海洋に関する施策に関し、政府が総合的かつ計画的に講ずべき施策
１．海洋の安全保障
（１）我が国の領海等における国益の確保
（２）我が国の重要なシーレーンの安定的利用の確保
（３）国際的な海洋秩序の強化
２．海洋の産業利用の促進
（１）海洋資源の開発及び利用の推進
（２）海洋産業の振興及び国際競争力の強化
（３）海上輸送の確保
（４）水産資源の適切な管理と水産業の成長産業化
３．海洋環境の維持・保全

状況把握（ＭＤＡ）の能力強化」、「北極政策の推進」を新たに追加して、九項目の施策を定めている(26)。
そこには約三七〇項目の具体的施策が列挙されており、第二期計画の約三二〇項目に比べて項目数が増加するとともに、記載内容も具体性を増している。さらに海洋諸施策の実行性を担保するため、各施策の実施府省名が明記された。

「第三部　海洋に関する施策を総合的かつ計画的に推進するために必要な事項」は、冒頭に「計画を着実に推進するための方策」として、総合海洋政策本部が総合海洋政策推進事務局と一体となって、政府の司令塔としての機能を果たし、計画の実施を推進するとし、総合海洋政策推進事務局は、各施策が総合的かつ計画的に推進されるよう、関係府省の協力を得つつ、その連携を強化する方策を講ずるとしている。また、計画の着実な実施を図るため、施策の進捗状況を把握・評価し、計画的かつ総合的な推進に活かすため、ＰＤＣＡサイクルを活用し(27)、俯瞰的・定量的に把握するための指標を用いた工程管理を行うとしている。さらに、海洋基本計画に掲げた諸施策の実施状況を継続的にフォローしていくため、各施策の実施主体である関係府省は参与会議に積極的に参画するなど参与会議の検討体制の充実、そして事務局機能の充実について定めている。

第三部では、このほか「関係者の責務及び相互の連携」、「施策に関する情報の積極的な公表」について定めている。

②質量ともに充実してきた第三期海洋基本計画

第三期海洋基本計画を手にしてまず感じたのは、第二期海洋基本計画に比べて充実した海洋基本計画が策定されたということである。

特に、「政府が総合的かつ計画的に講ずべき施策」を定めた第二部は、①で示したようにその質量両面にわたる進展は目覚ましい。各具体的施策の項目にその実施を担当する府省名が明記されたことも大きな前進である。実施府省名の明記は、施策の実効性を担保するのに有効なだけでなく、施策に関心を持つ様々なアクターに実施府省名を知らせることによりその連携・協力・協働を誘発する効果が期待できると思われる。

さらに、第三部「海洋に関する施策を総合的かつ計画的に推進するために必要な事項」は、冒頭に「一．計画を着実に推進するための方策」を掲げて懸案となっている計画の着実な推進に力を入れて定めており、評価したい。まず「総合海洋政策本部がその実務を担う総合海洋政策推進事務局と一体となって政府の司令塔としての機能を果たし、その実現を推進していけるよう積極的に取り組む」、「このため、総合海洋政策推進事務局は、各施策が総合的かつ計画的に推進されるよう、関係府省の協力を得つつ、その連携を強化する方策を講ずる」と推進体制の中心を明らかにしている。そして、関係府省に対しても「海洋施策を進めるに当たっては、それぞれの施策につき、権限、ノウハウ、知見、経験等を有する多くの関係府省の責任ある取組が重要であるとともに、関係府省が密接に連携し、政府全体としてそれらの取組を効果的に組み合わせる等、総合的かつ総力を挙げた取組を進めることが求められることから、関係府省はその点を十分認識する必要がある」と明記している。このように関係府省の果たすべき役割にまで踏み込んで定めている点が、第三期計画の「計画を着実に推進するための方策」の注目点のひとつである。

これに関しては、第三期計画は、地球温暖化により北極海の氷の減少が進み各国の取り組みが活発化している最近の情勢を受けて「北極政策の推進」を新たに主要施策に取り上げたが、北極の問題については関係する府省が多い中で、総合海洋政策本部がこれに積極的に取り組んでイニシアチブを発揮してきている。今後の総合的海洋政策推進のモデルケースとして注目したい。

さらに、海洋基本法施行から一〇年が経過してもなかなか取り組みが進まない「排他的経済水域の開発、利用、保全等」等の施策についても、この「計画を着実に推進するための方策」を踏まえて、総合海洋政策本部および総合海洋政策推進事務局が中心となって、関係府省の協力を得て、連携を強化して協働して取り組む体制づくりが必要である。

「計画を着実に推進するための方策」は、PDCAサイクルの活用に当たっても、関係府省、総合海洋政策推進事務局、参与会議の取るべき行動をかなり具体的に定めており、それらの今後の実施状況についても注目して見ていきたい。

いずれにせよ今回の第三期海洋基本計画の策定により、一〇余年前に海洋に関心を持つ政学産民の関係者が海洋基本法研究会に集まり、官の関係者も参加して、一緒になって新しい国際的な法秩序と行動計画の下における海洋の総合的管理と持続可能な開発、利用等について熱心に議論して海洋基本法を制定したその時に、関係者が海洋基本法制定により実現を望んでいた主要な施策の取り組みが、ようやく具体的に動き出してきたと実感した。第三期海洋基本計画の策定に心血を注いで取り組んできた参与会議や総合海洋政策推進事務局をはじめとする関係者の熱意と努力を評価したい。

③計画の着実な推進をリードした総合海洋政策推進事務局の取り組み

②で取り上げた「計画を着実に推進する方策」に拠る取り組みは、実は既に第三期計画の策定段階でも総合海洋政策推進事務局によって行われて成果を挙げている。

まず、第三期計画で取り上げられた「海洋再生可能エネルギー発電設備の整備に係る海域利用の促進に関する法律案」（第三期計画の第二部一海洋の産業利用の促進（一）エ①洋上風力発電）である。この法案は、経済産業省、国土交通省にまたがる施策であるため、総合海洋政策推進事務局が主導して、両省とともに作成し、第三期計画が閣議決定される前の三月に閣議決定して国会に提出した。同法案は一一月に成立した。

同様に、第三期計画の「海洋状況把握（ＭＤＡ）」についても、関係府省が多い中で総合海洋政策推進事務局が主導して、今後の取り組みの方向性及び具体的に実施すべき施策を定めることを目的とする『我が国における海洋状況把握（ＭＤＡ）の能力強化に向けた今後の取組方針』を、第三期計画と同時に総合海洋政策本部決定している。

このように、第三期計画においては、総合海洋政策推進事務局が計画の案文作成だけでなく、それと並行して実際にそれらの施策の推進実施にも力を入れて取り組んできており、第三部の「計画を着実に推進する方策」を自らの行動で示してきたことを高く評価したい。

加えて、総合海洋政策推進事務局は、足並みが十分そろっていない排他的経済水域等の施策についての関係府省との調整においても、各国が世界共有の海洋秩序・国際的枠組の下で進めている海洋の総合的管理等に関する施策を念頭において粘り強く取り組み、基本計画上に今後の施策推進に向けての足場となる記述を確保することに注力したことに敬意を表したい。

④海洋基本法および第三期海洋基本計画に対する海外の関心

わが国が海洋基本法を制定して海洋ガバナンスに取り組んでいることに対しては海外の関心も高い。海洋政策研究所にシンガポール大使館のイサン・チュア首席公使から、閣議決定されたばかりの第三期海洋基本計画について聞きたいと連絡があり、二〇一八年五月三〇日に来訪を受けた。チュア首席公使は、すでに前日に総合海洋政策推進事務局で第三期海洋基本計画の全般的な説明を受けていて、当方からは海洋政策研究所が特に特徴的と考える点についての意見を聴きたいということだったので、それを中心に第三期基本計画について説明し、先方の質問に答えつつ情報・意見交換を行った。その際、チュア公使が総合海洋政策推進事務局を訪れたときには、既にフランスが同じ目的で総合海洋政策推進事務局を訪れていたと言うのを聞いて、「海洋ガバナンス」に対する各国の関心の高さを実感した。そして、世界各国が、国連海洋法条約や持続可能な開発等に関する行動計画などのグローバルな枠組みを共有し、海洋ガバナンスに連携・協力して取り組んでいることを改めて胸に刻んだ。

（8）第三期海洋基本計画からのさらなる発展に向けて

第三期海洋基本計画についての感想と総体的評価について述べてきたが、海洋基本法を制定し、海洋ガバナンスに取り組んできた立場からすると、第三期海洋基本計画は、海洋基本法の目的をまだ十分に達成しているとは言い難い。そこで今後の海洋政策の一層の深化と発展を期待する立場に立って第三期海洋基本計画について感じていることをいくつか述べてみたい。

①海洋基本法に基づく海洋基本計画を

まず、海洋基本法との関係についてである。第一期及び第二期海洋基本計画が海洋基本法の定める基本理念に沿って計画を定めていたのに対して、第三期海洋基本計画は、海洋をめぐる情勢が変化していることを強く意識して、海洋基本法を基盤としつつも、それに昨今の情勢変化を踏まえたアレンジを施して計画を定めている。

総合的な海洋の安全保障

その代表例が、「第一部　海洋に関する施策についての基本的な方針」の筆頭に重要施策として掲げた「総合的な海洋の安全保障」である。最近の海洋をめぐる安全保障上の情勢やわが国の海洋権益の広がりを踏まえ、海洋国家として平和と安定、そして繁栄を達成していくために必要な施策として、「海洋の安全保障」を中核とし、これに「海洋の安全保障の強化の基盤となる施策」と「海洋の安全保障の補強となる施策」を、「海洋の安全保障の強化に貢献する基層」として加えた「総合的な海洋の安全保障」という新たな施策概念を打ち出し、「基本的な方針」を定めている。

これは、まだ縦割り機能別の傾向が強く残るこれまでの取り組みに鑑み、海洋基本法に沿って総合的な海洋政策を強力に推進するための旗印として打ち出されたものと思われる。その意図はそれなりに理解できる。その上で、海洋基本法との関係で気になる点を挙げれば次の通り。

第三期海洋基本計画では、海洋基本法が基本理念と基本的施策の規定で用いている、「セイフティ」と「セキュリティ」の双方の内容を包含する「海洋の安全の確保」を、通常「セキュリティ」の意味で用いられる「海洋の安全保障」に言い換えているが、それについて特に説明がない。また、「総合的な」という言葉の下に、「海洋の安全保障の強化に貢献する基層」という形で海洋の安全保障に資する側面を有する施策をかなり広く包含している。しかし、その中に「海洋環境の保全等」は含まれているが、「排他的経済水域の開発、利用、保全等」などが含まれていないのは理解しにくく、海洋基本法に基づく海洋基本計画としてみるとわかりにくいところがある。これらについてはその運用、そして今後の展開において留意していく必要があると思われる。

海洋の総合的管理

また、第三期計画は、これに続いて、「海洋の主要施策」として「海洋の産業利用の促進」、「海洋環境の維持・保全」、「科学的知見の充実」、「北極政策の推進」、「国際連携・国際協力」、「海洋人材の育成と国民の理解の増進」を掲げて「基本的な方針」を定めている。しかし、「総合的な海洋の安全保障」を含むこれら七つの主要施策の「基本的な方針」は、海洋基本法が定める基本理念にほぼ対応してはいるものの、その中から何故か海洋基本法の重要な基本理念のひとつである「海洋の総合的管理」が抜け落ちている。

しかし、海洋基本法は、海洋の管理は、国連海洋法条約及び持続可能な開発等に関する国際的行動計画の枠組みの下で、海洋の開発、利用、保全等について総合的かつ一体的に行われるものでなければならない（第一条（目的）、第六条（海洋の総合的管理）参照）と定めている。「海洋の総合的管理」は今や世界各国が取り組んでいる「海洋ガバナンス」の基本となる理念である。この理念の下に、各国は、沿岸の陸域、海域を一体として捉えて、公的セクターを中心に住民、漁業、海運、観光、ＮＰＯ、研究者など様々な関係者が参画して取り組む「沿岸域の総合的管理」や、海域の開発・利用・保全等に政府を中心に産学民の関係者も参画して海域計画を策定して取り組む「排他的経済水域等の開発、利用、保全等」等を推進しており、これは重要な基本理念である。

さらに各国は、排他的経済水域（ＥＥＺ）等を管理するために法制度を整備し、ユネスコ政府間海洋学委員会（ＩＯＣ）が開発した海洋空間計画（ＭＳＰ）などの科学的手法を活用し、海洋の総合的管理に取り組んでいる。わが国もそれらを共有して取り組む必要がある。この問題は、第二部の「政府が総合的かつ計画的に講ずべき施策」の柱となる項目立てにも直結しているのでそこでも重ねて考察することとする。

「第二部 政府が総合的かつ計画的に講ずべき施策」の項目立てについての考察（１）

第三期計画は、第二部でも新しい方向性を打ち出している。すなわち、第三期計画は第一部で掲げた主要施策項目を基盤にして、その下に海洋基本法の基本的施策を適宜統合するとともに、最近取り組みが進んできた「海洋状況把握（ＭＤＡ）の能力強化」を新たに項目として加えて「政府が総合的かつ計画的に講ずべき施策」を定めている。

このうち、「海洋資源の開発及び利用の推進」、「海上輸送の確保」、「海洋産業の振興及び国際競争力の強化」の三つの基本的施策を包含する「海洋の産業利用の促進」は、海洋基本法制定に携わった関係者の大きな期待のひとつだった「海洋産業の健全な発展」を第三期で実現しようとする意気込みが感じられる。また、「海洋調査の推進」、「海洋科学技術に関する研究開発の推進等」をまとめた「海洋調査及び海洋科学技術に関する研究開発の推進等」も両者の密接な関係を考えると一つの項目にまとめて施策を定めることに意味があると感じた。しかし、これらの統合項目は、その基となる基本的施策がはっきりと分かる形で取り扱われないと、海洋基本法が定める基本的施策の進捗状況を時系列的に分析することが難しくなるので、その点に留意する必要があることを付け加えておきたい。

「第二部 政府が総合的かつ計画的に講ずべき施策」の項目立てについての考察（2）

他方、「海洋環境の保全等」と「沿岸域の総合的管理」を統合した「海洋環境の維持・保全等」については、その中にまとめられた「沿岸域の総合的管理」は、「海洋環境の維持・保全」だけでなく、地域の様々な関係者が連携協力・協働して沿岸域の開発、利用、保全等に取り組む「海を活かしたまちづくり」に関する総合的な施策であるので、このようなまとめ方には違和感がある。

同様に、「排他的経済水域等の開発等の推進」と「離島の保全等」を統合した「離島の保全等及び排他的経済水域等の開発等の推進」についても、海洋基本法は一二の基本的施策のうち「排他的経済水域等の開発等の推進」を「離島の保全等」より先に規定している。わが国の広大な「排他的経済水域等の開発、利用、保全等」は、これが国際法上の法制度であることを踏まえて科学的知見に基づいてきちんと総合的に管理すべき重要な施策であるので、「離島の保全等」を前面に出した項目名およびそれに重点を置いた内容には違和感を覚える。

②「排他的経済水域等の開発、利用、保全等」の推進について

わが国には、国連海洋法条約に基づいて、海洋の天然資源に関する主権的権利と、施設・構築物、海洋の科学的調査、海洋環境の保護および保全についての管轄権、および条約に定めるその他の権利義務を有する広大な排他的経済水域（ＥＥＺ）がある。しかし、この四〇〇万平方キロにも及ぶ世界有数の海域をＥＥＺが国際法上の制度であることを踏まえて管理する取り組みはなかなか進まない。

第三期海洋基本計画の「排他的経済水域等の有効な利用等の推進のための基盤・環境整備」(28)の内容は、第二期計画の「排他的経済水域等の開発等を推進するため……管理の目的や方策、取り組み体制やスケジュール等を定めた海域の適切な管理のあり方に関する方針を策定する。当該方針に基づき、総合海洋政策本部において、海洋権益の保全、開発等と環境保全の調和……等の観点を総合的に勘案しながら、海域管理に係る包括的な法体系の整備を進める」という記述を掲載し、それを受けたその後の報告書等も踏まえて、「包括的な法体系の整備を進める」とするにとどまっている。

また、国際的には取り組みが進んで国際標準化している「海洋空間計画」についても、検討がなかなか進まず、「その実態の把握に努め、我が国の海域の利用実態や既存の国内法令との関係等を踏まえつつ、その必要性と課題及び利用可能性につき検討を進める」とすることが第三期になってようやく定められた。

これらの施策の実施府省は、「内閣府」となっており、これは総合海洋政策推進事務局を指していると思われる。しかし、広大な排他的経済水域等を総合的に管理するためには、その海域を科学的に調査しそれに基づいて海域の開発、利用、保全等について海洋空間計画（または海域計画）のような総合的な計画を策定して取り組むことが求められている。企画調整等を主たる業務として必ずしも多くない人数で取り組んでいる現状の総合海洋政策推進事務局が中心となって、これらを推進するのは、なかなか容易ではない。このような実施体制の問題が、この施策が中々進展しない大きな原因のひとつになっていると考える。

基本計画の第三部「計画を着実に推進する方策」に従って、総合海洋政策推進事務局の組織を拡充強化して、その中に排他的経済水域等の開発、利用、保全等を政府の中心となって担うに足る体制を構築するか、あるいは、総合海洋政策推進事務局の拡充強化とともに、これと密接に連携して、政府全体として取り組む排他的経済水域等の開発、利用、保全等についてその先頭に立って取り組むリード省庁を指定して取り組む、などの取り組み体制の強化が必要と考える。

さらに、これらの問題は、第三期計画が、第一部で「海洋の総合的管理」を主要施策として取り上げなかったこととも関連していると考えるので、ここに併せて問題を提起して、今後の海洋政策の検討の際の参考に供したい。

（1）【第一回海洋基本法研究会】

日時：平成一八年四月二四日（月）一八：三〇～二〇：三〇

場所：キャピトル東急ホテル「銀の間」

議題：海洋政策の必要性と緊急性

海洋政策研究財団常務理事 寺島紘士

今後の予定等について

（2）第二回から第九回までの各研究会の開催概要は次のとおり。

【第二回海洋基本法研究会】

日時：平成一八年五月一八日（木）八：〇〇～九：三〇

場所：参議院議員会館会議室

議題：国連海洋法条約と日本の対応について

○国連海洋法条約と日本の対応・昨今の情勢等

慶應義塾大学名誉教授 栗林忠男 氏

○海洋政策、特に海洋環境、海洋科学調査等

東京大学海洋研究所教授 小池勲夫 氏

○拡大した管轄海域の競合・競争問題および海洋安全保障問題

海洋政策研究財団会長 秋山昌廣氏

○フリーディスカッション

【第三回海洋基本法研究会】

日時：平成一八年六月八日（木）八：〇〇～九：三〇

場所：日本財団ビル会議室

議題：海洋における技術政策上の課題について

○海洋に関する総合的研究開発推進のための枠組みと人材育成

総合科学技術会議議員 柘植綾夫 氏

東京大学大学院工学系研究科環境海洋工学専攻教授 湯原哲夫氏

○海洋立国実現の鍵となる科学技術の推進

（独）海洋研究開発機構理事 平 朝彦氏

○フリーディスカッション

【第四回海洋基本法研究会】

日時：平成一八年七月一一日（火）九：〇〇～一二：〇〇

場所：東海大学校友会館「阿蘇の間」
議題：各省庁の海洋に関する政策について
○外務省「海洋と外交」
○文部科学省「海洋基本法の策定に向けて―これまでの取組みと盛り込まれることが望ましい事項―」
○環境省「海洋環境の保全について」
○防衛庁「防衛庁の海洋に関する政策について」、
○水産庁「海洋に関する水産政策」
○資源エネルギー庁「経済産業省における海洋関連施策について」
○内閣官房大陸棚調査対策室「大陸棚調査について」
○国土交通省「国土交通省の海洋・沿岸域政策」
○フリーディスカッション

【第五回海洋基本法研究会】
日時：平成一八年九月五日（火）九：〇〇～一一：〇〇
場所：日本財団ビル会議室
議題：海洋政策に盛り込むべき事項について
○海洋基本法の理念
近畿大学農学部教授　小野征一郎 氏
○海洋政策と資源エネルギー問題
（財）日本エネルギー経済研究所専務理事　十市勉氏
○海洋基本法に書き込む基本的な視点と、教育が果たすべき役割
東京海洋大学学長　高井陸雄 氏
○フリーディスカッション

【第六回海洋基本法研究会】
日時：平成一八年一〇月一三日（金）八：〇〇～九：三〇
場所：キャピトル東急ホテル会議室
議題：海洋政策に盛り込むべき事項について
○我が国外航海運の現状と課題
一橋大学学長　杉山武彦氏
○高度海洋利用国家としての日本
京都大学大学院法学研究科教授　中西　寛氏

○ 海洋安全保障 海洋の国家秩序と国際協調
　エヌ・ティー・ティー・データ特別参与　古庄幸一氏
○ フリーディスカッション
【第七回海洋基本法研究会】
日時：平成一八年一〇月二七日（金）　八：〇〇～九：三〇
場所：キャピトル東急ホテル会議室
議題：海洋政策に盛り込むべき事項について
○ 海洋基本法策定に関する意見
（社）日本経済団体連合会　海洋開発推進委員会委員長 伊藤源嗣氏
一橋大学学長　杉山武彦氏
［民間からの意見］
○海運：（社）日本船主協会会長　鈴木邦雄氏
○水産：全国漁業協同組合連合会専務理事　宮原邦之氏
（社）大日本水産会専務理事　石原英司氏
○資源：石油鉱業連盟会長　椙岡雅俊氏
○建設：（社）日本海洋開発建設協会海洋工事技術委員長代理 白須宏氏
○ フリーディスカッション
【第八回海洋基本法研究会】
日時：平成一八年一一月一七日（金）　八：〇〇～九：三〇
場所：ホテルオークラ東京会議室
議題：『海洋政策大綱』について
【第九回海洋基本法研究会】
日時：平成一八年一一月三〇日（木）　八：〇〇～九：三〇
場所：東京全日空ホテル会議室
議題：海洋政策大綱案について
　海洋基本法案について
（３）【第一〇回海洋基本法研究会】
日時：平成一八年一二月七日（木）　八：〇〇～九：三〇
場所：東京全日空ホテル会議室
議題：海洋政策大綱（案）について

海洋基本法案の概要について

（4）平成二七年国勢調査では、日本の有人島数は四一六島（内水面離島である沖島〈滋賀県〉を含む）、無人島は六四三二島である。

（5）七月二〇日は、明治天皇が明治九年に東北巡幸の帰路、軍艦ではなく灯台巡回船「明治丸」に乗船して青森から函館を経て横浜に無事到着された日で、海洋国日本の幕開けを記念する日として一九四一年に「海の記念日」に制定された。それ以来国民に親しまれてきたが、二〇世紀後半からはさらに海の記念日の祝日化を求める国民運動が高まり、ついにその願いが実って一九九五年に祝日法が改正され、一九九六年から七月二〇日は国民の祝日「海の日」となった。その後いわゆるハッピーマンデー法により海の日は二〇〇三年から七月の第三月曜日となったが、七月二〇日は、「海の恩恵に感謝するとともに、海洋国日本の繁栄を願う」（国民の祝日に関する法律二条）本来の「海の日」として国民に親しまれてきている。また、この日は、国連海洋法条約が、わが国について発効した日でもあり、海洋基本法の施行日としてふさわしい日である。

（6）海洋関係団体：日本経済団体連合会、日本船主協会、大日本水産会、全国漁業協同組合連合会、石油鉱業連盟、日本海洋開発建設協会、

海洋関係学会：日本海洋学会、日本沿岸域学会、土木学会、日本船舶海洋工学会、日本水産学会

（7）なお、海洋基本法研究会の代表世話人を務めて海洋基本法の制定に先頭に立って取り組んだ武見敬三氏は、海洋基本法成立の三か月後に行われた二〇〇七年七月の第二一回参議院議員選挙で惜しくも次点となって議席を失ったため、自民党が海洋政策研究財団の二〇〇五年の海洋政策提言を受けて海洋基本法制定に向けた取り組みを開始したときそのスタートボタンを押した中川秀直氏（当時政務調査会長）に代表世話人をお願いし、自らは顧問に退いた。海洋基本法の制定に先頭に立って取り組み、それを実現した武見議員のリーダーシップに対しては、海洋基本法の施行段階でも関係者から大きな期待が寄せられていたが、残念な

がらこのような事態となり、このことはその後の海洋基本法の施行にも少なからぬ影響を与えることとなった。

また、この参議院議員選挙では自民党が大敗し、民主党が参議院の第一党となるなど政治情勢に大きな影響を及ぼした。しかし、海洋基本法の制定は、自民、公明、民主の三党が参加する海洋基本法研究会の審議を経て超党派の議員立法で行われたので、海洋基本法の施行はあまりその影響を受けることなく進められた。

（８）海洋関係団体：日本船主協会、全国漁業協同組合連合会、日本海洋開発建設協会、大日本水産会、全国離島振興協議会、市民がつくる政策調査会

海洋関係学会：日本海洋学会、日本沿岸域学会、土木学会、日本船舶海洋工学会、日本水産学会

（９）「海洋基本計画（原案）に対する意見」は、特に関連国内法制の整備（領海の保安、排他的経済水域・大陸棚の開発・利用・保全・管理等、沿岸域の総合的管理、領域警備と国際海上交通の安全確保等）、先端型産業振興（海洋調査、資源エネルギー、環境、海洋工事等）その他の重要な施策を挙げて意見を提出している。

（10）排他的経済水域等におけるエネルギー・鉱物資源の計画的な開発等の推進、外航海運業における国際競争力並びに日本籍船及び日本人船員の確保など。

（11）この点については第三期海洋基本計画から実施省庁が施策ごとに明記されるようになり一歩前進した。

（12）総合的取り組みを要する重要施策

１．海洋基本計画に明示されたもの

①エネルギー・鉱物資源の計画的開発
②海洋管理のための離島の保全・管理等
③海洋科学技術に関する研究開発の推進等

２．海洋基本計画では必ずしも具体的でないもの

①排他的経済水域（ＥＥＺ）等の開発、利用、保全、管理等の推進
②沿岸域の総合的管理

③海洋調査、情報整備の推進
④海洋産業の総合的振興
⑤「海洋外交」の積極的展開
⑥海洋に関する国民の理解の増進と人材育成

(13)「EEZ等における海洋資源の開発・利用・保全、大陸棚の限界画定、海洋の安全確保、海洋調査の推進、海洋研究開発の強化、沿岸域の総合的管理、海洋に関する人材育成等「海洋基本計画」に基づく取組みを実施し、新たな海洋立国の実現を目指す」(「骨太の方針」第五章四)

(14)海洋に関係する幅広い分野から私を含めて一九人が理事、そのうち東京大学の小宮山宏総長が会長、秋山昌廣海洋政策研究財団会長、栗林忠男慶応義塾大学名誉教授、小池勲夫琉球大学監事の三氏が副会長、また、監事は杉山武彦一橋大学学長、大塚万紗子国際海洋研究所日本支部長となった。

(15)日本海洋政策学会(会長：奥脇直也東京大学名誉教授)は、海洋政策に関する学会活動を着実に展開してきており、二〇一八年には創立一〇周年を迎えて、「第三期海洋基本計画と今後の日本の海洋政策」という海洋基本法制定がきっかけとなって創立されて海洋基本法の下での総合的な海洋政策の推進を学際的研究の面から支えてきた日本海洋政策学会にふさわしいテーマで「日本海洋政策学会創立一〇周年記念シンポジウム」を開催している。

(16)この体制は、途中で髙木氏の入閣で一時川端達夫氏が代表世話人を務め、また、座長が細野氏から前原誠司氏に替わったが、基本的な仕組みは変わらずに二〇一二年一二月の衆議院議員総選挙による政権交代まで続いた。

(17)本提言は、「排他的経済水域および大陸棚の総合的な開発、利用、保全等に関する法制」(骨子案)を示し、それに基づいて、排他的経済水域等の総合的な管理に関する新たな法制の整備を速やかに行うことを提言している。笹川平和財団海洋政策研究所は、これをフォローアップして、二〇一三年度に「排他的経済水域及び大陸棚の総合的な開発、利用、保全等に関する政策提言」を取りまとめて発表している。

https://www.spf.org/opri/profile/investigate˜ocean-policy˜research˜eez.html　参照

(18) 海洋基本法戦略研究会は、参与会議の再開後は、同会議との意見交換会を開催し、あるいは参与会議座長および主要メンバーに海洋基本法戦略研究会への参加を求め、参与会議の取り組みを政学産民がバックアップする協力関係を構築した。

(19) 重要事項の提案・評価機能強化、本部長等への報告のルール化等

(20)『次期海洋基本計画の策定に盛り込むべき重要事項に関する提言』

以下の五項目について具体的な施策を提言した。

1．広大で豊かな我が国の海域を基盤とした新たな国づくり

(1) 海域及びその資源の開発・利用・保全

①海洋資源・エネルギー、②海上輸送、③海洋環境の保全

(2) 海域の開発、利用、保全等に必要な基盤的施策の推進

①排他的経済水域・大陸棚の総合的な管理、②離島等の保全・管理・振興、③海洋調査の推進、④海洋科学技術の研究開発の推進

2．安全・安心で元気のある沿岸社会の形成

① 地方が主体となって取組む、陸域・海域を一体的にとらえた沿岸域総合管理の推進、②海洋由来の自然災害への対策強化、③地方を活性化する沿岸域プロジェクト等の推進

3．海洋産業の振興と人材の育成

①海洋の開発・利用・保全等を担う「新たな海洋産業」の創出、②我が国海洋産業の国際競争力・経営基盤強化、③新たな海洋立国を支える人材の育成

4．海洋の安全の確保と海洋外交の推進

①我が国周辺海域等における海洋の安全の確保、②海上輸送の安全確保、③海洋外交の推進

5．海洋に関する施策の総合的推進体制・法制度等の整備

①総合海洋政策本部・参与会議等の機能強化、②我が国海域の管理法制等の整備・制度化、③海洋教育の推進

(21) 選挙結果を踏まえて、代表世話人には、二〇〇六年に超党派でわが国の総合的な海洋政策について議論して『海洋政策大綱』を取りまとめた時に海洋基本法研究会の座長を務めて二〇〇七年の海洋基本法制定に導いた石破茂自民党幹事長が就任した。そして、石破さんが与党の幹事長の要職にあり超多忙であるので、代表世話人代行に武見敬三参議院議員が就任した。武見さんは、二〇〇六年の海洋基本法研究会の代表世話人を務めてわが国の総合的な海洋政策の推進の先頭に立ってきた。二〇〇七年七月の参議院議員選挙で次点となり、しばらく研究会からも遠ざかっていたが二〇一二年一一月末に繰り上げ当選して研究会の活動にも復帰していた。これまで研究会を主導してきた民主党の高木義明衆議院議員及び前原誠司衆議院議員は世話人共同代表に就任した。研究会の審議を取り仕切る座長には、海洋基本法研究会において海洋基本法制定に取り組んだときから参加してきた西村康稔衆議院議員・内閣府副大臣が就任し、共同座長には、同じく最初から研究会に参加してきた民主党の細野剛志衆議院議員・民主党幹事長、公明党の大口善徳衆議院議員が就任した。

(22) 海洋基本法戦略研究会のメンバーからは、海洋エネルギー・鉱物資源開発、海洋再生可能エネルギー事業創出の推進、排他的経済水域など海域の管理に関する包括的な法整備、産業技術開発と教育・研究の一体的促進、本部機能(総合海洋政策本部、参与会議、事務局)の強化と包括的法整備、事業化・産業化・商業化というステップを踏んだ取り組み、グローバルなマーケットにおける日本の産業の競争力の強化、安全保障と情報の一元化における法整備・予算確保等について意見が述べられた

(23) これらは、国による適切な管理の必要がある土地の買い取り等、離島・EEZ保全活動に利用される港湾・漁港・道路・空港整備、離島と本土を結ぶ航路・航空路の離島住民向け運賃の本土並み低廉化

……等々、いずれも遠隔地にある国境離島をわが国の地域社会の一部として本土並みに保全・維持するために必要なものである。

この法律は、超党派の議員立法で、離島振興法の方式を受け継いで、一〇年間の時限立法で制定されている。

(24) 海洋政策研究財団は、二〇一五年四月に笹川平和財団と合併して笹川平和財団海洋政策研究所となった。

(25)「第二期海洋基本計画の評価に係るアンケート調査」については、『二〇一六年度我が国における海洋政策の調査研究報告書』
https://www.spf.org/_opri_media/publication/ISBN978-4-88404-340-7.pdf　参照

(26) 第三期計画第二部の九項目の施策

1. 海洋の安全保障
2. 海洋の産業利用の促進（「海洋資源の開発及び利用の推進」、「海上輸送の確保」、「海洋産業の振興及び国際競争力の強化」の三つの基本的施策を統合）
3. 海洋環境の維持・保全（「海洋環境の保全等」、「沿岸域の総合的管理」の二つの基本的施策を統合）
4. 海洋状況把握（ＭＤＡ）の能力強化（新規項目）
5. 海洋調査及び海洋科学技術に関する研究開発の推進等（「海洋調査の推進」、「海洋科学技術に関する研究開発の推進等」の二つの基本的施策を統合）
6. 離島の保全等及び排他的経済水域等の開発等の推進（「離島の保全等」、「排他的経済水域等の開発等の推進」の二つの基本的施策を統合）
7. 北極政策の推進（新規項目）
8. 国際的な連携の確保及び国際協力の推進
9. 海洋人材の育成と国民の理解の増進

(27) Plan → Do → Check → Act の 四段階を繰り返すことによって業務を継続的に改善する手法。

(28) 海洋基本法は、「排他的経済水域の開発、利用、保全等」を「排他的経済水域の開発等」と略して表記しており、「開発等」は「開発、利用、保全等」である（海洋基本法第一九条）ことに注意を喚起しておきたい。

第4章

海洋ガバナンスに世界とともに取り組む

この章では、私たちが、国内の取り組みと並行して、海洋に関する国際的な会議に積極的に参画し、国連をはじめとする国際機関、研究機関、各国政府、NGO等の関係者と連携協力・協働して、グローバルおよびリージョナルなレベルの海洋のガバナンスに、どのように取り組んできたかを紹介したい。

1　グローバルレベルの海洋の取り組み

（1）国連における海洋に関する取り組み

①国連の「海洋と海洋法に関する非公式協議プロセス」

私たちが海洋シンク・タンク活動に乗り出した二〇世紀末は、国連や各国の海洋ガバナンスに関する取り組みもスタートしたばかりだった。広大な海洋の開発、利用、保全等を実際にどう進めていくかはまだ手探りの状況だったが、それを推進する仕組みが少しずつ具体化してきた。そのひとつが、一九九九年一一月の国連総会決議により導入された「国際連合における海洋及び海洋法に関する非公式協議プロセス（UNICPOLOS：United Nations Open-ended Informal Consultative Process on Oceans and Law of the Sea）」である（1）。UNICPOLOSは、国連・国連専門機関の加盟国、国連海洋法条約の締約国、国連協議資格を有するNGO、海洋問題に権限を有する政府間機関が参加して行われる協議プロセスである。これが実現した背景には、ボルゲーゼ教授をはじめとする海洋ガバナンスをリードしてきた先人たちの尽力があった。

国連では、毎年、海洋および海洋法に関する問題について、国連総会が国連事務総長の報告を受けて審議し、要すれば必要な決定を行う仕組みになっている。ＵＮＩＣＰＯＬＯＳは、事務総長報告を検討し、総会で検討すべき問題を提案することによりその審議を支援することを目的として設置された。毎年、海洋の世界で人々の関心の高いトピックが取り上げられて協議されるので、世界の海洋関係者にとっては欠かせない会議である（２）。

海洋のガバナンスは、国レベルだけでなく、グローバル、リージョナル、ナショナル、ローカルとすべてのレベルで連携・協働して取り組む必要がある。国連における海洋に関する取り組みは、その全体を束ねるグローバルなレベルの取り組みであり、ＵＮＩＣＰＯＬＯＳは、それにＮＧＯも参加できる重要な機会である。

②国連経済社会理事会ＮＧＯ協議資格の取得

このＵＮＩＣＰＯＬＯＳには、国連経済社会理事会の協議資格（Consultative Status）を有するＮＧＯが参加できることから、日本財団は早速、国連に協議資格申請を提出して二〇〇二年にＮＧＯ協議資格「ロースター（Roster）」を取得した（３）。

さらに海洋政策研究財団も、海洋シンク・タンク活動の発展を踏まえて、二〇〇七年にＮＧＯ協議資格を申請し、翌二〇〇八年七月に経済社会理事会の決定を受けて国連ＮＧＯ資格「特別（Special）」を取得した。この際には、海洋ガバナンスの国際ネットワークの中で協力していたアジア・アフリカ法律協議会（ＡＡＬＣＯ）のバグワット・シン大使からもアドバイスを受け、資格をスムーズに取得することができた。

国連NGO協議資格は、UNICPOLOSへの参加だけでなく、「リオ＋20」、小島嶼開発途上国（SIDS:Small Island Developing States）国際会議」、国連海洋会議等のような大会議、そして国連の主催・企画する会議への参加に必要な資格であり、その後の私たちのシンク・タンク活動に大きな貢献をしている。近年では、国連が海洋に関する取り組みを活発に展開し、それらに国連NGO資格を用いて積極的に参加してきたことが、海洋政策研究財団（現笹川平和財団海洋政策研究所）が世界有数の海洋シンク・タンクとして位置づけられるようになった一因である。

（2）「海洋・沿岸・島嶼の世界フォーラム」結成、海洋を世界的課題に

①「リオ＋10における海洋・沿岸」会議開催

リオ地球サミットから一〇年が経過する二〇〇二年八月末から「持続可能な開発に関する世界首脳会議（WSSD：World Summit on Sustainable Development）が南アフリカのヨハネスブルグで開催されることが決まり、その準備がはじまった。それがたけなわの二〇〇一年頃、WSSDの成果文書案の検討段階で、『アジェンダ21』第一七章に定められた海洋の持続可能な開発に関する行動計画が、次のWSSDの実施計画に継続できるかどうか危ぶまれる状況が発生した。

危機感を抱いたボルゲーゼ教授等が世界の海洋関係者に呼びかけ、二〇〇一年一二月にパリのユネスコ本部で「リオ＋10における海洋・沿岸（Oceans and Coasts at Rio+10）」会議が開催された。この会議には、世界中から海洋関係の国際機関、各国政府関係者、研究機関、シンク・タンク、NGO等の

有志が参集し、日本財団も積極的に参加・協力した。会議は米国デラウェア大学のビリアナ・シシン - セイン教授とユネスコＩＯＣのパトリシオ・ベルナール事務局長が共同議長を務めた。この会議では、参加者が、ＷＳＳＤにおいて海洋について取り上げることの重要性を共有し、その実施計画に『アジェンダ２１』第一七章に定められた七つの分野（第1章7参照）の行動計画を引き続き盛り込んでいくため、力を合わせて取り組んでいくことを全会一致で決議した。このように世界中から官学産民の有志が集まって、ＷＳＳＤの実施計画に海洋に関する行動計画を盛り込むために協力することを約し、その内容・方法を議論したことは画期的な出来事だった。

そこには、「海洋・沿岸・島嶼の世界フォーラム（後の「世界海洋フォーラム」）」の活動をリードしていくビリアナ・シシン - セイン教授をはじめとする、そののち、ともに連携協力して海洋ガバナンスに取り組んでいくこととなる多くの研究者・専門家が参加していて、そこからスタートした人的ネットワークは、その後の私たちの海洋ガバナンスの取り組みの貴重な基盤となった。

②『ＷＳＳＤ実施計画』に海洋の取り組みを盛り込む

二〇〇二年八月二六日～九月四日にヨハネスブルグでＷＳＳＤが開催され、「持続可能な開発」の実現のために貧困、水、エネルギー、食糧など様々な問題が取り上げられて議論された。

その中で実施計画に『アジェンダ２１』第一七章に定められた行動計画を引き続き盛り込んでいくため世界中から集まった海洋関係者は、ハイレベル海洋イベント「海洋のために団結（Uniting for the Oceans - People, Oceans, Stewardship）」を開催し、海洋の重要性を訴えた。

さらに海洋関係者の有志はＷＳＳＤの場で「海洋・沿岸・島嶼非公式調整グループ」を結成し（4）、海洋・沿岸・島嶼に関する行動を実施計画に盛り込むように取り組んだ。このような関係者の熱意と努力が実って、『アジェンダ２１』第一七章の行動計画を今後も続けていくのに十分な内容を『ＷＳＳＤ実施計画』に盛り込むことに成功した（表14）。

この成功が、海洋・沿岸・島嶼に関する行動計画を、さらに二〇一二年の「リオ＋２０」成果文書『我々が求める未来』、そして二〇一五年の持続可能な開発目標（ＳＤＧｓ）を掲げる『持続可能な開発のための二〇三〇アジェンダ』に引き継いで発展させていくことを可能にしたのである。

③「海洋・沿岸・島嶼の世界フォーラム」結成

さらに、このＷＳＳＤでの海洋関係者の熱意と努力は、その後の海洋ガバナンスの取り組みを支える重要な基盤を産み出した。それは、この取り組みにより、海洋の総合的管理と持続可能な開発の推進には海洋関係者の連携協力・協働が重要という認識が世界の海洋関係者の間に高まり、「海洋・沿岸・島嶼非公式調整グループ」をそのためのネットワーク組織に発展させて、「海洋・沿岸・島嶼の世界フォーラム（Global Forum on Oceans, Coasts and Islands：後の世界海洋フォーラム（Global Ocean Forum）」が構築されたことである（5）。「海洋・沿岸・島嶼の世界フォーラム」の共同議長には、「海洋・沿岸・島嶼非公式調整グループ」の共同議長三人が引き続き就任した。

「リオ＋１０における海洋・沿岸」会議から「海洋・沿岸・島嶼の世界フォーラム」結成に至るこれらの活動に積極的に参画したことは、日本財団及びシップ・アンド・オーシャン財団（後の海洋政策研究財団）にとって、その海洋シンク・タンク活動を展開する国際的基盤を築く格好の機会となった。

④海洋・沿岸・島嶼に関する世界会議

「海洋・沿岸・島嶼の世界フォーラム」の目標を達成するため、二〇〇三年一一月に「海洋・沿岸・島嶼に関する世界会議（Global Conference on Oceans, Coasts and Islands：通称、世界海洋会議）がパリのユネスコ本部で開催された（６）。

この会議では、ＷＳＳＤ以後初めて世界の海洋関係者が一堂に会し、ＷＳＳＤ実施計画に盛り込まれた海洋に関する取り組みの促進について議論し、互いの連携協力・協働について協議した。シップ・アンド・オーシャン財団も日本の海洋シンク・タンクとして出席して検討に加わり、国際的取り組みの推進に貢献した。

「海洋・沿岸・島嶼に関する世界会議」は、その後もパリ（二〇〇六年一月）、ハノイ（二〇〇八年四月）、パリ（二〇一〇年五月）と引き続いて開催された。この世界会議には、私も「海洋・沿岸・島嶼の世界フォーラム」運営委員会メンバーとして参画し、会議においてセッション議長等を務め、その運営に深く関わった。

（３）世界海洋フォーラムを中心とした活動展開

世界の海洋関係者は、その後も「海洋・沿岸・島嶼の世界フォーラム」およびその後身の「世界海洋フォーラム（会長：ビリアナ・シシン‐セイン米国デラウェア大学教授）」をプラットフォームとして、

分野	行動	目標達成年数	節
海洋汚染	GPA の実施、特に次のものを促進する ー都市排水 ー生息地の物理的変更及び破壊 ー富栄養化	2002—2006 年	33
	パートナーシップの促進		33（a）
	開発途上国の能力強化		33（b）
	地域行動計画の作成		33（c）
	次の GPA 会議までに実質的な進歩を達成する	2006 年	33（d）
海洋輸送	海上安全の向上及び海洋環境の保護		34
	IMO 諸条約への批准、加入及び実施 ー海上安全 ー海洋環境の保護 ー船底防汚塗料 ー［実施のための強力なメカニズム］		34（a）
	バラスト水中の侵入種を扱う対策		34（b）
科学	放射性廃棄物が環境と人間の健康に及ぼす潜在的影響を考慮し、安全性に関する措置及び規則を検討し及び向上させ、放射性廃棄物の越境移動に関連する責任機構の重要性を強調する		35
	海洋環境の科学的理解と評価を向上させる		36
	海洋科学における科学的、技術的協力を推進する		36（a）
	国連の下で世界的評価と報告のためのプロセスを確立する	2004 年	36（b）
	海洋科学、情報、管理についての能力を構築する ー環境影響評価（EIAs）および環境報告		36（c）
	政府間海洋科学委員会（IOC）と国連食糧農業機関（FAO）を 強化する		36（d）
小島嶼発展途上国（SIDS）	SIDS は環境と発展の両方についての特殊なケースである		58
	バルバドス行動計画の実施を加速させる		58（a）
	持続可能な漁業管理をさらに実施する		58（b）
	SIDS の沿岸域及び EEZ 及び大陸棚の画定，管理並びに地域管理のイニシアチブに関して、SIDS を支援する		58（c）
	海洋と沿岸の生物多様性、淡水プログラムに関する作業プログラムを実施するため、SIDS を支援し能力を醸成する		58（d）
	GPA を実施することにより汚染及び健康への影響を低減する	2004 年	58（e）
	小規模経済に関する WTO の作業において、SIDS に配慮する		58（f）
	持続可能な観光事業に関して、共同体を基礎としたイニシアチブを発展させる	2004 年	58（g）
	障碍及び危機管理、災害予防、ミチゲーション及び準備につい て、SIDS の支援を拡大する		58（h）
	脆弱性指数の完成と運用を支援する		58（i）
	気候変動の影響に対応していくために SIDS を支援する		58（j）
	知的財産制度を実施するため SIDS を支援する		58（k）
	SIDS にとって十分な、適切で環境上健全なエネルギーのサービスを支援する		59
	エネルギー供給とサービスに関する新たな努力を強化し支援す る	2004 年	59（a）
	エネルギー源の有効利用を開発促進する		59（b）
	健康部門で SIDS を支援する		60
	健康医療サービスを支援する		60（a）
	伝染病及び非伝染病を撲滅するために必要な医薬品や技術を利 用可能にするヘルスシステムを支援する		60（b）
	廃棄物や汚染を低減及び管理する努力を支援する		60（c）
	貧困の撲滅を目的とするイニシアチブを支援する		60（d）
	バルバドス行動計画を実施し、完全かつ包括的に評価する	2002 年	61

表 14　WSSD 実施計画（抜粋）

分 野	行 動	目標達成年数	節＊
分野横断的観点	地球生態系の統合的で不可欠な要素である海洋、海、島、海岸域と、それらによる食糧安全保障、持続可能な経済的繁栄及び福祉に対する役割		30
	国連海洋法条約への批准又は加入及び実施		30（a）
	『アジェンダ２１』第１７章の実施を促進する		30（b）
	海洋と沿岸の問題について国連機関の間で調整するメカニズムを構築する		30（c）
	生態系アプローチの適用を促進する	2010 年	30（d）
	国家の水準で、統合的な海洋及び沿岸管理を促進する		30（e）
	地域協力を強化する		30（f）
	漁業と ICAM において開発途上国を支援する		30（g）
	UNICPO プロセスに注目する		30（h）
漁業	持続可能な漁業を達成する		31
	最大持続生産量を実現することのできる水準に漁業資源を維持又は回復する	緊急に、可能な場合には 2015 年までに	31（a）
	国連の協定及び地域的協定に批准、加入、実施する		31（b）
	－１９９５年国連公海漁業実施協定		
	－１９９３年 FAO 遵守協定		
	１９９５年責任ある漁業に関する行動規範を実施する		31（c）
	FAO の国際行動計画（IPOAs）を実施する		31（d）
	－漁獲能力の管理	2005 年	
	－ IUU 漁業	2004 年	
	ストラドリング魚類資源及び高度回遊性魚類資源の漁獲量割当ての際に地域的漁業機関が開発途上国に配慮する		31（e）
	IUU 漁業や設備過剰を助長する補助金を廃止する		31（f）
	援助の調整、協力、パートナーシップを強化する		31（g）
	持続可能な養殖を支援する		31（h）
生物多様性と生態系機能	海洋の保存及び管理を促進する		32
	海岸域の生産性と生物多様性を維持する		32（a）
	ジャカルタ・マンデートを実施する		32（b）
	様々なアプローチやツールを開発及び促進する		32（c）
	－生態系アプローチ		
	－破壊的な漁業実行の排除		
	－海洋保護区域（MPAs）	2012 年	
	－代表者間のネットワーク		
	－生育場及び生育期間の禁漁期／禁漁区		
	－適切な沿岸土地利用		
	－分水界計画		
	－海洋及び沿岸域管理を主要部門に統合する		
	生物多様性（珊瑚礁及び湿地）の喪失をとめる計画の発展		32（d）
	ラムサール条約の実施		32（e）

国連関係の会議、生物多様性条約・気候変動枠組条約の締約国会議等で連携協力・協働して海洋の問題に取り組んできた。その代表的なものを挙げれば次のとおり。

①生物多様性条約第一〇回締約国会議

二〇一〇年一〇月に、名古屋で生物多様性条約第一〇回締約国会議（CBD／COP10）が開催され、厳しい交渉の末、遺伝資源の利用・利益配分に関する『名古屋議定書』が採択された。同会議では、生物多様性のための二〇二〇年に向けた世界目標『愛知ターゲット』が採択され、海洋生物多様性についても、二〇二〇年までに海洋・沿岸域の一〇％を保護区にすること等の新たな目標が設定された。

海洋政策研究財団は、この会議で海洋・沿岸・島嶼の世界フォーラム、生物多様性条約事務局と共同でサイドイベント「オーシャンズ・デー・アット・ナゴヤ（ODナゴヤ）」を開催した。イベントでは、海洋・沿岸・島嶼の世界フォーラムのビリアナ・シシン‐セイン教授、セイシェルのロナルド・ジュモー国連大使とともに私が共同議長を務めた。

「ODナゴヤ」では、二〇一〇～二〇二〇年のCBD戦略計画等の検討、海洋・沿岸生物多様性目標を設定する新しいプロセス開始の要求等を含む「名古屋海洋声明：政治的約束の更新と今後の針路」をとりまとめて発表した。

②「リオ＋20」の成果文書『我々が求める未来』に海洋の行動計画を盛り込む

リオ地球サミットから二〇年後の二〇一二年六月に再びリオ・デ・ジャネイロで「国連持続可能な

開発会議（リオ＋２０）」が開催された。海洋政策研究財団は、国連主要グループのＮＧＯとして議論する内容について事前に提言書を提出し、これに参加した。「リオ＋２０」には、世界中の海洋関係者が集まって、ハイレベルのサイドイベント「オーシャンズ・デー（The Oceans Day at Rio+20）」を開催した（7）。

このイベントには、国際機関トップや各国政府高官を含めて三七五名が出席した。そして、海洋の統合的管理の拡大、食糧安全保障および社会・経済的利益のための漁業の増進、小島嶼国と海の回復力構築および社会・経済的利益の増進、気候変動と海洋酸性化等七項目にわたって、成果文書『我々が求める未来』の中に盛り込むべき海洋に関する行動計画の内容について議論を行った。

私も「パネル二　海洋の統合的管理の拡大」において、海洋基本法を制定して海洋の諸問題の総合的な管理を開始した日本の取り組みを発表した。さらに、『ＷＳＳＤ実施計画』等の東アジア海域での実施に取り組んでいるＰＥＭＳＥＡ（8）の活動について発表し、国、地域レベルの取り組みの重要性を訴えた。

「オーシャンズ・デー」は最後に、「海洋の統合的管理」「気候と海洋」「海洋保護区ネットワークを通じた海洋生物多様性の保護」「食糧安全保障、社会・経済的利益のための漁業の増進」「島嶼国及び開発途上国の能力開発」「すべての海洋汚染の統制」「ブルー・エコノミーへの前進」について、必要な施策を共同議長声明『リオ海洋宣言』として取りまとめた。ビリアナ共同議長が、それをその場で「リオ＋２０」の総括コーディネーターに提出して成果文書『我々が求める未来』に盛り込むことを要請した。

「リオ＋２０」の会議は、「共通だが差異ある責任」の扱いをめぐって、途上国と先進国が対立するなど交渉が難航したが、最終的には、持続可能な開発を達成する上でグリーン経済が重要なツールであるとする成果文書『我々が求める未来』を採択して閉会した。

成果文書では、海洋関係者の要望を受けて、分野横断的な問題のひとつとして独立項目で海洋が取り上げられ、二〇パラグラフにわたって行動計画が書き込まれた。

その冒頭では、以下の基本的事項が定められた。海洋・沿岸域は地球の生態系の基本的な構成要素であり、その保全と持続可能な利用のために必要な行動を取ること、海洋とその資源の保全と持続的利用の法的枠組みを構成している国連海洋法条約等の義務を履行すること、開発途上国の能力開発が重要でありそのための協力が必要であること等である。続いて一七項目にわたって様々な具体的な行動計画が採択された。この中には近年新しく浮上した「海洋酸性化」の問題も取り上げられている。

また、「小島嶼開発途上国（ＳＩＤＳ）」については、「海洋」とは別項目で独立して取り上げられ、バルバドス（一九九四年）、モーリシャス（二〇〇五年）に続いて二〇一四年に第三回目のＳＩＤＳに関する国際会議を開催すること等の行動計画が定められた。

『我々が求める未来』は、持続可能な開発について、経済・社会・環境の三要素を統合して今後どのように取り組んでいくべきかについて、かなり広範かつ具体的に書き込んでいる。全般的な取り組みとして、地域、国、地方のレベルで持続可能な開発戦略を策定・実施することを奨励するとともに、持続可能な開発に関する国連の取り組み体制強化に向けた具体的行動計画として、以下を示した。国連経済社会理事会を国連関係の諸会議の成果を統合的にフォローアップする主要機関として強化すること、持続可能な開発委員会に替わる政府間高級政治フォーラムを設立すること、ＵＮＥＰの役割を強化すること、二〇一五年までに「ミレニアム開発目標」に替わる「持続可能な開発目標」を作成すること等である。

地域、国等についても、その制度的取り組みの必要性を取り上げて奨励している点などは、もっと注目されるべきではないかと考える。

この成果文書には、『リオ海洋宣言』の提言内容がかなり採り入れられた。海洋関係者の努力がそれなりの効果をあげたことを慶びたい。

しかし、『リオ海洋宣言』が強調した「海洋・沿岸の統合的管理」、特に実施段階で重要な役割を担う国および地域レベルでの海洋ガバナンスに必要な「制度的な取り組み（institutional arrangements）の推進」が具体的にはあまり書き込まれなかった。『リオ海洋宣言』は、このことを予見して、最後に「リオ＋２０後の展望」という項目を設け、次のような踏み込んだ提言を行っている。

「我々は、海洋及び沿岸の持続可能な開発が「リオ＋２０」のプロセスの中で十分に取り組まれて来なかったこと、及びこれらが今後一層の注目と具体的行動が必要な主要エリアであることをノートする。次の段階では、①国家レベル及び地域レベルでの海洋、沿岸、並びに国家管轄圏外海域についての海洋ガバナンスの制度的枠組みを再評価すること、②海洋問題を国連システムの最高レベルへ格上げすること、③ＣＣＳ（二酸化炭素海底下貯留）、沖合養殖、深海・沖合の石油・ガス開発、海洋遺伝子資源の採集等新しく出てきた問題について、生態系及び予防的アプローチに基づいて適当な法的及び政策的枠組みを作ること、について緊急に取り組む必要がある。」

③「第三回小島嶼開発途上国国際会議」と「IOネット」設立

国連海洋法条約の下で、太平洋、インド洋、カリブ海等において多くの海域が、そこに点在する開発途上で脆弱な小島嶼国の管轄下に入った。そこでリオ地球サミットの行動計画『アジェンダ21』に基づき、一九九四年に第一回小島嶼開発途上国国際会議が開催され、『バルバドス行動計画』を採択した。第二回小島嶼開発途上国国際会議は、WSSD実施計画に基づいて二〇〇五年に開催され、『モーリシャス戦略』を採択した。

二〇一四年九月には、「リオ＋20」の成果文書『我々が求める未来』に基づいて、国連主催「第三回小島嶼開発途上国国際会議（SIDS2014）」がサモアのアピアで開催された。これには二一か国の首脳を含めて三五〇〇人が参加した。海洋政策研究財団は、国連NGOとして参加し、成果文書『SIDS行動モダリティ推進への道（SAMOA Pathway）』採択にも関わった。

また、ウーロンゴン大学のオーストラリア国立海洋資源安全保障センター（ANCORS）と太平洋島嶼国の関係機関の協力を得て、サイドイベント「島と周辺海域のより良い保全と管理に向けて（For The Better Conservation and Management of Islands and Their Surrounding Ocean Areas）」を開催し、私とANCORSのリチャード・ケンチントン教授が共同議長を務めた。このイベントでは、海洋政策研究財団・ANCORSの共同政策提言「島と周辺海域のより良い保全と管理に向けて」が発表され、その実施のために小島嶼国と国際社会の双方の組織・個人が自主的に参加する国際的な協働ネットワーク「島と海のネット（IOネット：Islands and Oceans Net）」の設立が諮られた。これは参加者の積極的な支持を受けて採択され、「ＩＯネット」が誕生した（９）。

④気候変動枠組条約締約国会議

笹川平和財団海洋政策研究所（以下海洋政策研究所）は、二〇一五年一二月の気候変動枠組条約（ＵＮＦＣＣＣ）第二一回締約国会議（ＣＯＰ２１）に参加し、「オーシャンズ・デー」及びその成果を発表するサイドイベント「意欲的な協定に海洋と沿岸を据える重要性（The Importance of Addressing Oceans and Coasts in an Ambitious Agreement at the UNFCCC COP 21）」（世界海洋フォーラム（ＧＯＦ）、南ア政府、World Ocean Network主催）の開催にＧＯＦ主要メンバーとして取り組んだ。そして、その成果を基に「パリ協定」の作成に参画し、前文に「海洋を含む生態系の保全（integrity）の確保の重要性」を特記することに成功し、海洋が生態系の重要な一部であることが明記された。

続いて翌二〇一六年にモロッコのマラケシで開催された気候変動枠組条約第二二回締約国会議（ＣＯＰ２２）に参加して、世界気候行動計画策定の取り組みの一環として本会議場で「海洋行動イベント（Oceans Action Event at COP22 Marrakesh）」（モロッコ政府、国連食糧農業機関（ＦＡＯ）、ＧＯＦ等主催、ＩＯＣ／ＵＮＥＳＣＯ、笹川平和財団海洋政策研究所、世界銀行等共催）を開催し、今後五年間の緩和・適応策、強制移住、財政支援、能力開発等に関する『海洋と気候に関する戦略的行動計画：二〇一六〜二〇二一』をとりまとめた。

⑤国連海洋会議

二〇一五年九月にニューヨークの国連本部で日本の安倍晋三内閣総理大臣を含む一五〇人を超える

加盟国首脳が参加して「国連持続可能な開発サミット二〇一五」が開催され、「持続可能な開発目標（SDGs）」を掲げる『我々の世界を変革する：持続可能な開発のための二〇三〇アジェンダ』が採択された。

「持続可能な開発目標（SDGs）」は一七の目標とそれを実現するための一六九のターゲットを掲げている。一七のSDGsのうち、特に「目標一三：気候変動及びその影響の軽減」、「目標一四：海洋・海洋資源の保全、持続可能な利用」、「目標一七：実施手段の強化、グローバル・パートナーシップの活性化」等が海洋にとって重要である（表15）。

この中でも、目標一四が、海洋にとって重要であることはいうまでもない。一〇のターゲットを掲げており、目標達成年限を付しているターゲットが多い点にも注目したい（10）。

この海洋関係者が注目する目標一四についての取り組みが、二〇一五年末に大きく動いた。国連総会第二委員会が、「目標一四の実行に関する国連ハイレベル会議」を二〇一七年六月に開催することを決め、国連総会に勧告したのである（11）。

二〇一七年六月、目標一四の実施を促進するための「国連海洋会議」がニューヨークの国連本部で開催された。

国連海洋会議は、五日間にわたって、各国政府代表等が論点について演説する全体会議、参加者が七つのテーマについて意見交換するパートナーシップ・ダイアローグを行い、加えて会議参加者による様々なテーマのサイドイベントが一五〇以上開催された。会議には、国連加盟国、国連専門機関、国際団体、研究機関、NGOなどから大勢の人々が参加した。海洋政策研究所は事前の非公式作業部会・

表 15　持続可能な開発のための 2030 アジェンダ：SDGs（抜粋）

目標 1（貧困）	あらゆる場所のあらゆる形態の貧困を終わらせる。
目標 2（飢餓）	飢餓を終わらせ、食料安全保障及び栄養改善を実現し、持続可能な農業を促進する。
目標 3（保健）	あらゆる年齢のすべての人々の健康的な生活を確保し、福祉を促進する。
目標 4（教育）	すべての人に包摂的かつ公正な質の高い教育を確保し、生涯学習の機会を促進する。
目標 5（ジェンダー）	ジェンダー平等を達成し、すべての女性及び女児の能力強化を行う。
目標 6（水・衛生）	すべての人々の水と衛生の利用可能性と持続可能な管理を確保する。
目標 7（エネルギー）	すべての人々の、安価かつ信頼できる持続可能な近代的エネルギーへのアクセスを確保する
目標 8（経済成長と雇用）	包摂的かつ持続可能な経済成長及びすべての人々の完全かつ生産的な雇用と働きがいのある 人間らしい雇用（ディーセント・ワーク）を促進する。
目標 9（インフラ、産業化 イノベーション）	強靭（レジリエント）なインフラ構築、包摂的かつ持続可能な産業化の促進及びイノベー ションの推進を図る。
目標 10（不平等）	各国内及び各国間の不平等を是正する。
目標 11（持続可能な都市）	包摂的で安全かつ強靭（レジリエント）で持続可能な都市及び人間居住を実現する。
目標 12（持続可能な生産と消費）	持続可能な生産消費形態を確保する。
目標 13（気候変動）	気候変動及びその影響を軽減するための緊急対策を講じる。
目標 14（海洋・海洋資源）	持続可能な開発のために海洋・海洋資源を保全し、持続可能な形で利用する。
目標 15（陸上資源）	陸域生態系の保護、回復、持続可能な利用の推進、持続可能な森林の経営、砂漠化への対処 ならびに土地の劣化の阻止・回復及び生物多様性の損失を阻止する。
目標 16（平和）	持続可能な開発のための平和で包摂的な社会を促進し、すべての人々に司法へのアクセスを 提供し、あらゆるレベルにおいて効果的で説明責任のある包摂的な制度を構築する。
目標 17（実施手段）	持続可能な開発のための実施手段を強化し、グローバル・パートナーシップを活性化する。

準備会合に参加、成果文書に対する事前の意見提出、パートナーシップ・ダイアローグでの意見発表、サイドイベント「ブルー・エコノミーの構築（Addressing Oceans and Climate and Building the Blue Economy）」の共同開催（12）、自主的コミットメントの登録等を行った。

国連海洋会議は、最終日の全体会議で、一四章からなる『行動の要請（Call for Action）』を採択し、七つの「パートナーシップ対話」レポートを共有し、全世界の人々の「自主的コミットメント（Voluntary Commitment）」の登録が既に一三二八に上ることが報告された。そして、ケニヤとポルトガルからの次回二〇二〇年の国連海洋会議のホスト国を務めたいという提案を歓迎して盛会裡に閉会した。

⑥「ＢＢＮＪの保全と持続可能な利用」の協定作成プロセス

二〇一五年六月に国連総会は、「国家管轄圏外区域の海洋生物多様性（ＢＢＮＪ：marine biological diversity beyond areas of national jurisdiction）の保全と持続可能な利用に関する国連海洋法条約の下の国際的な法的拘束力のある文書を作成すべき」とする決議を採択した。ＢＢＮＪの保全と持続可能な利用については、二〇〇四年に国連総会でＢＢＮＪ非公式作業部会（国連総会ＷＧ）の設置が決議されて以来、海洋遺伝資源などの問題を皮切りに法的枠組みの形成について議論されてきた。そして「リオ＋２０」の『我々が求める未来』で「ＢＢＮＪの保全と持続可能な利用について、ＵＮＣＬＯＳの下での新協定の採択を含めて早急に取り組む」と明記され、事態は大きく動いてこの総会決議となった。

この決議に基づいて、国際的な拘束力のある文書の条文案の要素に関して勧告を行うため、政府間会議の開催に先立ち、準備委員会（Prepcom）が設置され、①海洋遺伝資源、②海洋保護区等の海域管理ツール、③環境影響評価、④能力構築・海洋技術移転の四分野について討議した（13）。海洋政策研究所もＮＧＯとしてこれに参加した。特に、準備委員会の議論を方向づけて論点を絞り込んでいく第二回会合では、積極的にその議論に参画した。

会議は、プレナリー（全体会議）と分野ごとの非公式作業グループ（ＩＷＧ：Informal Working Group）会議がいずれも全員出席の会議として交互に行われた。八月三一日―九月一日の「能力構築・海洋技術移転ＩＷＧ会議」では私も発言し、海洋政策研究所の研究・実績が豊富な分野である能力構築・海洋技術移転について次の二つの提言を行った。

まず、海洋政策研究所が日本財団助成を受けて積み上げてきた世界海事大学への奨学制度の実績を紹介し、ＢＢＮＪの問題には、開発途上国、小島嶼国等に対する奨学制度、及び卒業後の卒業生連絡組織の構築、協働活動の実施、さらには専門家のグローバルネットワークの構築等のフォローアップが重要であると提言した。

そして、ＢＢＮＪに関する人材育成には、政府、国際機関、ＮＧＯ、学界、産業界、財団など、すべてのステークホルダーの参加が肝要であることを指摘し、そのようなプラットフォームの一例として、海洋政策研究所が二〇一四年に設立した「島と海のネット」を紹介した。ＢＢＮＪの能力構築にもこのような取り組みの導入が有用であり、今後の審議の参考とするよう求めた。

さらに、第二回会合では、議長の推奨に応えて、「キャパシティ・ビルディングと技術移転：環境影響評価について」及び「持続可能な漁業管理：地域漁業管理機関について」の二つのサイドイベントを国際自然保護連合（ＩＵＣＮ）と共同で開催した。後者については国連食糧農業機関（ＦＡＯ）の協力も得た。いずれのサイドイベントも会場がほぼ満席となる約七〇名の各国・機関の代表が参加して成功裡に開催することが出来た。

これらのサイドイベント開催は、「第二次 公海のガバナンス研究会」（海洋政策研究所・明治大学国際総合研究所共催）(14) が取りまとめた『国家管轄権外区域の海洋生物多様性（ＢＢＮＪ）についての見解』、さらに同研究会における第二回会合への対応の議論を踏まえて行ったものである。

準備委員会は、二〇一七年に入って第三回会合、第四回会合が開催された。海洋政策研究所は、第四回会合でサイドイベント「国家管轄権外区域の能力開発（Capacity Development in Area Beyond National Jurisdiction）」を開催した(15)。しかし、四分野の内容に関する議論はなかなか深まらず、第四回会合では、議論は準備委員会から政府間会議への移行に重点が移り、論点は整理したもののいずれについても結論を出さない準備委員会の勧告が国連総会に提出された。

これを受けて二〇一七年末に第七二回国連総会において、ＢＢＮＪに関する法的拘束力のある文書を交渉するための「政府間会議（ＩＧＣ）」が設置された。二〇一八年九月四日—一七日にＢＢＮＪの政府間会議第一会期、二〇一九年三月二五日—四月五日に政府間会議第二会期、八月一九日—三〇日にＢＢＮＪ政府間会議第三会期が開催された。この間に法的拘束力のある文書（＝実施協定）の案文に関する審議が進んできており、二〇二〇年前半に開催される政府間会議第四会期での成果が期待される。

２　地域レベルの海洋の取り組み

（１）東アジア海域環境管理パートナーシップ（ＰＥＭＳＥＡ）

①ＰＥＭＳＥＡを基盤として東アジア地域における海洋の取り組み開始

ＰＥＭＳＥＡ（Partnerships in Environmental Management for the Seas of East Asia）は、『アジェンダ２１』の実施を促進する「地球環境ファシリティ（ＧＥＦ：Global Environment Facility）」の資金を用いて、東アジアの地域海の海洋汚染対策及び地域の開発途上国の沿岸域管理の支援を目的として、一九九三年一二月に実施機関：国連開発計画（ＵＮＤＰ）、執行機関：国際海事機関（ＩＭＯ）でスタートしたプロジェクトである。そして、一九九九年一〇月からの第二期は、第一期の活動を海洋環境管理と持続可能な開発の促進に拡大し、その実現に向け多様な関係者間のパートナーシップ構築の取り組みを開始していた。

私がマニラにチュア博士を訪問した二〇〇〇年一一月は、ちょうど第二期の取り組みが始まったばかりで、彼が東アジア地域のレベルで、国・地方レベルの取り組みを組み込んで海洋ガバナンスの具体化を目指した取り組みを開始した時だった。

ＰＥＭＳＥＡは、その参加国のサイトでの沿岸域総合管理の実施、地域海での越境環境管理問題などに対する国際的共同取り組みを促進するとともに、参加国の統合的海洋・沿岸政策の立案能力の強化及び国際条約の実施、持続可能な地域協力の強化促進を目指していた。このため彼は、ＰＥＭＳＥ

Aの第二期の取り組みには、GEFの支援対象の開発途上国だけでなく東アジア地域の国々全ての参加と、正式メンバーの各国政府に加えて社会各方面の広範な利害関係者の参加と協力・協働が不可欠と考えていた。そこで彼は、海洋・沿岸域のガバナンスに取り組む日本財団とPEMSEAとの協力を提案するとともに、日本がPEMSEAに参加するように政府に働きかけてくれればありがたいと述べた。これがきっかけとなって、私たちの東アジア地域におけるPEMSEAの活動を基盤とする海洋ガバナンスの取り組みが始まった(16)。

②厦門のPEMSEA主催セミナーでスピーチ

二〇〇二年に入って、PEMSEAが、中国の厦門（Xiamen）で海洋・沿岸の総合管理セミナーを九月に開催するのでスピーチをしてほしいという連絡がチュア博士から入った。このセミナーには、東アジア各国の中央・地方政府関係者、海洋関係シンク・タンク、研究所や国際機関の関係者が参加するという。厦門は、バタンガス（フィリピン）とともにPEMSEA第一期の沿岸域総合管理（ICM）のデモンストレーション・サイトであり、その成功がアジア地域でよく知られていたので期待をもって出席した。そして、「海洋と沿岸の総合管理におけるリーダーシップの形成」というテーマで、日本財団提言『海洋と日本 二一世紀におけるわが国の海洋政策に関する提言』の内容等も紹介しながらスピーチを行った。この会議には、各国の政府高官や関係国際機関の担当責任者などが出席した。加えて、PEMSEAの下で沿岸域総合管理をしている地方政府のネットワーク（RNLG）(17)の自治体の首長や域外からの参加もあり、PEMSEAの活動の広がりとその深さを実感した(18)。

③「東アジア海洋会議二〇〇三」開催

二〇〇三年一二月、東アジアの海洋の持続可能な開発に関する「東アジア海洋会議二〇〇三」（The East Asian Seas Congress 2003）がマレーシアのプトラジャヤで開催された（19）。会議は、海洋問題には各国政府だけでなく、それに加えて社会の各方面の広範な利害関係者の参加と協力・協働が不可欠と考えるＰＥＭＳＥＡの理念を体現するものとなった。

会議は、政府レベルの「閣僚会議」（政府高官会議付帯）とすべての関係者が参加する「東アジア海洋持続可能な開発国際会議」を中心にして行われた。また、サイドイベントとして、ＲＮＬＧフォーラム、学者・研究者による科学的支援専門家会議及びメディア・フォーラムが行われたほか、展示、沿岸管理見学会も行われた。会議には、二七か国、二四国際機関・団体が参加し、一般参加者を加えて参加者は四五〇人を超える盛況であった。

「東アジア海洋会議二〇〇三」は、開会全体会議でフィデル・Ｖ・ラモス元フィリピン大統領等の基調講演があり、その後三日間にわたって「東アジア海洋持続可能な開発国際会議」が行われた。この国際会議は、主要分野の取り組み（テーマＡ）と分野横断的な取り組み（テーマＢ）の二つのテーマの下に行われた。テーマＡでは、海上輸送（主催ＩＭＯ）、陸上起因汚染（主催ＵＮＥＰ／ＧＰＡ）、漁業と養殖（主催World Fish Center）、生物多様性（主催ＵＮＤＰ、ＧＥＦ）の四つのワークショップ、テーマＢでは、地方における総合的管理と連携、技術及び専門知識、資金供給・投資・法人責任、国の沿岸・海洋政策と地域協力取極めの四つのワークショップが開催された。これらのワークショップには、日本からも政府、千葉・神奈川両県、各分野の有識者・専門家も参加して発表等を行った。

シップ・アンド・オーシャン財団は、準備段階から「持続可能な開発達成に不可欠な分野横断的プロセスとアプローチ」を討議するテーマBのワークショップに重点を置いて、PEMSEA事務局と共同で会議の企画、参加者の折衝等を行った。特に、ワークショップ四「国の沿岸・海洋政策と地域協力取極め」はシップ・アンド・オーシャン財団が主催し、私は議長としてワークショップの運営と結果の取りまとめを行い、最終全体会議で討議の結論と勧告を報告した。また、ワークショップ二においても「より良き沿岸・海洋管理のために必要な専門知識の創造」を発表した。

「東アジア海洋持続可能な開発国際会議」では、二〇〇二年のWSSD実施計画を東アジア海域で実施するための戦略策定を念頭に討議が行われ、最後にこれに関する勧告（Recommendation）が取りまとめられた。それを参加国の「閣僚会議」で審議し、『東アジア海域における持続可能な開発戦略（SDS―SEA）』が採択された。『SDS―SEA』は、海洋の持続可能な開発に向けて東アジアが直面している諸問題を明らかにしてそれらに対処するための政策及び技術面での戦略を定めている。「東アジア海洋会議二〇〇三」は、地域として初めて『SDS―SEA』を採択して成功裡に閉幕した。

④PEMSEAのGEFプロジェクトから地域国際機関への発展

このころPEMSEAの活動は、政府だけでなく、地方政府、コミュニティ、企業、大学・研究機関、NGO等社会の各方面の広範な利害関係者がパートナーとして協力・協働する方向で、成果を挙げてきていた。『SDS―SEA』が採択されたのを受けてPEMSEAは、東アジア全体の地域協力メカニズム強化のために、これまで築いてきた社会の各方面の関係者とのパートナーシップをさらに拡充し、協力・協働していく活動を強化した。

そうした中で浮上してきた問題が、ＰＥＭＳＥＡの新しい組織のあり方である。ＰＥＭＳＥＡはＧＥＦ資金による国際プロジェクトとして活動をしてきたが、すでに二期、一〇余年が経過していて、このままの形での事業継続が次第に難しくなってきていた。そこで関係者の議論は、ＰＥＭＳＥＡ自身が東アジア海域の持続可能な開発を推進する地域国際機関に移行するという方向に傾いて行った。

その際最大の問題は、地域国際機関の活動を支える財源をいかに確保するかであったが、既にＰＥＭＳＥＡは、ＧＥＦの支援を中心に据えながらも、ＰＥＭＳＥＡプロジェクトに参加しているパートナー、主としてプロジェクトを実際に行う地方自治体、から協調的な資金調達を積極的に進めてきており、かなりの実績があった。これに加えて地域各国（特に中国、日本、韓国）からの拠出、フィリピンによるＰＥＭＳＥＡ事務局支援、さらにＧＥＦ等からの資金援助の実質的継続等が議論されて、それらについてある程度の目処が立ってきた。これを受けてＰＥＭＳＥＡは、ＧＥＦ／ＵＮＤＰのプロジェクトから地域国際機関へと新たな発展を目指して動き出した。

二〇〇六年一二月、「東アジア海洋会議二〇〇六」が中国の海口で開催された。この会議では、ＰＥＭＳＥＡを『ＳＤＳ—ＳＥＡ』実施のための地域協力メカニズムとして位置づけ、優先的目標やフォローアップ行動を盛り込んだ『東アジア海域の持続可能な開発に関する海口パートナーシップ合意（海口合意）』と新たな協力体制の組織構成や運営手続きを定めた運営協定が採択・署名された。

海口合意は、東アジア海域の各国が、分野別取り組みから総合的な海洋・沿岸域管理へ、危機対処

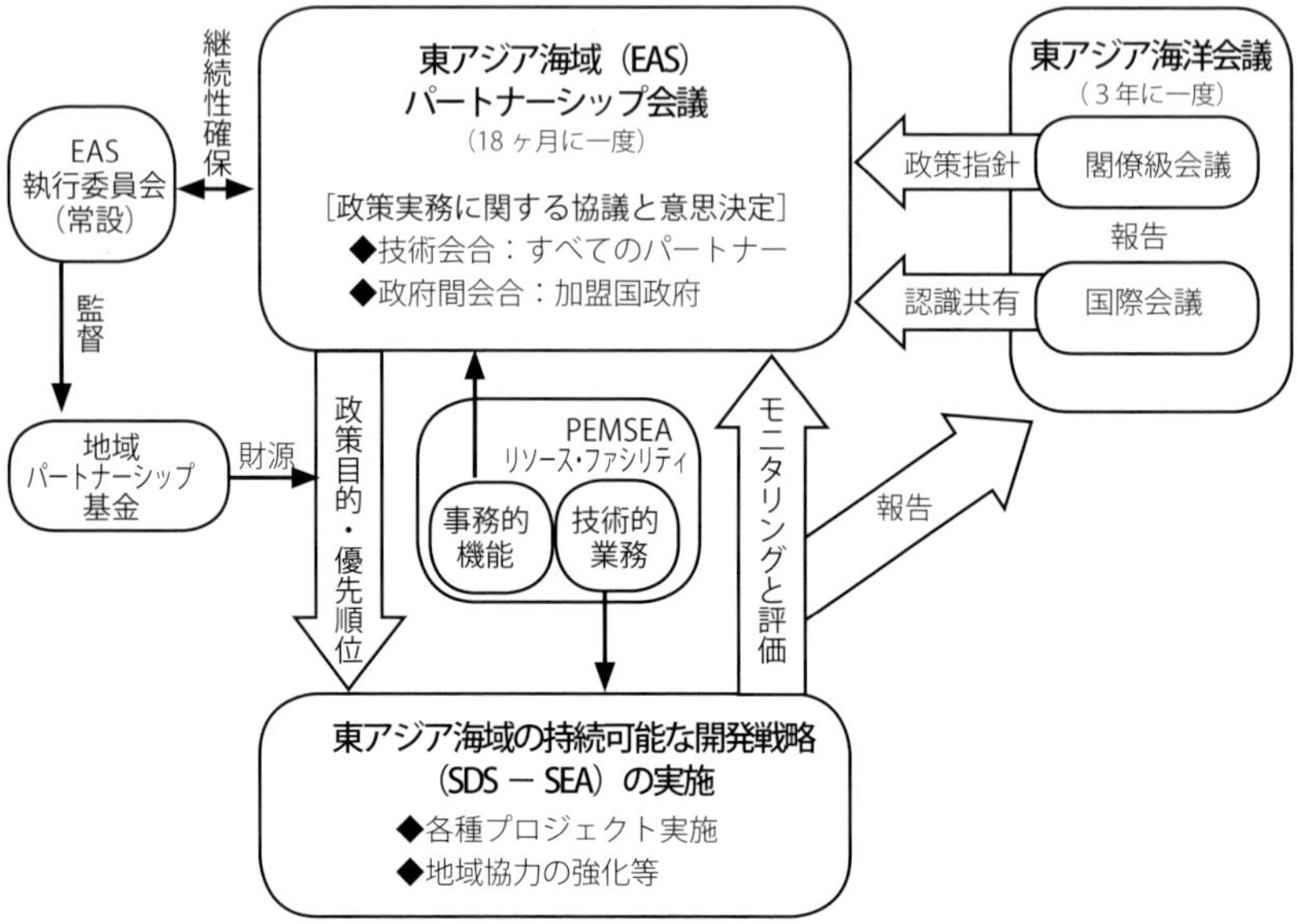

図1 2007年以降のPEMSEAの運営体制

型の対応から長期的な人材育成・能力構築へ、また計画立案から実際のプログラム実施へと転換することを目指している。優先的目標としては、人材育成・能力強化、一〇年単位の地域パートナーシップ計画の採択、東アジア地域全体の海洋・沿岸域の持続可能な開発に向けた取り組み状況を示す「沿岸域の状況（State of Coast）」の作成、沿岸域・海洋の持続可能な開発に向けた国家政策と行動計画の策定・実施、沿岸域総合的管理プログラムの実施が盛り込まれた。

また、運営協定では、東アジア海洋会議の指針の下で政策実務に関する協議と意思決定を行う「東アジア海域パートナーシップ会議（East Asian Seas Partnership Council）」が設置され、これを中心とする新たなPEMSEAの運営体制が構築された。「東アジア海域パートナーシップ会議」には、全てのパートナーが参加して協議して勧告をとりまとめる技術会合

（Technical Session）と、技術会合における検討を基に加盟国政府のみが参加して意思決定を行う政府間会合（Intergovernmental Session）が設けられた（図1）。

そして、そのもとに、日常の活動の継続性を確保するため、パートナーシップ会議議長、技術会合および政府間会合の各議長とＰＥＭＳＥＡ事務局長（20）による執行委員会（ＥＣ：Executive Committee）が設置され、活動の実施をリードしていくこととなった。

⑤ＰＥＭＳＥＡ、地域協力メカニズムに移行開始

ＰＥＭＳＥＡは、二〇〇七年から事務局機能を担うＰＥＭＳＥＡリソース・ファシリティ（ＰＲＦ）を設置し、地域の国家が主導する新しい地域協力メカニズムへの移行を開始した。

中国、日本、韓国の三国は、地域協力メカニズムの活動を支えるＰＥＭＳＥＡの事務局経費を拠出し、フィリピンはそのオフィスを提供した。ＧＥＦ理事会は、六月に、自立組織への移行を進めるＰＥＭＳＥＡの第一フェーズ（三年間）のコスト支援を承認した。

七月には地域協力メカニズムの中核機関である「東アジア海域パートナーシップ会議（ＥＡＳＰＣ）」の第一回会合がインドネシアのマナドで開催された。会議の冒頭に議長（任期三年）の選出が行われ、パートナーシップ会議議長には、これまで事務局長としてＰＥＭＳＥＡプロジェクトをここまで発展させてきたチュア・ティア・エン博士が選出された。そして、技術会合議長には海洋政策研究財団の私が、政府間会合の議長には中国国家海洋局国際合作司の李海清博士が選出された。この三人は、それまで協力してＰＥＭＳＥＡプロジェクトの発展のために取り組んできたので、会議の参加者から新

しい地域協力メカニズムの立ち上がりをリードするのに適任とのお墨付きをいただいたものと思われる。

会議は、四日間にわたって行われ、自立的な地域協力メカニズムの構築を目指して向こう一〇年間の活動とそれを支える具体的な仕組みについて活発な討論が行われた。技術会合の最後には、次回の東アジア海域パートナーシップ会議を、二〇〇七年に海洋基本法を制定した日本で開催することが了承された。

このようにして、PEMSEAの自立的な地域協力メカニズムづくりが始まったが、先ずは『SDS―SEA』の具体的実施の検討と並行して、地域国際機関としての法人格の取得も急務だった。GEF／UNDPでのPEMSEAプロジェクトは、一九九三年以来の長期にわたるため第三期をもって終了となる可能性が高い。『SDS―SEA』の実施に地域が継続して取り組んでいけるようにするためには、二〇一〇年までに法人格を取得して、PEMSEAを地域が支える協力メカニズムとして自立させる必要があった。

⑥「第二回東アジア海域パートナーシップ会議」東京で開催

二〇〇八年七月、東京でPEMSEAの第二回東アジア海域パートナーシップ会議（EASPC）が開催された。私が議長を務めた技術会合は、PEMSEAのパートナーが一堂に会して、『SDS―SEA』の実施等について協議し、意見を取りまとめて政府間会合（Intergovernmental Session）に提案する場である。今回が第二回目の技術会合で、今後の活動の基盤を新しく構築するために、法人格取得を含めて様々な議題を取り上げて議論した。活発な意見交換が行われて会議の進行が大変だったが、ＰＥＭＳＥＡの地域協力メカニズムへの移行に向けて大きな一歩を踏み出すことができた。

ＰＥＭＳＥＡが国際機関として認められるためには、三か国以上がＰＥＭＳＥＡを国際機関として認め、事務所が所在するホスト国フィリピン政府とＰＥＭＳＥＡ本部設置協定を締結することが必要である。会議では、新たな法人格取得の必要性を再確認し、二〇〇九年にマニラで開催する「東アジア海洋会議二〇〇九」の「閣僚フォーラム」において国際機関としての法人格取得を正式発表することを目指して、各国がＰＥＭＳＥＡを国際機関として承認する国内手続きを鋭意進めていくことで一致した。

ＧＥＦ、ＵＮＤＰおよび参加国政府による政府間会合も行われ、技術会合で取りまとめた意見を踏まえて、新ＰＥＭＳＥＡへの行動計画、ＧＥＦ／ＵＮＤＰ／ＵＮＯＰＳの『ＳＤＳ―ＳＥＡ』作業計画および予算等について協議して決定した。

ＰＥＭＳＥＡの主要会議が日本で開催されたのはこれが初めてであり、アジア海域の持続可能な開発に関するアジア諸国と日本の相互理解・協力を深める上でも有意義な会議となった。

⑦「東アジア海洋会議二〇〇九」開催、ＰＥＭＳＥＡに国際的法人格を付与

二〇〇九年一一月にＰＥＭＳＥＡ発展の大きな節目となる「東アジア海洋会議二〇〇九」が、フィリピンのマニラで開催された。会議には、四三か国からおよそ一六〇〇人が参加し、参加国およびパートナー等による展示、ＰＮＬＧフォーラム、ユースフォーラム等も開催された。会議は、会を重ね

るごとに規模が大きくなり、今回の会議の参加者は前回の二倍で、海洋政策研究財団を含めて五〇余の世界、地域の機関・団体がその開催に協力した。日本からは、政府の担当窓口である国土交通省、PEMSEAの非政府パートナーである海洋政策研究財団、国際エメックスセンターをはじめとして多くの機関・組織から一〇〇人近い人々が会議に参加した。

「新しい里海のまち・志摩」を目指す三重県志摩市も、大口秀和市長がバタアンで開催されたPNLGフォーラムに日本から初めてオブザーバー参加するとともに「東アジア海洋会議二〇〇九」の展示会場にもブースを出し、真珠養殖の発祥の地として有名な英虞湾の再生の取り組みを紹介した(21)。

開会式(22)に続いて開催された「国際会議」は、「沿岸・海洋ガバナンス」「自然、人為の災害の予防と管理」「生息地の保護・回復・管理」等六つのテーマを掲げて、その下で二八のワークショップが開かれた。海洋政策研究財団は、テーマ一「沿岸・海洋ガバナンス」の下で、ワークショップ一「沿岸・海洋政策と法律制定：実施と新しい取り組み」を東アジア海洋政策研究機関ネットワーク（OPINEAR）とともに開催した。このワークショップは、「各国の海洋政策」、「沿岸域総合的管理（ICM）のための環境整備」、「国会議員の対談」の三つのセッションからなり、私が議長、チュア博士が共同議長を務め、各国の海洋政策関係者が参加して発表し、有意義な討論が行われた。

二六日には参加者が見守る中でPEMSEAの国際的法人格を認める協定の署名式が行われた。PEMSEA参加国のうち、カンボジア、中国、韓国、インドネシア、フィリピン等八か国が壇上で署名した(23)。これにより、PEMSEAは、自身の法人格で活動し、資金を得ることができるようになり、地域協力機関へ向けて大きな第一歩を踏み出した。これに続いてPEMSEAとフィリピン政府の間でＰＥＭＳＥＡ本部設置協定締結の署名も行なわれた。

この後、「閣僚フォーラム」は、二〇一五年までにＩＣＭプログラムを地域の二〇％以上の沿岸で実施し、七〇％以上の国々で海洋・沿岸政策を採用する、という地域目標の達成のため、一〇の具体的な方策を掲げる『東アジアの海域における持続可能な開発のための沿岸域総合的管理（ＩＣＭ）と気候変動への適応の実施に関するマニラ宣言』を採択した。

⑧『ＳＤＳ―ＳＥＡ』実施のための地域協力機関ＰＥＭＳＥＡの立ち上げ

ＰＥＭＳＥＡが地域協力機関として一本立ちしていくにはさらなる取り組みが必要だった。

二〇一〇年七月に中国の丹東で「第三回東アジア海域パートナーシップ会議」が開催された（24）。地域協力機関としてのＰＥＭＳＥＡのビジョン、ミッション、運営方式等についていろいろな角度から議論が行われたが、結論にたどり着くのは難しかった。

このため、二〇一〇年一〇月にマニラでＰＥＭＳＥＡの第七回執行委員会（ＥＣ）が、さらに二〇一一年三月に北京で第八回が開催されて、地域協力機関としての体制・活動内容を最終的に固める議論を行った。なお、第七回は、政府・非政府のパートナーにも開放して「拡大執行委員会」として開催され、ほとんどの加盟国、八つの非政府パートナーおよびＧＥＦ、ＵＮＤＰ、世界銀行等も参加した。

これらの執行委員会では、①ＰＥＭＳＥＡのガバナンス、②事務局（ＰＲＦ）の財政状態と持続可能性、③ＰＥＭＳＥＡのビジョン・ミッション等が議題として取り上げられ、特に①が最重要議題として議論された。

このうち、PEMSEAの本部をフィリピン国内に置くためのフィリピン政府との間の「本部（設置）協定（HQA）」については、フィリピン政府との間の進捗状況が報告され（25）、二〇一一年中には協定を締結すべく引き続きフィリピン政府に働きかけていくことが決まった。また、懸案となっていた執行委員会の構成の拡大と東アジア海域パートナーシップ会議の議長交代を円滑に行う仕組みについては、議論の末に意見集約が行われた（26）。

⑨「第四回東アジア海域パートナーシップ会議」

二〇一一年七月、「第四回東アジア海域パートナーシップ会議」が、韓国の釜山で開催された。開会式、第三回会議以降の活動経過報告、会議議長報告、事務局長報告に続いて、懸案であった執行委員会の強化について審議し、二回にわたる執行委員会での検討を踏まえて取りまとめられた「執行委員会の構成と回転メカニズム」案が承認された（27）。

早速、新たなルールに基づいて副議長の選出が行われ、すでにこの新ルールに基づいて行われていた予備選考に基づき副議長が次の通り選出された。

東アジア海域パートナーシップ会議：メアリー・シー‐チェン大使（シンガポール）
技術会合：チュル‐フワン・コー　ソウル国立大学教授（韓国）
政府間会合：アナリサ・テ　環境自然資源省次官（フィリピン）

メアリー・シー・チェン大使とはマラッカ海峡の安全問題等で旧知の仲であり、次期会議議長として適任である。アナリサ・テ次官ともＰＥＭＳＥＡの会議で顔なじみである。技術会合副議長のコー教授とは今回が初対面だった。

続いて、ＰＥＭＳＥＡの移行のための「ＳＤＳ－ＳＥＡ実施五か年計画（SDS-SEA Implementation Plan）」、ＰＥＭＳＥＡ事務局再設計計画、ＰＥＭＳＥＡ持続可能な財政計画等について議論した。今後地域国際機関として何を具体的にやっていくか、東アジア海域パートナーシップ会議、執行委員会、事務局（ＰＲＦ）の具体的関係や事務局の構成をどうするか、ＰＥＭＳＥＡの財政的持続可能性をどう確保するか、財政面での参加国の任意であるが積極的な貢献のあり方等々について熱心な議論が行われた。これらの計画は原則的には承認されたが、さらに執行委員会の下で検討して最終化が図られることとなった。

さらに翌二〇一二年には、六月に「リオ＋２０」、七月に韓国のチャンウォン（昌原）で「東アジア海洋会議二〇一二」が開催されることから、それらへの対応が議論された。「リオ＋２０」では、ＷＳＳＤ実施計画等のため『ＳＤＳ－ＳＥＡ』を策定して取り組んでいるＰＥＭＳＥＡの活動を発表し、「東アジア海洋会議二〇一二」では「リオ＋２０」の実施計画を受けた地域実施計画を議論することが提案された。

⑩「東アジア海洋会議二〇一二」で『ＳＤＳ－ＳＥＡ実施計画二〇一二～二〇一六』採択

二〇一二年七月に韓国のチャンウォンで「東アジア海洋会議二〇一二」が開催された。韓国国土交通海事大臣等の出席の下に開会式が行われ、午後から国際会議が始まり、次の五つのサブテーマの下で一四のワークショップが開催され、活発な議論が行われた。

一．地方レベルで沿岸・海洋を基にしたブルー・エコノミーを育てる：機会と挑戦
二．海洋を基にしたブルー・エコノミーを支えるブルー・イノベーションを加速
三．沿岸・海洋の統合的管理を通じてエコシステム・サービスを守る
四．良いガバナンス、よいビジネス
五．沿岸・海洋の統合的管理のための制度的・個人的な技能と能力を満たす

海洋政策研究財団は、その中で二つのワークショップを主催する等会議に積極的に参画・協力した。主催したワークショップのうち、サブテーマ四：ワークショップ一「世界、地域、国レベルにおける沿岸・海洋のガバナンスの新しい方向とイニシアチブ（New Directions and Initiatives for Coastal and Ocean Governance at Global, Regional and National Levels）」（主催：海洋政策研究財団、東アジア海洋政策研究機関ネットワーク）は、「リオ＋２０」での成果文書『我々が求める未来』採択を受けて、これを東アジアにおいて、地域、国レベルでどう実施していくべきかに焦点をあてて開催したものである。

このワークショップは、私とチュア博士が議長を務めた。そして、セッション一では、私が、『我々が求める未来』と『リオ海洋宣言』の概要について説明した。セッション二では、日本、マレーシア、中国、フィリピン、ベトナム、韓国、カンボジア、シンガポール、インドネシアの九か国の沿岸・海

洋政策の策定・実施状況が発表され、これらを基にして今後の取り組みについて議論が行われた。

三日間にわたった国際会議に引き続いて閣僚級会合が開催された。この閣僚級会合は、韓国の国土交通海事大臣が議長を務め、他に四か国からも現職の海洋担当大臣が出席して、ＰＥＭＳＥＡの地域国際機関への移行後初の東アジア海洋会議であることを印象づけた。閣僚級会合は、成果文書『我々が求める未来』を念頭において討論し、これを東アジア海域で実施していくための『ＳＤＳ―ＳＥＡ実施計画二〇一二～二〇一六』採択を宣言する「チャンウォン閣僚宣言」に署名して閉会した。

⑪重要な節目となった「第五回東アジア海域パートナーシップ会議」

二〇一三年七月、マニラで開催された「第五回東アジア海域パートナーシップ会議」は、ＰＥＭＳＥＡの地域国際機関への移行にとって重要な節目となった。会議では、『ＳＤＳ―ＳＥＡ実施計画二〇一二～二〇一六』の地域目標の達成方策、パートナー間の協働・協力を含む具体的な実施内容・方法等今後の国際機関ＰＥＭＳＥＡの活動の展開について検討された。同時に「東アジア海域パートナーシップ会議」の議長、副議長選挙、参加各国の任意の資金拠出の履行等による事務局の財政基盤の確保、比国政府との本部協定締結、事務局長等の募集、監査委員会設置と監査委員の指名、ＰＥＭＳＥＡのＵＮＤＰ実施パートナーとしての認定の取得等、国際機関への移行に必要な措置の仕上げに取り組んだ。その中でも特に重要だったのは、ＰＥＭＳＥＡの意思決定機関「東アジア海域パートナーシップ会議」の各議長、副議長の選挙である。

初日の午前中に全体会合が開催され、開会式、各報告が行われた後、パートナーシップ会議と技術会合、政府間会合の議長、副議長の選挙が行われた。このパートナーシップ会議初代の三議長の任期満了に伴う役員選挙は、規則に基づいて既に四月から選挙手続きが始まり、候補者の推薦・絞り込みを経て、合意形成による候補者の一本化が事前に行われ、パートナーシップ会議において原則全会一致で選出するやり方で行われた。そして、現在の副議長の三氏がそれぞれの議長に選出されるとともに、新たにパートナーシップ会議副議長にアントニオ・ラ・ヴィーニャ学部長（フィリピン、アテネオ・デ・マニラ大学）、技術会合副議長に春成誠理事長（日本、運輸政策研究機構）、政府間会合議長にチャン・チャンハイ局長（中国、国家海洋局国際合作司）が選出され、新体制が発足した。この役員改選により、PEMSEAの生みの親、育ての親であるチュア博士が舞台の表面から一歩退き、PEMSEAの舵取りは、新たにパートナーシップ会議議長に就任したメアリー・シー・チェン大使に引き継がれた。地域国際機関PEMSEAの発展への日本の積極的貢献が期待される中で、日本からは元国土交通省海事局長で国際経験も豊富な春成誠氏が技術会合副議長に選出され、この会議をもって技術会合議長から退く私としても安心して後事を託することができた。

これに続いて技術会合が開催された。私は、政府および非政府のパートナーがともに参加して率直に議論し、PEMSEAとしての意見集約を図る技術会合の議長を六年間務めてきたが、今回が最後の務めとなった。今回の会合では、『SDS–SEA実施計画二〇一二～二〇一六』についてのパートナー間の協働・協力を含む具体的な実施内容・方法の検討に多くの時間が割かれた。パートナー間の協働・協力の促進を図るのが狙いだった。政府（インドネシア、日本、タイの三国）、非政府パートナー（海洋政策研究財団、NOWPAP、UNEP／GPA、IUCN、IOI、ACB、CIの七機関）、協力者（世界銀行、U

ＮＤＰ、国際石油産業環境保全協会、クイーンズランド大学の四機関）が、これにどう取り組もうとしているのか発表した。それぞれがその実施計画について発表する中で、日本政府の海洋基本法に基づく海洋政策の推進と海洋政策研究財団の沿岸域総合管理モデルプロジェクト等の推進の発表には、出席者から大きな関心が示された。

技術会合の後に開催されたＰＥＭＳＥＡの二〇周年記念祝賀会の表彰式で、議長職を退くチュア博士と私は、長年の貢献に対して表彰を受けた。

翌日、政府間会合が行われ、技術会合における議論の取りまとめを踏まえて、フィリピンとの本部協定の最終化、監査委員会の設置と監査委員の指名、参加各国のＰＥＭＳＥＡへの任意拠出によるオーナーシップの確認、事務局長、政策・計画部長、事務局コアスタッフの募集等ＰＥＭＳＥＡの国際機関への移行に関する懸案事項、「東アジア海洋会議二〇一五」に合わせて開催される閣僚級会合のテーマとその運営のあり方、二〇一三〜二〇一四事業計画・予算等について検討を行い、必要な決定を行った。

すべての議題の審議が終了した後、最後にチュア博士がパートナーシップ会議の議長退任の挨拶をし、私も、技術会合議長在任中の各国の参加者の円滑な議事運営への協力に感謝し、新議長・副議長のリーダーシップの下で、ＰＥＭＳＥＡをさらに発展させていってほしいと退任の挨拶を述べた。

⑫思い出に残る「東アジア海洋会議二〇一五」

二〇一五年一一月にベトナムのダナンで「グローバルな目標　ローカルな利益（Global Targets Local

Benefits)」をスローガンに掲げる「東アジア海洋会議二〇一五」が開催された。私は、PEMSEAの非政府パートナーである笹川平和財団海洋政策研究所（28）の所長として参加した。

海洋政策研究所は、開会式に続いて開催された様々な人々が参加する「国際会議」において海洋ガバナンス、沿岸域総合管理の二つのワークショップを開催した。

海洋ガバナンスのワークショップは、私とチュア博士（東アジア海域パートナーシップ会議名誉議長）が共同議長を務め、私が「海洋ガバナンスの発展（Development of Ocean Governance at National and Local Level under Framework of UNCLOS, the Future We Want and SDGs）」というタイトルで基調講演を行った。基調講演に続いて、九か国（29）の政府と研究機関・大学の関係者がそれぞれの海洋政策の取り組みについて発表した。沿岸域総合管理のワークショップは、松田治広島大学名誉教授と古川恵太海洋政策研究所海洋研究調査部長が共同議長を務め、來生新放送大学副学長の基調講演に続いて、志摩市、小浜市、備前市、国際エメックスセンターがそれぞれの取り組みを発表した。

国際会議に続いて東アジア一一か国の閣僚級会合が開催され、PEMSEAのポスト二〇一五戦略目標（30）と『SDS―SEA二〇一五』を承認する『ダナン合意書（Da Nang Compact）』を採択して各国代表がそれに署名をした。

「東アジア海洋会議二〇一五」では、PNLG会議、ユースフォーラム等や、沿岸域総合管理の地域活動を視察するフィールドトリップも行われた。六日間の会議には、合わせて八〇〇人を上回る人々が参加した。

私も、PEMSEAでの二〇年近くの活動で知り合った多くの人々やエコノミスト誌アジア太平洋編集長のチャールス・ゴダード氏等と再会して旧交を温め、今後の協力について話し合うことができた。二〇年近くになるＰＥＭＳＥＡとの協働の終盤を飾る有意義な会議となった。

（２）東アジア地域海洋政策研究機関ネットワーク「ＯＰＩＮＥＡＲ」設立

①東アジアの海洋政策研究機関の会合開催を提案

私は、グローバル、リージョナルなレベル、そして二国間、多国間の海洋に関する様々な会議に参加してきた。それらには、それぞれの政府に助言し、時には自らの意見を述べる各国の海洋研究機関やシンク・タンク関係者も出席していて、彼らと接する機会が増えるにつれて、互いの共通の関心事項について意見を交わすようになっていった。

そして、ある時ふと次のような考えが湧いてきた。海洋に関する政府間の会議はかなり頻繁に行われているが、海洋政策について政府に助言し、政策提言をしている海洋研究機関、シンク・タンクの間では集まって討論するようなことはあまり行われていない。海洋政策にそれなりの知見を有する海洋研究機関同士が時々集まってお互いに自由な意見交換や共同研究をすることは、自身のためになるばかりでなく、海洋ガバナンスの円滑かつ効果的な遂行に貢献するのではないか。

そこで早速、東アジア地域の研究機関等の友人や知人に海洋政策研究機関の会合開催を打診してみた。すると、海の世界で著名なハシム・ジャラール大使（インドネシア・ＣＳＥＡＳ）、チュア・ティア・エン博士（ＰＥＭＳＥＡ）をはじめ各方面から予想を上回る賛同の反響が返ってきた。

②東アジアの海洋政策研究機関会合開催、「OPI–NEAR」発足

これを受けて、海洋政策研究財団は、東アジアの海洋政策研究機関の代表を東京に招いて二〇〇八年二月に「東アジアの海洋政策研究機関会合（The Forum for Ocean Policy Institutes in East Asia）」を開催した(31)。これが東アジア地域海洋政策研究機関ネットワーク「OPINEAR」の始まりとなった。

この会合には構想段階から相談に乗ってくれた盟友のチュア博士が有識者として参加して建設的な議論の形成に貢献してくれた。会合は、私が議長、チュア博士が共同議長となって、まず各機関がそれぞれの国の沿岸・海洋ガバナンスの状況とイニシアチブ、役割、そして自身の活動について発表した。その後、海洋政策研究機関の地域ネットワークの必要性や展望について議論し、沿岸・海洋ガバナンスに関する地域協力を促進するために地域ネットワークを設立することを満場一致で合意した。続いて、ネットワークの具体的なあり方を議論して、その性格は、インフォーマル・フレキシブル・非政府、目的は、実用的（pragmatic）・効率的情報・経験の交換、共同研究、人材育成とすることとした。ネットワークの組織は、会合に参加した六研究機関でスタートして徐々に東アジアの関心のある研究機関に開放して拡大することとした。また、地域に大きな影響力のある個人・政府関係者をリソース・パーソンとして招待し得ることを決めた。

そして、要請を受けて、海洋政策研究財団がネットワークのコーディネーターを務め、事務局を向こう三年間引き受け、ホームページを立ち上げることになった。会合は、メンバー機関が回り持ちでホストを務めて定期的に開催することとし、次回はマレーシア海洋研究所がホストとなって二〇〇八年に開催することとなった。また、PEMSEAのような世界・地域の組織またはプログラムとの協

働を検討することとした(32)。

このようにこの会合では、東アジア地域における海洋政策推進に向け、参加者がこのネットワークについて熱心に議論し、大きな成果を挙げた。

③ＯＰＩＮＥＡＲ第二回会合をマレーシアで開催

第二回会合が二〇〇八年一一月にマレーシアのクアラルンプールで開催された(33)。会合は私が議長、マレーシア海洋研究所のダトー・チー・コン・ウェイ所長が共同議長に選出されて、議事を進行した。

会合では、ネットワークの正式名称を、事前調整で合意された「東アジア地域海洋政策研究機関ネットワーク（ＯＰＩＮＥＡＲ：Ocean Policy Institutes Network of East Asia Region）」とすることを正式に決定し、地理的範囲を東アジアとし、一国から二つ以上の研究機関の参加を受け入れ得ること、地域・国際機関をオブザーバーとして、また海洋政策の有識者をリソース・パースンとして受け入れ得ることを再確認した。各機関がそれぞれの活動を発表し、東アジア海洋会議二〇〇九への参加等について合意した。

④ＯＰＩＮＥＡＲ第三回会合を韓国で開催、『ソウル声明』採択

ＯＰＩＮＥＡＲ第三回会合は、二〇一〇年二月に韓国のソウルで開催された(34)。私が議長、韓国海洋水産開発院のジョン‐ヒー・ガン院長が共同議長を務めた。今回は、研究協力の仕方、具体的な共同研究課題等について議論するとともに、メンバーが協力して取り組んでいく具体的活動とその方向を示した『ソウル声明』を採択した(35)。

『ソウル声明』は、経済発展や気候変動への対応に海洋が果たす重要な貢献と価値にかんがみ、地域の沿岸・海洋の政策および法律の開発・採択・改善を加速させること、並びに沿岸・海洋の統合的な計画・管理を国・地方の議題に組み込む活動に一致協力して取り組むことを強調した。また海洋の経済・社会・環境への貢献の社会への発信、海洋産業の持続可能な成長促進、地域の取り組みを支援するガイドラインの開発・ケーススタディの実施、地方・国・地域レベルの人材育成とそれに関連する沿岸・海洋ガバナンスのツールと技術の強化、地域海のセキュリティの促進を取り上げている。

⑤OPINEAR第四回会合をシンガポールで開催等

OPINEAR第四回会合は、二〇一一年一一月にシンガポールでナンヤン工科大学のS・ラジャラトナム国際研究院(RSIS)がホストとなって開催された(36)。この会合は、シンガポール大学の国際法センターも共同でホストを務めた。議長に私、共同議長にRSIS対外プログラムのクワ・チヨン・グゥアン部長とシンガポール大学国際法センター(CIL)のロバート・ベックマン所長・教授が選出された。

第一日「政策と機関での経験を共有する(Sharing Experiences on Policy and Institutions on Ocean and Coastal Governance)」の冒頭にシンガポールの政府機関が、沿岸・海洋ガバナンスに関する政策やその担当機関について発表し、シンガポールの積極的な取り組みをアッピールした。

それに続いて、メンバー機関が海洋・沿岸ガバナンスに関するそれぞれの取り組みや提案を発表した。その中で海洋政策研究財団は、最近の日本の海洋政策の発展と自身の国レベル・国際レベルのネットワーキング（日本海洋政策学会、国連、Global Ocean Forum、ＰＥＭＳＥＡ等）を紹介してそれらの意義を示すとともに、メンバー間の協力として、国レベルの海洋政策の発展に関するシンポジウムの開催、研修コースの実施を提案した。

第二日も東アジアの海において国境を越えて共通する問題に地域全体でどう取り組むかメンバーによる発表と討論が続いた。その中で、二〇一二年に韓国で開催される「東アジア海洋会議二〇一二」においてワークショップを開催すること、ＯＰＩＮＥＡＲのウェブサイト（http://www.opinear.net/）の一層の充実とそれを通じた交流を図ること等も熱心に議論された。また、この会合でオーストラリアのＡＮＣＯＲＳがオブザーバーメンバーとして承認された。

その後、「東アジア海洋会議二〇一二」で成果文書『我々が求める未来』を東アジアの地域・国レベルでどう実施していくべきかのワークショップを海洋政策研究財団とともに開催した。また二〇一三年には東京で海洋政策研究セミナーを開催した。

⑥ＯＰＩＮＥＡＲ第五回会合を東京で開催等

二〇一四年二月、第五回会合が東京で開催された（37）。会合は、私が議長、チュア博士が共同議長を務めた。

会合ではメンバー機関とＰＥＭＳＥＡが、最近の海洋ガバナンス・沿岸域総合管理・海洋セキュリティなどの海洋政策の発展とそれぞれの活動について発表し、続いてそれらを促進する方策や地域の枠組について討論した。さらにウェブサイトを通じた情報共有や情報の対外発信の方法について討論するとともに、セミナー・シンポジウムの各年開催、それぞれの訓練プログラムへの他メンバーの招待等について検討した。

席上、ベトナムの海洋研究機関のＯＰＩＮＥＡＲへの参加と二〇一五年の次回会合のベトナム開催が検討され、これに基づいて働きかけを行ったが、先方は「東アジア海洋会議二〇一五」の開催に追われていてその余裕がなく、残念ながら会合のベトナム開催は実現しなかった。しかし、ＯＰＩＮＥＡＲメンバー間の交流は、ベトナムのダナンで開催された「東アジア海洋会議二〇一五」の際にも活発に行われた。

⑦ＯＰＩＮＥＡＲのその後の動きと今後への期待

このようにＯＰＩＮＥＡＲは、地域の海洋政策研究機関が集まって東アジアの海洋ガバナンスについて自由・率直な意見交換をするネットワークとして活発に活動を展開してきた。

しかし最近アジアの海をめぐる情勢が厳しさを増す中で、ＯＰＩＮＥＡＲの活動はしだいに求心力を低下させてきた。その活動は次第に低調になってきて現在では残念ながら活動停止状態となっている。その原因は必ずしも明確ではないが、社会情勢の変化とともに、発足当時からＯＰＩＮＥＡＲの活動をリードしてきた研究者・有識者が、私も含めて、第一線を離れたことなどもその一因となっていると考えられる。

しかし海洋の諸問題は相互に密接な関連を有しており、各国が個々の国益を越えて地域全体の視野を持って取り組んでいく必要がある。各国政府に海洋政策を助言・提言する海洋政策研究機関同士がいわゆるトラック一．五の立場で自由に意見交換するＯＰＩＮＥＡＲのようなネットワークの必要性・重要性はますます高まってきていると考える。

海洋ガバナンスの実現に向けて真摯に取り組む海洋政策研究機関やそこで活躍する研究者・専門家が、地域の海洋政策研究機関の連携協力・協働の重要性を認識して交流を深め、ＯＰＩＮＥＡＲの再活性化、またはそれに替わる東アジア地域海洋政策研究機関のネットワークの立ち上げに取り組んで、東アジアの海洋ガバナンスの構築に貢献していくことを期待したい。

（1）ＵＮＩＣＰＯＬＯＳには、しばしばＵＮＩＣＰＯ又はＩＣＰという略称も用いられている。

（2）二〇一九年六月の第二〇回ＵＮＩＣＰＯＬＯＳは「海洋科学と国連持続可能な海洋科学の一〇年」をテーマとして開催された。

（3）国連経済社会理事会のＮＧＯ協議資格には、広範な分野で活動しているＮＧＯに対する、会議で議題提案までできる「一般（General）」資格、特定の分野で活動しているＮＧＯに対する、議題提案はできないが、会議で発言し、ステートメントを配布できる「特別（Special）」資格、および会議に出席できるが発言できない「ロースター（Roster）」資格の三種類がある。

（4）海洋・沿岸・島嶼非公式調整グループ
共同議長：ビリアナ・シシン‐セイン　デラウェア大学教授、パトリシオ・ベルナール　ユネスコＩＯＣ事務局長、ヴィール・ヴァンダーウィールト　ＵＮＥＰ／ＧＰＡ調整官
メンバー：
政府関係者（インドネシア、オーストラリア、アメリカ、アイスランド、ポルトガル、中国、南アフリカ、タンザニア、チリ、英国、カナダ等）

国際機関関係者（UNEP／CEP、IOC、UNESCO、UN／DOALOS、GEF、FAO、WB、SPREP、WMO、UNEP／GPA、EU、UN／DESA、IMO、AOSIS等）

NGO関係者（IOI、GLOBE、IMA、ICO、WWF、Oceana、WCS、ACOPS、SOF、Inha大学等）

各国政府、国際機関、NGO、研究者の有志が、この非公式調整グループに集まって実施計画に盛り込むべき内容を議論し、そこで決まったことをそれぞれの所属や人的ネットワークを活かして実施計画の内容に盛り込むように水面下で働きかけを行った。

（5）このとき合意された「海洋・沿岸・島嶼の世界フォーラム」の当面の目標

①WSSD実施計画等の効果的実施、②WSSDの政府・NGO・国際機関・民間部門による持続可能な開発実践の取り組みのための協力文書の効果的実施、③世界・地域的な場における海洋・沿岸・島嶼に対する国際的認知度を向上、④海洋・沿岸・島嶼に対する一般大衆の認識向上と情報共有

（6）この世界会議は、「海洋・沿岸・島嶼の世界フォーラム」が組織し、デラウェア大学海洋政策センター、UNESCO／IOC、UNEP／GPA、カナダ海洋漁業省、米国NOAA、シップ・アンド・オーシャン財団海洋政策研究所、国際海洋研究所（IOI）などが協力してパリのユネスコ本部で開催された。四八か国の政府、国際機関、大学・研究機関、NGO、民間などの関係者二五〇人が参加した。

（7）このサイドイベントは、「世界海洋フォーラム（GOF）」を中心に、地球環境基金（GEF）、国連開発計画（UNDP）、中国国家海洋局、海洋政策研究財団及びデラウェア大学が主催者（Main Organizers）を務めた。

（8）東アジア地域の国際機関、日本を含む一二か国参加。地方政府、NGO、国際機関・団体、大学・研究機関、企業等もパートナーとして参加。筆者は、当時、その技術会合議長を務めていた。2（1）参照。

（９）「島と海のネット（ＩＯネット）」のその後の取り組みは次のとおり。

第一回「島と海のネット」総会は、二〇一五年五月に海洋政策研究所が主催し、ＡＮＣＯＲＳと東京大学海洋アライアンスが共催して東京大学伊藤国際学術研究センターで開催した。この会議には、太平洋島嶼国・同地域機関及び日豪のほかニュージーランド、仏、米、加、韓、南ア等の国々から、官学産民の様々な組織・個人が参加し、さらに、生物多様性条約事務局、ユネスコ政府間海洋学委員会ほかの国際機関からも参加があり、総計一九〇名が活発な議論を展開した。

続いて、海洋政策研究所とＡＮＣＯＲＳは、日本財団の特別協力を得て、「島と海のネット（IO Net）」第二回総会を二〇一六年一二月に笹川平和財団国際会議場で開催した。これには太平洋等の島嶼国、ＵＮＥＰ、ＣＢＤ、ＧＥＦ、ＩＵＣＮ、ＳＯＰＡＣ／ＳＰＣ、南太平洋大学（ＵＳＰ）等の国際機関・地域機関、わが国からも外務省、ＪＩＣＡ、ＪＡＭＳＴＥＣ、水産研究・教育機構、東京大学、早稲田大学、横浜国立大学、アイ・シー・ネット（株）を含む、一二〇名が参加して盛会裡に行われた。

(10) 一〇項目のターゲットは次のとおり(外務省仮訳)

一四・一　二〇二五年までに、海洋堆積物や富栄養化を含む、特に陸上活動による汚染等、あらゆる種類の海洋汚染を防止し、大幅に削減する。

一四・二　二〇二〇年までに、海洋及び沿岸の生態系に関する重大な悪影響を回避するため、強靭性（レジリエンス）の強化等による持続的な管理と保護を行い、健全で生産的な海洋を実現するため、海洋及び沿岸の生態系の回復のための取り組みを行う。

一四・三　あらゆるレベルでの科学的協力の促進等を通じて、海洋酸性化の影響を最小限化し、対処する。

一四・四　水産資源を、実現可能な最短期間で少なくとも各資源の生物学的特性によって定められる最大持続生産量のレベルまで回復させるため、二〇二〇年までに、漁獲を効果的に規制し、過剰漁業や違法・無報告・無規制（ＩＵＵ）漁業及び破壊的な漁業慣行を終了し、科学的な管理計画を実施する。

一四・五　二〇二〇年までに、国内法及び国際法に則り、最大限入手可能な科学的情報に基づいて、少なくとも沿岸域及び海域の一〇パーセントを保存する。

一四・六　開発途上国及び後発開発途上国に対する適切かつ効果的な、特別かつ異なる待遇が、世界貿易機関（ＷＴＯ）漁業補助金交渉の不可分の要素であるべきことを認識した上で、二〇二〇年までに、過剰漁獲能力や過剰漁獲につながる漁業補助金を禁止し、違法・無報告・無規制（ＩＵＵ）漁業につながる補助金を撤廃し、同様の新たな補助金の導入を抑制する。

一四・七　二〇三〇年までに、漁業、水産養殖及び観光の持続可能な管理等を通じ、小島嶼開発途上国及び後発開発途上国の海洋資源の持続的な利用による経済的便益を増大させる。

一四・ａ　海洋の健全性の改善と、開発途上国、特に小島嶼開発途上国及び後発開発途上国の開発における海洋生物多様性の寄与向上のために、海洋技術の移転に関するユネスコ政府間海洋学委員会の基準・ガイドラインを勘案しつつ、科学的知識の増進、研究能力の向上、及び海洋技術の移転を行う。

一四・ｂ　小規模・沿岸零細漁業者に対し、海洋資源および市場へのアクセスを提供する。

一四・ｃ　『我々が求める未来』のパラ一五八において想起されるとおり、海洋及び海洋資源の保全及び持続可能な利用のための法的枠組みを規定する海洋法に関する国際連合条約（ＵＮＣＬＯＳ）に反映されている国際法を実施することにより、海洋及び海洋資源の保全及び持続可能な利用を強化する。

（11）この会議は、当初フィジー開催とされたが、後にニューヨークの国連本部での開催に変更された。

(12) 世界海洋フォーラム、ユネスコＩＯＣ、グレナダ・セイシェル両政府、ＯＣＥＡＮＯ　ＡＺＵＬ財団との共同開催

(13) 準備委員会は、第一回会合が二〇一六年三月二八日—四月八日、第二回会合が同年八月二六日—九月九日、第三回会合が二〇一七年三月二七日—四月七日、第四回会合が同年七月一〇日—二一日にニューヨークの国連本部で開催された。

(14)「公海のガバナンス研究会」は、明治大学国際総合研究所・海洋政策研究財団共催の政学官産の専門家による研究会。共同主査：川口順子明治大学研究知財戦略機構特任教授・寺島紘士海洋政策研究財団常務理事。二〇一四年六月には政策提言書『公海から世界を豊かに—保全と利用のガバナンス』発表。

(15) ＧＯＦ、ＦＡＯ、ＷＣＭＣ／ＵＮＥＰ、ＩＯＣ／ＵＮＥＳＣＯとの共同開催。

(16) 日本のＰＥＭＳＥＡへの参加は二〇〇一年に決まり、二〇〇二年三月のＰＥＭＳＥＡの第八回計画運営委員会から日本も出席するようになった。日本の参加によりＰＥＭＳＥＡは、東アジア一二か国（ブルネイ、カンボジア、中国、韓国、インドネシア、日本、マレーシア、フィリピン、北朝鮮、シンガポール、タイ、ベトナム）が参加する文字どおり東アジア海域の総合的管理を目指すプロジェクトとなった。第2章４（３）⑥フィリピンの海洋ガバナンスに関する調査参照。

(17) 地方政府のネットワーク（ＲＮＬＧ：後のＰＮＬＧ）

ＲＮＬＧは、厦門が中心となって、東アジア海域において陸域・海域を一体的に捉えた沿岸域の総合管理（ＩＣＭ）を実践している地方政府（自治体）が情報と経験を共有するため二〇〇一年三月に発足した。二〇〇五年四月に、ＰＥＭＳＥＡに正式に参加して、ＰＥＭＳＥＡ地方政府ネットワーク（ＰＮＬＧ：ＰＥＭＳＥＡ Network of Local Governments）と改称した。

(18) この会議には、インドネシアの海洋漁業大臣、中国国家海洋局長官、厦門市長、韓国前海洋水産部

副大臣、フィリピン前環境資源大臣、豪ビクトリア州沿岸協議会議長、そして世界銀行、GEF、UNDPの担当責任者等が出席した。また、このセミナーに併せて沿岸域総合管理の地方政府ネットワーク（RNLG）のフォーラムが開催されたので、バリ（インドネシア）、バタアン、バタンガス（以上フィリピン）、チョンブリ（タイ）、ダナン（ベトナム）、クラン（マレーシア）、シワ（韓国）、シャーメン（中国）の知事・市長等も参加した。加えて、域外のオーストラリア、カナダ、ドイツからも参加があった。

(19) この会議は、PEMSEAとマレーシア政府が主催し、シップ・アンド・オーシャン財団はGEF、UNEP/GPA、IMO、UNDP、セランゴール州政府、アジア・太平洋環境ジャーナリスト会議（APFEJ）、World Fish Centerとともに会議を共催した。この会議には、さらにASEAN、世界銀行、IOI、CI、IUCN、WWF、アジア各国の政府系シンク・タンク、石油・タンカー等の業界団体等が協力団体として名を連ねた。

(20) 新たに事務局として設けられたPEMSEA Resource Facilityの長の略称

(21) 志摩市は日本からはじめてPNLGのメンバーとなり、二〇一三年には「PNLGフォーラム二〇一三」を志摩に招致して開催した。海洋政策研究財団は、非政府パートナーとしてPEMSEAと密接な協力関係にあり、また、ICMのモデルサイトとして志摩市の「新しい里海のまち・志摩」の取り組みに協力していたので、このフォーラムの開催及び運営に全面的に協力した。

(22) 開会式ではフィリピン元大統領のフィデル・ラモス氏が、また、二六日の全体会議ではマカパガル・アロヨ フィリピン大統領が基調講演を行なって参加者に今回の会議の重要性を印象付けた。また、日本から貝殻リサイクル漁礁「シェル・ナース」で知られる岡山県の海洋建設（株）片山敬一社長（当時）が出席して漁業の現場からのメッセージを発表して注目を浴びた。

(23) 日本を含む三か国は、今回の署名には間に合わなかったが、最低三か国の署名が必要という国際的法人格を取得する要件を十分満たしている。

(24) 一一か国の政府機関、および非政府パートナーとして日本からの海洋政策研究所、国際エメックスセンターを含む一一組織、それにＵＮＤＰ、ＵＮＯＰＳおよびＰＥＭＳＥＡ事務局が参加。

(25) ＨＱＡの締結のためには次のような複雑な手続きが必要で、目下④の段階だとのこと。

①協定案の作成→②フィリピン環境資源省→③フィリピン外務省→④関係各省の同意取り付け→⑤ＰＥＭＳＥＡとフィリピン政府との間でＨＱＡ署名→⑥大統領の承認→⑦上院に提出→⑧公聴会開催→⑨上院同意

(26) 意見集約の内容は次のとおり。

現在の執行委員会メンバーが二〇一三年までの任期を務める／二〇一一年の東アジア海域パートナーシップ会議（ＥＡＳＰＣ）でＥＡＳＰＣ、技術会合、政府間会合の副議長を選出する（任期二〇一三年まで）／副議長は、二〇一三年にＥＡＳＰＣによって自動的にそれぞれの議長として選出され、執行委員会メンバーとなる（任期二〇一六年まで）／これに伴い二〇一三年には新たな副議長が選出される（任期二〇一六年まで）／以後、議長、副議長は三年ごとに選出される。

これは、ＰＥＭＳＥＡが地域国際機関として参加各国と緊密に連絡を取りながら円滑に活動していくためには、北東アジアと東南アジアからなる地域の実態とバランスを踏まえた執行委員会の体制強化、および地域国際機関としての活動の継続性・一貫性が役員の交代によって阻害されないような仕組みづくりの必要性の議論から産まれたものである。

なお、二〇〇七年に選出された東アジア海域パートナーシップ会議、技術会合、政府間会合の議長の当初二〇一〇年七月までだった任期は、前回の東アジア海域パートナーシップ会議で、地域協力機関ＰＥＭＳＥＡへの移行をスムーズに行うためには現在の執行委員会メンバーの任期延長が不可欠として二〇一一年七月まで延長されていたが、それがさらに二〇一三年七月まで延長される。
(27)「執行委員会の構成と回転メカニズム」の骨子
①東アジア海域パートナーシップ会議、技術会合、政府間会合の各議長を補佐するため、次期各議長候補者を副議長としてあらかじめ選出する
②選出された副議長は執行委員会の正式メンバーではないが、会議に参加する（これで執行委員会は実質的に七人で構成されることになる）
③副議長は、会議・各会合の議長が欠席の場合は代理を務める等、執行委員会メンバーをサポートする
④副議長は現議長の任期が来たときは自動的に議長に選出される
(28) 海洋政策研究財団は、二〇一五年四月に笹川平和財団と合併して、笹川平和財団海洋政策研究所となった。
(29) 日本、シンガポール、中国、マレーシア、ベトナム、タイ、インドネシア、韓国、フィリピン
(30) ＰＥＭＳＥＡのポスト二〇一五戦略目標
一．二〇一七年までに自立的（self-sustaining）なＰＥＭＳＥＡを確立
二．二〇一八年までに「地域の海洋・沿岸状況報告システム（a regional State of Oceans and Coasts reporting system）」を樹立
三．二〇二一年までにＰＥＭＳＥＡのすべての国で沿岸・海洋政策を策定
四．二〇二一年までにＰＥＭＳＥＡの各国の沿岸の二五％以上で持続可能な開発のためのＩＣＭプログラム実施
(31) この会合には東アジア地域で海洋政策研究に取り組んでいる次の六機関が参加した。
中国：国家海洋局海洋発展戦略研究所（ＣＩＭＡ：China Institute for Marine Affairs）
日本：海洋政策研究財団（ＯＰＲＦ：Ocean Policy Research Foundation）
韓国：海洋水産開発院（ＫＭＩ：Korea Maritime Institute）
インドネシア：東南アジア研究センター（ＣＳＥＡ

S：Center for South East Asian Studies）
マレーシア：マレーシア海洋研究所（ＭＩＭＡ：Maritime Institute of Malaysia）
シンガポール：Ｓ・ラジャラトナム国際研究院（ＲＳＩＳ：S. Rajaratnam School of International Studies）

(32) ネットワークの名称については、海洋政策研究財団で検討して全メンバーに諮り、その合意を得ることとなった。

(33) この会合にはインドネシアのＣＳＥＡＳ、日本のＯＰＲＦ、韓国のＫＭＩ、マレーシアのＭＩＭＡ、シンガポールのＲＳＩＳ、そしてリソース・パースンのチュア博士が出席、さらに、オブザーバーとしてＰＥＭＳＥＡと日本財団が出席した。

(34) インドネシアのＣＳＥＡＳ、日本のＯＰＲＦ、韓国のＫＭＩ、マレーシアのＭＩＭＡ、シンガポールのＲＳＩＳ、そしてチュア博士が出席し、さらに、オブザーバーとして、ＰＥＭＳＥＡと中国の厦門大学沿岸・海洋管理研究所（ＣＯＭＩ：Coastal and Ocean Management Institute）がオブザーバーとして出席した。ＣＯＭＩは、この会合でメンバーとなった。

(35) Seoul Statement on the Cooperation of Members of the Ocean Policy Institute Network in the East Asian Region（OPINEAR）
http://www.opinear.net/seoul_statement.pdf 参照

(36) この会合には、都合により欠席したＣＩＭＡ以外の六機関とチュア博士が出席し、ＰＥＭＳＥＡとウーロンゴン大学のオーストラリア国立海洋資源・安全保障センター（ＡＮＣＯＲＳ）がオブザーバーとして出席した。さらに、シンガポールの海事港湾庁（ＭＰＡ）、外務省、国家環境庁（ＮＥＡ）、国家公園委員会（ＮＰａｒｋｓ）、シンガポール海事研究所（ＳＭＩ）等の政府機関等がオブザーバーとして参加した。

(37) この会合にはインドネシアのＣＳＥＡＳ、日本の海洋政策研究財団、韓国のＫＭＩ、マレーシアのＭＩＭＡ、シンガポール大学国際法センター（ＣＩ

L）（RSISをも代表）、そしてチュア博士が出席し、PEMSEAがオブザーバーとして出席した。

第5章

海洋ガバナンスへの探求

——海に魅せられて

1　まだ道半ばの海洋ガバナンス

私は、二〇一七年六月末に笹川平和財団海洋政策研究所長を退任した。この四半世紀の間、私は、まさに海に魅せられて、私たちの生存基盤である海洋の総合的管理と持続可能な開発利用を目指して、海洋ガバナンスの実現に取り組んできた。しかし、その取り組みはこの間にかなりの進展を見たとは言え、まだまだ道半ばである。

最近では、人間が排出する温室効果ガスによる気候の温暖化（と言うよりむしろ極端化か）・海洋の酸性化、過剰漁獲・IUU漁業等による私たちの生活に密接な関わりを持つ漁業資源の減少、陸域から大量に流れ込むプラスチック等のゴミによる海洋汚染の深刻化等々海洋をめぐる問題の重大さがますます明らかになってきた。

これらに対して二〇一五年には、「海洋・海洋資源の保全、持続可能な利用」（SDG一四）や「気候変動の影響の軽減」（SDG一三）等を含む「持続可能な開発目標（SDGs）」が世界中の人々が一致協力して取り組む目標として採択された。そこに掲げられたターゲット達成を目指して、政官学産民の連携協力の動きが内外で広がっている。また、二〇一六年からは各国の管轄する海域の外側の「国家管轄権外区域の海洋生物多様性（BBNJ）の保全と持続可能な利用」に関する国連海洋法条約の実施協定を策定する取り組みも始まった。

今私たちは、「持続可能な開発目標（SDGs）」、「G二〇海洋プラスチックごみ対策実施枠組」等の国際的な目標・枠組みを共有して、グローバル、リージョナル、ナショナル、ローカルなレベルが連携協力・協働して、海洋の問題に取り組んでいる。海洋ガバナンスの実現に向けた取り組みはまさにこれからが本番である。その取り組みは、これからは次の時代を担う人たちにお願いすることになるが、その際には、これまで私たちが、海洋ガバナンスに熱意を持つ人々と連携協力・協働して取り組んできた研究･活動とそれに関する知識経験も大いに活用して取り組んでいただきたいと願っている。

2　新しい心構えで海洋ガバナンスに取り組む

海洋ガバナンスの探求という、それまでの仕事とは全く性格の違う未知の分野の活動を開始するとき、私は、それまで運輸省という政府部局で身につけてきた行動方式ではとてもこのような新しい課題に取り組むのは難しいと感じて、これまでの考え方・やり方にはとらわれないで取り組んでいこうと決心した。

その第一歩が、地球表面の七割を占める海洋のガバナンスという人類初の取り組みに参画するに当たって、自分が重要と思う有識者に直接会い、こちらが考えている取り組みの方向・方法について考えを述べて意見を聴くことだった。それを踏まえてさらに考えて目標を設定し、必要と思う有識者には協力をお願いして、それに向かって行動を開始した。このように直接会って話したことがきっかけとなって、その後海洋ガバナンスの構築について共に語り合って取り組む人々と知り合い、交流が始まった。

海洋ガバナンスに本格的に取り組み始めた二〇世紀末・二一世紀初めは、発効直後の国連海洋法条約の下で世界中が手探りで海洋ガバナンスの取り組みを進めていた草創期だったので、このような行動方式が特に有効だったのかもしれない。

3　シンク・アンド・ドゥー・タンクを目指して

海洋ガバナンスの研究に取り組み始めて目指したのは、海洋の総合的管理と持続可能な開発について研究して提言する、そしてその実現を目指すという新しいシンク・タンク、いわゆる「シンク・アンド・ドゥー・タンク（Think & Do Tank：研究・実践する機関）」の活動である。

日本のシンク・タンクの多くは報告・提言をすることが主目的で、提言した政策を実現するための活動まで行っている機関はあまり多くない。私たちの海洋政策研究は、国連海洋法条約およびそれと連動する行動計画『アジェンダ２１』等の実施に貢献していくという明確な目標をもってスタートした。そのため研究と政策提言に加え、その実現への活動も重要部分を占めていた。笹川会長からも「研究して提言するだけでなく、それを実現しなければだめだ」と念を押された。自分たちの活動をより正確に表現するシンク・アンド・ドゥー・タンクという言葉に意義を見出し、それを意識して活動するようになった。

そのうち、米国等にはシンク・アンド・ドゥー・タンクを掲げて活動している研究機関がいくつもあることを知った。米国ワシントンＤＣにある環境法研究所（ＥＬＩ：Environmental Law Institute）のカール・

ブルック副所長やブルッキングス研究所（Brookings Institution）のブルース・ジョーンズ副所長等の来訪を受けて意見交換を行い、自分たちの活動はまさに海洋ガバナンスを実践する機関（ドゥー・タンク）であることを確認した。

私たちは、国連をはじめとする国際的な場で行われている海洋ガバナンス推進に関する討論に積極的に参画するとともに、他方で、日本の取り組みの遅れを憂慮して海洋政策を研究・提言して海洋基本法を制定し、その着実な実施に取り組んできた。まさにシンク・アンド・ドゥー・タンクとして海洋ガバナンスの実現に貢献してきたのである。国際的な舞台で海洋ガバナンスの推進に参画するには、まず自国において取り組んでいないとその発言に迫力が生まれないと考えて取り組んだ海洋基本法の制定は、今や日本の国内だけでなく国際的にも注目され評価されている。そして、それを推進した海洋政策研究財団（現海洋政策研究所）の国際的評価も向上している。

4　活動の基盤はグローバルな海洋のネットワーク

世界中が海洋ガバナンスに取り組みはじめたとき、これをリードしたのは、「海洋の母」エリザベス・マン・ボルゲーゼ教授やデラウェア大学のビリアナ・シシン‐セイン教授をはじめとするこの問題に見識と情熱をもって取り組む世界の学官民産の有識者・専門家たちであった。

私たちは、これらの有識者・専門家と早い段階から協力関係を形成して海洋ガバナンスに取り組んできた。そして、『アジェンダ２１』第一七章の行動計画を継続してＷＳＳＤの実施計画に盛り込むため、世界の海洋関係者が団結して取り組んだのがきっかけとなって、その連携協力・協働のプラットフォームとして「海洋・沿岸・島嶼の世界フォーラム」（後の「世界海洋フォーラム」）が構築された。その際にも日本財団、シップ・アンド・オーシャン財団（二〇〇五年四月から海洋政策研究財団）は中心グループの一員としてこれに積極的に参画した。このようなネットワークの形成・発展は、グローバルなレベルだけでなく、ＰＥＭＳＥＡやマラッカ海峡の安全問題等を活動の中心に据えて取り組んできた東アジアのレベル、そして海洋基本法を制定して取り組んできた日本国内のレベルでも同様に進展してきた。

海洋の諸問題が相互に密接な関連を有しているということは、それに取り組む有識者・研究者もまた海洋の様々な問題にその取り組みを拡げていくということである。ある会議で顔を合わせた人に、今度は別のテーマの会議で会うというようなことがしばしば起こり、私たちのネットワークは、海洋の問題に総合的に取り組めば取り組むほど拡大し、かつ、深まっていった。

あとがき——海洋ガバナンスにともに取り組んできた皆さんに感謝

この四半世紀の間に私が海洋の世界で交流してともに海洋ガバナンスに取り組んできた人々は相当な数に上る。第2章～第4章にはご指導をいただいた方々、志を同じくしてともに海洋ガバナンスに取り組んできた人々の一部が登場しているが、実際にはそこで取り上げた取り組みにはもっと多くの人々が海洋ガバナンスの取り組みに情熱をもって参画していた。

それらの一人一人の名前を挙げてそのご指導と協力・協働に感謝することは難しいので、ここにそれらすべての人々のご厚情と海洋ガバナンスへの貢献に対してあらためて感謝の誠を捧げたい。

そして、その中には、草創期から志を同じくして海洋ガバナンスに取り組み、海洋政策研究財団等に講師、委員あるいは客員研究員として来日してともに海洋ガバナンスに取り組んだ次のような国際的に著名な人々がいたことを記しておきたい。

今は亡き「海洋の母」エリザベス・マン・ボルゲーゼ教授（Prof. Elisabeth Mann Borgese）、世界海洋フォーラム（GOF）会長・デラウェア大学のビリアナ・シシン‐セイン教授（Dr. Biliana Cicin-Sain）、ユネスコ政府間海洋学委員会（UNESCO／IOC）事務局長・国際海洋研究所（IOI）事務局長のグンナ・クーレンベルグ氏（Dr. Gunnar Kullenberg）、PEMSEA事務局長・東アジア海域パートナーシップ会議（EASPC）議長のチュア・ティア‐エン氏（Dr. Chua Thia-Eng）、フランス国立海洋開発研究所（I

FREMER）のイブ・エノック氏（Dr. Yves Henocque）、サザンプトン海洋研究センター（SOC）所長代行のハワード・ロー氏（Dr. Howard S. Roe）、イースト・ウェストセンターのマーク・バレンシア氏（Dr. Mark J. Valencia）、インドネシアのハシム・ジャラール大使（Prof. Dr. Hasjim Djalal）、シンガポール外務省のメアリー・シー - チェン大使（Ambassador Mary Seet-Cheng）、中国国家海洋局国際合作司長の李海清氏、米国海洋大気庁国際プログラムオフィス長のチャールズ・イーラー氏（Dr. Charles N. Ehler）、シンガポール大学国際法センター（CIL）所長のロバート・ベックマン教授（Prof. Robert Charles Beckman）、ウーロンゴン大学オーストラリア国立海洋資源安全保障センター（ANCORS）所長のマーチン・チャメニ教授（Prof. Martin Tsamenyi）、太平洋島嶼国応用地球科学委員会（SOPAC）のアーサー・ウェブ氏（Dr. Arthur Webb）など（肩書は当時もの）。

海洋政策研究活動で私が積み上げてきたネットワークは、これから海洋政策研究所が、海洋問題に取り組み・提言し、その実現に取り組んでいく上でも貴重な財産であると思う。

私自身は、既に海洋ガバナンスの第一線から引退したが、このネットワークを今後のわが国の海洋ガバナンスや海洋政策研究所の活動展開にも大いに活用していってほしいと願っている。

本書を締めくくるにあたって、笹川陽平会長には私の海洋ガバナンスへの取り組みの道を開き、節目々々にその先進むべき道を示していただいたこと、そのお導きなしには四半世紀に亘る私たちの海洋ガバナンスの研究・実践や海洋基本法の制定・実施の取り組みはなかったことを記して、ここに笹川会長にあらためて満腔の感謝を捧げ、心から御礼申し上げたい。

また、本書の執筆・出版にあたっては、私が日本財団で海洋政策に取り組み始めたときから一緒に海の問題に取り組んできた日本財団の尾形武寿理事長、海野光行常務理事、笹川平和財団海洋政策研究所の酒井英次副所長、吉田哲朗前副所長等の皆さん、そして総合地球環境学研究所名誉教授秋道智彌氏、海洋政策研究所の角南篤所長、丸山直子海洋情報発信課長に大変お世話になった。厚く御礼申し上げたい。

さらに、本書の執筆に当たっては、海洋基本法研究会の設立、海洋基本法の制定・推進をリードした武見敬三参議院議員、総合海洋政策本部事務局長・総合海洋政策推進事務局長経験者の甲斐正彰氏、羽尾一郎氏にそれぞれ関連する部分についてアドバイスをお願いし、快く対応していただいた。厚く御礼申し上げたい。

また、草創期の海洋ガバナンスに関する調査のころから一緒に取り組んできたジョン・A・ドーラン研究員（中央学院大学商学部准教授・国際交流センター長）、そして最初はＩＯＩ日本事務局長として外から協力し、途中からは海洋政策研究財団等で一緒に取り組んできた大塚万紗子前特別研究員からは、かつての国際的な海洋ガバナンスに関する取り組みの状況についていろいろアドバイスをいただいた。また、海洋政策研究所発行の『Ocean Newsletter』の窪川かおる共同編集代表者（帝京大学戦略的イノベーション研究センター客員教授）には本書執筆の構想段階で親切なアドバイスをいただいた。厚く感謝申し上げたい。

加えて、四半世紀に亘る日本財団、シップ・アンド・オーシャン財団海洋政策研究所、海洋政策研究財団、笹川平和財団海洋政策研究所における海洋ガバナンスを目指した取り組みは、私一人で行なってきたのではなく、草創期から一緒に海洋ガバナンス研究の立ち上げに取り組んだ前田晃氏（現日本財団専務理事）はじめ多くの人たちとともに取り組んできたものである。これまで一緒に取り組んできたそれらの人々の名前を個々に挙げることは紙面の制約があってできないが、ここに皆さんの協働に対して厚く感謝申し上げたい。

本書の編集・出版に当たっては、岩永泰造氏と西日本出版社にご協力をいただいた。厚く御礼申し上げる。

二〇二〇年三月

前笹川平和財団海洋政策研究所長・日本海洋政策学会副会長

寺島紘士

寺島紘士

1941年生。海洋問題を総合的に論ずる国際会議でのわが国のプレゼンスのなさ、時流に後れた縦割り機能別の取り組みを憂慮し、日本および世界・アジア地域で海洋政策に関する研究・活動に積極的に取り組んでいる。日本海洋政策学会副会長、日本海事科学振興財団評議員会議長、神戸大学経営協議会委員、日本水路協会評議員。運輸大臣官房審議官、世界海事大学理事、横浜市立大学客員教授、日本財団常務理事、シップ・アンド・オーシャン財団海洋政策研究所長、海洋政策研究財団常務理事、笹川平和財団常務理事・海洋政策研究所長などを歴任して現職。
共著書に『海洋問題入門』(丸善)『沿岸域総合管理入門』(東海大学出版)など。

編集協力：公益財団法人**笹川平和財団海洋政策研究所**
(丸山直子)

海洋政策研究所は、造船業等の振興、海洋の技術開発などからスタートし、2000年から「人類と海洋の共生」を目指して海洋政策の研究、政策提言、情報発信などを行うシンク・タンク活動を開始。2007年の海洋基本法の制定に貢献した。2015年には笹川平和財団と合併し、「新たな海洋ガバナンスの確立」のミッションのもと、様々な課題に総合的、分野横断的に対応するため、海洋の総合的管理と持続可能な開発を目指して、国内外で政策・科学技術の両面から海洋に関する研究・交流・情報発信の活動を展開している。https://www.spf.org/opri/

海洋ガバナンス
海洋基本法制定 海のグローバルガバナンスへ

2020年5月20日　初版第1刷発行

著　者　寺島紘士（てらしまひろし）
発行者　内山正之
発行所　株式会社 西日本出版社
〒564-0044　大阪府吹田市南金田1－8－25－402
[営業・受注センター]
〒564-0044　大阪府吹田市南金田1－11－11－202
TEL 06－6338－3078　fax 06－6310－7057
郵便振替口座番号　00980－4－181121
http://www.jimotonohon.com/

編　集　岩永泰造
ブックデザイン　尾形忍 (Sparrow Design)
印刷・製本　株式会社 光邦

ISBN 978-4-908443-51-0